现代家谱修编丛谈

寿勤泽题 乙巳年春

杜建海 著

中国文史出版社

图书在版编目（CIP）数据

现代家谱修编丛谈 / 杜建海著 . -- 北京 : 中国文史出版社 , 2025. 6. -- ISBN 978-7-5205-5338-4

Ⅰ . K810.2

中国国家版本馆 CIP 数据核字第 20252E9L65 号

责任编辑：胡福星

出版发行：中国文史出版社
地　　址：北京市海淀区西八里庄路 69 号　邮编：100142
电　　话：010-81136602　81136603　81136606（发行部）
传　　真：010-81136655
制　　版：浙江求学出版传媒有限公司
印　　装：廊坊市海涛印刷有限公司
经　　销：全国新华书店
开　　本：889 毫米 × 1194 毫米　1 / 16
印　　张：17.5
字　　数：285 千字
版　　次：2025 年 6 月北京第 1 版
印　　次：2025 年 6 月第 1 次印刷
定　　价：96.00 元

序言

推陈出新　与时俱进

当代家谱修编理论和实践的探索之作

中国家谱源远流长，起源于先秦，诞生于周，经汉代发展，魏晋南北朝时期修谱成风。至唐代中国宗谱学发展达到一个新的高度，出现了《氏族志》《姓氏录》等官修谱牒，私修家谱也发展迅猛。宋代家谱处于重要变革、转型时期，并延及元代，这一时期官修公谱废绝，私修家谱兴盛，进入家谱图谱之法的新阶段，南宋以后续修家谱风行，对后世产生了深远影响。明代家谱获得新的发展并趋于成熟，编修家谱的体例、内容更加完善，至清代和民国时期家谱编修普及全国，家谱数量之多、质量之高、内容之丰富、卷帙之浩繁，堪称中国家谱的高峰时期。

家谱作为记载一个血缘家族世系、人物与事迹的历史图籍，与正史、方志构成了中国历史文献的三大支柱，正史提供了宏观历史叙事，方志补充了地域细节，家谱则聚焦家族微观层面，三者各有侧重，又互为参照、相互补充。因此，家谱的价值历来为史家所认同，至今也得到社会各界的广泛认同，尤其在基层民众中流传甚广，成为今天乡村振兴、基层文化建设的重要组成部分。

家谱这一具有平民基础的历史文献，自从私修盛行后，就得到广泛的传播，特别是经济发达的江南地区，甚至出现了村村修谱、姓姓有谱的局面，而且随着不断续修，家谱编修几成全民性的一项文化习俗。改革开放以来，民间自发掀起了一股编修新家谱的热潮，新谱编修不仅是中国历史上修谱的继续与发展，延伸与创新，而且其声势之大、数量之多、影响之深，远远超过了历史上任何时期。

家谱是编史修志的基础，20世纪80年代以来全国普遍开展编史修志，出现了盛世修史修志的局面，史志编修的繁荣，促进了新修家谱热潮的出现。

为适应新修家谱的迅速发展，从事家谱编纂和研究的学者大量涌现，出版了一大批谱学研究的著作，如《中国宗族社会》《中国家谱通论》《中国祠堂通论》《谱牒学通论》等通论性著作，还有不少断代或区域性研究的理论性著作。这些著作的出现丰富了谱学理论。但从总体来说，对家谱修编理论指导的著作仍相对较少，尤其是修编实践研究的著作更是凤毛麟角。杜建海先生《现代家谱编修丛谈》一书的出现，恰好弥补了这一缺憾和不足。该书共设8章，从当代家谱编修的性质、发展趋势、如何编修以及修谱的主体等方面进行了探讨。其所写内容既有家谱知识的推广普及，也有大量修谱的实践案例，可以说是一部理论性强又非常实用的书。其特点主要体现在以下几个方面：

一是对当代家谱性质和定位的论述。当代家谱作为家族世系和成员活动轨迹的记录，是传承家族历史文化的重要载体，具有族众参与、体现人人平等的特点。家谱的定位关系到要修一本什么样的书，要记述什么样的内容。作者通过家谱与方志、史书的比较，提出家谱是唯一具有平等性的家族特殊历史图书，这一观点对于家谱的传承发展至关重要。

二是对当代家谱修谱的需求和发展趋势的阐述。改革开放后家谱进入新的发展阶段，顺应时代的变化，家谱的价值功能也在发生变化。该书对家谱的产生、推行、官修、私修发展的过程，尤其是改革开放后当代家谱从传统到现代的转型作了系统的梳理，并提出当代家谱编修要以新的谱学观建构和引领，可以说这一观点为当代家谱的发展提供了有价值的借鉴。

三是对当代家谱理论创新的探讨。该书结合当代公众史学的理论，剖析了现代社会家谱编修存在的问题，提出当代家谱如何与时俱进，并以公众史学理念改造传统家谱，在新的时代女性如何入谱，家谱版式的敬讳与尊崇，家谱引入志、史编写与推广谱志合一，还提出家谱编修成果的应用与转化等问题，都对当代家谱编修是极大的推动。

四是对当代家谱编修实践的探索。该书突出的特点是实用性强，不仅包括家谱编修设计的框架、家谱记述的内容、序跋的撰写、不同种类家谱如通谱、宗谱、房谱、亲戚谱、村谱的特点，还包括家谱的版式，家谱的出版与收藏，家训家规的设计，以及家谱编修中的难点如隐私权的让渡、女性入谱具体问题的处理等，对修谱人的专业素养等问题也进行了详细的阐述。该书还提出现代家谱编修应用AI技术的问题，提出后宗谱时代家谱文化的传承，如何应对从传统到现代的转型与变革等。这些问题都是修谱要面对的实际问题，书中附有很多的案例，对于修谱工作均有很强的借鉴指导意义。

杜建海先生经历和阅历极为丰富，做过中学教师和县委宣传、政策研究的工作，也在乡镇、党校担任过重要职务，后来又从事史志工作，担任宁波市鄞州区政府史志编研室主任，40多年笔耕不辍，有20多年史志写作与修家谱的实践，著述颇丰。杜建海先生身处宁波，宁波被誉为“方志之乡”，有悠久的方志编纂历史和天一阁丰富的文献收藏，新编地方志工作开展以来取得了一系列的卓越成就。他了解宁波经济社会的发展变化，熟悉基层社会的风俗文化，尤其是对传统和当代家谱的编修，结合现代史学理论和文明价值观念有深入的思考。该书可以说是他在多年积累的基础上，本着精益求精的态度，倾注大量心血之作。

如今修谱活动兴盛，亟须新的理论和观念作为指导。我接触姓氏文化研究工作已有9年时间，深知这本书出版的意义和价值，衷心祝贺该书的出版！相信该书的问世，一定会对新修家谱发挥指导和借鉴的重要作用，嘉惠当代并有益后世！

张英聘

2025年6月

（作者系中国地方志工作办公室研究员，中国社会科学院大学教授、博士生导师，中华文化促进会姓氏文化委员会主任）

家谱文化的现代转型要有实践和理论的创新者

中国姓氏有独特魅力，是中华民族文化的重要标识，它犹如各个徽号，象征中华民族枝繁叶茂。姓氏不仅是个人身份的象征，更是民族与国家的根基。各姓氏之间的传承与稳定、竞争与努力，共同铸就了中华民族的延续、稳定和强大、繁荣。有了人，才有文化，中华文明的传统才得以确立。从“修身—齐家—治国—平天下”的理念，到中华民族五千年的悠久传统，传统家谱文化始终贯穿其中。家谱作为研究中华民族共同体存在的载体之一，也承载着丰富的历史与文化信息。

家谱文化源远流长，经历了从帝王家谱到士族家谱，再到宗族之谱的三大阶段。宗谱的出现，则让平民也得以享受“上谱”这一贵族的原有权利。中国家谱总量超过五万种，形成了丰富的中华族谱文化体系。文本化的宗谱，为每个族人提供了记录与传承的机会。平民化、普惠化的家谱文化，是中国的一大创造，为全世界所绝无仅有，也是中华民族一大文化优势所在。先有谱，后有史，再有志，国史、方志、家谱，共同构成了中华传统历史文献的三大支柱。

在古代地方和宗族自治体制下，宗族承担了宗谱编纂工作。20 世纪 80 年代起复兴的修谱风潮，则因宗族治理结构已经瓦解，乡村组织并未具有修谱的责任，完全由民间自我组织发动起来，处于放任自流的状态。由于各地修谱传统差异，导致我国家谱编修工作整体发展很不平衡：内地发展较快，边地相对落后；南方较为发达，北方稍显滞后；乡村较为活跃，城市则相对沉寂。以浙江省为例，浙东地区较为发达，而浙西地区，尤其是嘉兴、湖州等地则相对落后。当今，家谱文化需要在制度体系下自觉发展，让修谱活动常规化、均衡发展，有规划有条例可依，规范促进基层民众修谱活动。

当今家谱编修，要从人民史编写、地域化治理、乡村振兴战略的角度考量，纳入基层公共文化建设的框架内，构建以家谱或村谱、村史或村志为主体的基层历史文化建设体系，综合推进家谱或村谱编修活动。目前，家谱编修面临着“上冷下热”的局面，尚未进入规范有序发展的阶段。这是文化生产中最难啃的骨头，建立家谱编修的制度体系，是推动当代家谱文化传承与发展的重要保障。需要组织、法规保障，列入基层公共文化建设规划，出台各级修谱工作条例和实施意见，通过持续促进，实现家家有谱、村村有志的最高目标。家谱编修的制度化与专业化，还要在高校建立相应的学科与专业，将家谱编修与研究纳入人才培养计划，列入各地职业培训系列，要支持各地家谱学会承担实际的业务指导责任。

家谱编修的实践与理论探索，要深入基层、引导基层，专家学者要成为基层文化建设的引领者。这些年，我把研究当代家谱理论与技术作为公众史学研究的重要课题，并联结学界与实践领域，亲自担任省级家谱研究会领导，参与修谱师评定、培训、研讨等活动，与一线人员直接接触与交流，从中搜集丰富的材料，提炼出相关理论与技术。这项课题成果涉及方方面面，开拓了家谱编修研究的新领域。

宁波市鄞州区委党史研究室原主任杜建海，为人热忱，做事严谨细致，执行力强，而且善于思考。我与他结识于 2015 年 3 月宁波桃源书院举办的国学讲习班。当时他担任鄞州区委党校党委书记，曾主编过地方史志著作和家谱，学识比较渊博。我们相见恨晚，谈得十分投机。我向他提及，正在寻找一个合适的村庄，作为新村史编纂的实践场所。他毫不犹豫地答应，并推荐了一个有宗谱的村庄——鄞州区下应街道史家码村。从此，我开启了利用家谱编纂村史的实践之路。此后，我们又在家谱文化领域有了共同的兴趣点，交往越发频繁，经常在一起商议相关观点、事项。为此，我邀请他担任宁波大学公众史学研究中心研究员，共同筹划成立浙江省百姓家谱文化研究会公众历史委员会，请他担任副主任，又担任修谱指导委员会委员。2022 年 9 月，他参与浙江家谱编修标准的讨论与修订，相关的有益意见，均吸纳进条例。2024 年 3 月，浙江省百姓家谱文化研究会第三届全体会议移师宁波，他全力支持，深感这个平台潜力巨大，值得为之付出更多努力，于是提出了一系列规划设想。他曾主持鄞州区委政策研究室工作，擅长项目策划，我们共同策划举办了首届浙江修谱师评选活动。该活动虽然准备时间较短，但经过精心筹备，活动圆满成功。我也参与了他策划的几次圆谱典礼，共同举办过有两位鄞州公众历史作家参加的作品研讨会。这些都是十分有创意的活动。

他参与家谱编纂实践，是从创修自己房族的《管江杜氏忠房谱》(2011)开始的，近几年又主编了以房谱居多的多种家谱，不少成为标杆性的作品。其后，不断指导他人修谱，在实践中不断积累经验，提升认识，并逐步向理论层面深入思考，称得上当代家谱专家。2019年，我组织的第四届中国公众史学研讨会上，他专门讲了房谱编修专题，认为家谱作为传统文化和民间文献，要与时俱进，为当代修谱家族和入谱族人普遍接受，就要“恪守根本，规范基本，拓展内容，丰富史料，具有个性，富有特色”；家谱体例内容坚持“守本应时”原则，重视“三脉（血脉、文脉、地脉）一风（家风）”记录；家谱文本类型上，主张当代修谱以宗族谱为基本，以房支谱（亲戚谱）为重点；家谱修编观念上，提倡既要记载父母双系或联姻家族的血缘谱系，也要记载家族和世居地的文化谱系，更要重视记载内亲、外戚或姻亲家庭的精神谱系。他尤其反对沿袭传统家谱的精英化倾向、动辄将诏敕放在卷首的做法，认为有违民主、平权的时代。

2022年底，他阅读了我的《当代中国家谱编修理论与技术研究》书稿后，写出自己的家谱理论与实践思考之冲动更加强烈。我组建“浙江修谱师论坛”微信群后，群内讨论十分激烈，大家七嘴八舌发表着各自的见解，而他在群内大多时候保持沉默。后来才发现，他不仅每日关注，而且正在认真地撰写家谱修编的系列文章，涉及不少解析修谱师们讨论的诸多话题。这些文章，部分发表于我的“公众史学”公众号上，也引起了广泛关注。2024年下半年，他完成了本书初稿，进度之快，令人惊叹不已。

这部作品是他十余年来修谱实践与理论思考的结晶，从修谱家族、入谱家庭和个人的维度系统地展开，对现代社会家谱修编普遍存在的各种思想认识问题进行了深入探讨，具体解答与深入分析如何适应当代社会的两次巨大变革，解决家谱文化从传统向现代转型的理论和技术问题。他提出了诸多新颖的观点，如对修谱现代性的充分论证；指出当今家谱修编进入新阶段，不再局限于宗谱，出现了多元化、多样化的趋势。在家谱修编的隐私保护理论与方法的探索上，他借鉴法学观点，提出修谱“隐私让渡说”，为解决当今修谱主要难题提供了理论阐释，其中提出的十二条隐私保护的具体法则，堪称目前最为全面的技术指引。他积极响应我的理论观点，专设一章提出要“以公众史学理念改造传统家谱”。全面、完整地提出了当今社会女儿或女性应该入谱的理论依据，如何载入家谱的技术方案；首次进行了“谱、志、史”编写的比较研究等，形成了比较全面系统的现代家谱修编观点。

该书采用章节体结构，共分为8章，系统地展开论述。相关具体案例、文章则作为附录呈现，整体体系结构精妙严谨。他自认为这是现代家谱文化的普及之作，但我认为从形态上已然具备专著的特征，充分体现了作者通过修谱实践探索家谱真知的独特路径。从实践到理论的升华，正是当代家谱文化建设的正确方向。

实用性也是本书的一大显著特点。该书对各种现代家谱的编纂理念与技术均有详尽的说明，附录中的世录格式，采用填充式设计，便于读者使用；对浙江修谱师评选过程中所遇到的难题——署名权问题进行了精细分类和分析。这些应用性成果值得借鉴。此外，还前瞻性地介绍了人工智能（AI）在家谱修编工作中的具体应用。这是一个进入AI时代后的全新课题，值得修谱界进一步探索与思考。

当代家谱文化，正处于由传统向现代转型的变革时期，既要有传统继承、弘扬者，更需要这样一批实践探索和理论升华的创新者。

是为序。

2025年1月于宁波大学公众史学研究中心

（作者系宁波大学历史系教授、公众史学研究中心主任，国家社科基金重点项目《当代中国家谱编修理论与技术研究》首席专家）

让当代家谱永远成为传家之宝

四十年前，我在老家翻到七册杜氏宗谱的残本，如一簇火苗点亮了我对家族历史的兴趣与敬畏。正是这份最初的触动，让我逐渐成为家谱文化的守护者。

过去的二十余年间，我利用业余时间主编过若干史志、地情著作及三种地方史志期刊，撰写过近百篇记人记事的文史文章，深刻认识到：地方史志的叙事背后，需要更多家族记忆填充血肉。家谱作为家族历史记忆的主要载体，正是地方文史研究重要的文献来源。

宁波有一个人人耳熟能详的真实故事。1984 年，阔别家乡 40 余年的世界船王包玉刚，在宁波天一阁看到印在一张发黄宣纸上的《镇海横河堰包氏宗谱》，自己的名字赫然在列，且是“包青天”包拯第 29 世嫡孙，异常激动地称这是“无价之宝，无价之宝！”这次寻根，恐怕也是他出巨资筹建宁波大学的因素之一。三十年后，我目睹时任鄞州区委书记赴香港拜访著名实业家、慈善家曹光彪、曹其镛家族，携带的礼品也是他们的家谱——一套复制如旧的《庆元曹氏宗谱》。为什么当今社会越来越多的海内外家族在寻找老家谱，乃至千方百计续修、重修乃至创修新谱？在编纂《鄞南荷花桥王氏金才公支谱》时，我真切体会到：家谱不仅是血脉传承的世系表，更是每个普通人生命印记的延伸。它承载着游子的乡愁，也能让年轻一代领悟家族传承的文化精神图谱——我们不仅是独立个体，更是家族历史长河中的浪花，文明家风不是空中楼阁，并非无中生有，而是代代相承，继往开来。

近十年间，我与专业修谱师们交流频繁，也浏览过不少当今新修家谱，直接参与过一些家族的修谱活动，目睹了一个矛盾现象：宗族社会已随七十余年两次社会大变革基本瓦解，但不少修谱者仍在血缘正宗性、女儿或女性入谱等问题上固守陈规。老辈人执着于修谱的“老规矩”，让年轻人觉得家谱“不接地气”，怀疑家谱是否过时。这不禁令人深思：这样的家谱载体还有未来吗？如何让家谱文化焕发新的生机？

我长期在县（区）宣传、政策研究部门和镇乡工作，深悟思考问题要有高度、深度，解决问题必须因地制宜、实事求是、与时俱进，这是工作法则。于是决计修编家谱时“守本应时”，给传统家谱换上现代嫁衣。在接受重修《鄞东亭溪岭下杨氏宗谱》和若干部房支谱任务时，每一次都做了各种尝试：杨氏宗谱不仅收录知名族人的事迹，也记录远近闻名的老木匠、教子有方的普通父母；鼓励鄞南王氏金才公后人提笔撰写回忆录，讲述父母、亲友与自己的人生故事；不厌其烦地修改家谱初稿，帮助镇海大通宣庆府董氏后人与出嫁女的后人联合编成亲戚谱；等等。

由此，总结梳理出自己的修谱理念：一本能成为传家之宝的当代家谱，一定要呈现“三脉一风”，即以世系、世传明血脉；以地理、乡情示地脉；以艺文、学历传文脉；以家训、传略弘家风，且图文并茂。这些观点也为一些家族修谱所接受。

我在修编《鄞南荷花桥王氏金才公支谱》过程时认识到，现代修谱要兼顾两个“基因”、两种“谱系”，既客观梳理载录家族生物基因、血缘谱系，又要竭力赓续宗族、房支、家庭的人文基因、精神谱系，从各个层面记录个人“嘉言懿行、片长小善”和有功于家族的事项，引史（志）入谱，融社会史于个人史、家族史之中；倡导有条件的内亲外戚或联姻家庭之间，争取联合修编房族亲戚谱、联姻家庭谱，让血缘关系或联姻关系的不同姓氏家庭连根养根，相互滋养，各自家族群体才会根深叶茂。这些实践经验和体会，在这些家谱所写的序言或后记里有过总结。

近几年，这些做法，也受到过一些质疑或非议，浙江修谱师论坛微信群里也有过争论。这促使自己下决心搞清楚自己这样做是不是过度创新，有什么理论依据？当今社会修谱面临着的各种困境和矛盾，究竟如何造成，怎样才能破解？如何从传统家谱文化中求得借鉴和启迪？

20 世纪 80 年代，我在中学教师岗位上撰写普教科研论文，养成学理性思考习惯，后来在区委党校任职十年有余，参加各级各类培训班、研讨会，也撰写科研论文，经常与学校里一批优秀青年教师交流讨论，坚持购书、读书，极大地丰富了自己的社会科学理论知识。同时，购置了一批家谱文化研究和实务著作，多次参加宁波大学钱茂伟教授主办的公众史学、家谱研讨会，研读过他主持的国家社科基金课题《当代中国家谱编修理论与技术研究》的出版样稿。2024 年参与浙江省百姓家谱文化研究会首批高级修谱师荣誉评选后，有感而发，连续三个月间撰写了系列文章，从入谱个人、家庭和修谱家族、谱师的维度，以社会科学通识解答和分析当今修谱社会、家族、家庭、谱师四个层面的时代之问，比较全面系统地提出现代家谱修编的基本观点。

我深信并强调家谱修编的意义和价值，即家谱是家族历代创建并积累起来的独特文化资源，优质家谱是家族文明、兴旺发达的标志。并尝试对“现代家谱”做出定义——它是适应现代社会文明发展，记录族众血缘关系和繁衍，传承家风文明的家族历史图书。对于当今家谱文化的历史坐标，提出自己的基本判断：与我国社会由传统向现代转型同步，进入了后宗谱时代——百姓公众家谱修编时期。当代家谱修编要因族制宜，与时俱进，顺应家谱文本多样化趋势，以公众史学理念改造传统家谱。借鉴法学上的“权利让渡理论”，提出家谱修编“隐私让渡”观点和方法，为平衡家谱修编与隐私保护努力提供一种原则指引和实践方案。另外，对当代修谱师专业知识和技能体系的分级分类和管理，提出了自己的一些想法和建议，并详细记录自己所熟悉的家谱主修、修谱师、谱局主事者和家谱学家的个案，作为研究的实证。

2024 年 7 月起，这些文稿陆续在新媒体、自媒体上少量发布，有些引起很多点赞和转发，有些引起热议，觉得有必要让自己的观点公之于众，以辨是非，以解疑释惑，或抛砖引玉，就决定结集交付出版。书稿的读者，主要面向广大修谱家族和修谱人员，同时面向基层文化建设者。

如果说传统家谱是先祖留给我们的珍贵遗存，那么现代家谱将永远是家族的传家之宝。期待这本书稿能成为一条纽带——让老一辈理解年轻人想要的新家谱，让新生代了解老家谱里的记忆和文明、智慧。

相信每个翻看过此书的人，都会有这样的共识：家谱就是记录家族公众历史最普适的方式。因为公众史学理念告诉人们，凡人、普通家庭都值得被家谱所铭记。

杜建海

2025 年孟春于甬上梅熟堂

目录

序言

推陈出新　与时俱进：当代家谱修编理论和实践的探索之作 … 张英聘 1

家谱文化的现代转型要有实践和理论的创新者 ………………… 钱茂伟 4

让当代家谱永远成为传家之宝 ………………………………… 杜建海 8

总论：当代家谱文化要建构新的谱学观 ………………………… 1

第一章　家谱修编的永恒性——当今为什么还要修家谱 ………… 7

第一节　家谱文化随改革开放进入新阶段 ……………………… 9

第二节　家谱不再是宗族势力的代言书 ………………………… 15

第三节　家谱是维护新颖家族关系的文本基础 ………………… 18

第四节　家谱解答世俗人生之三问 ……………………………… 20

第五节　家谱能满足人的多层次需求 …………………………… 22

第六节　家谱永远是传家之宝 …………………………………… 25

附录

当今问谱寻根人　七例 ……………………………………………… 27

家谱主修郑学芳的苦辣酸甜 ……………………………………… 31

鄞地家谱文化建设的工具书——《鄞邑现存家谱总目提要》序跋 …… 32

第二章　家谱图书的特殊性——当今对家谱要有新共识 ………… 39

第一节　家谱是唯一具有平等性的家族历史图书 ……………… 41

第二节　家谱不是普通的历史图书 …… 43
第三节　家谱是创建并传承家族文化的特殊历史图书 …… 45
第四节　传统家谱“文化认祖”现象的家族动因 …… 51
第五节　当代家谱能接轨现代思想和价值 …… 52
附表
家谱与志书、史书编写特点之比较 …… 55

第三章　家谱形态的丰富性——当今家谱文本多样化趋势 …… 57
第一节　新宗谱：当今宗谱修编的现代性转型 …… 59
第二节　“村谱”：当今社会可逐渐取代宗谱 …… 62
第三节　新房谱：未来社会家谱的主要形态 …… 66
第四节　亲戚谱：家谱修编的根本性变革 …… 68
第五节　通谱：体现姓氏文化的联合力量 …… 71
附录
社会人伦关系演变与现代家谱形态变革表 …… 73
从传统向现代转型的“新宗谱”样本——《邹谷童氏宗谱》重修本略评 …… 73
《浙江杜氏通谱》编纂构想（稿） …… 78

第四章　家谱修编的变革性——当今家谱编纂如何与时俱进 …… 85
第一节　当今家谱体例及内容的编法 …… 87
第二节　家谱修编如何规范撰写序跋 …… 95
第三节　新修家谱如何订立家训家规 …… 113
第四节　当今修谱女儿或女性如何入谱 …… 118
第五节　当今家谱版式的“敬讳”与尊崇 …… 124
第六节　当今修谱要保留传统“谱味” …… 126
第七节　当今修谱要综合利用新的技术工具 …… 128

附录

《浙江省家谱编修与制作标准》（稿）之我见 …………………………… 132

当代家谱文本编纂质量综合评判表（参考） …………………………… 135

续谱新编：让旧谱新生于当代的尝试——《余姚三七市项氏宗谱》（稿）

凡例解读 …………………………………………………………………… 138

第五章 家谱修编的创新性——以公众史学理念改造传统家谱 … 143

第一节 家谱属于家族公众历史作品 …………………………………… 145

第二节 入谱人事信息采集要丰富 ……………………………………… 146

第三节 家谱记人体裁宜“引志（史）入谱” ………………………… 148

第四节 修谱可推广“谱志合一” ……………………………………… 150

第五节 修谱过程要提高家族公众参与度 ……………………………… 151

第六节 家谱修编成果要重视应用与转化 ……………………………… 153

附录

镇海大通宣庆府董氏家谱文化建设工程评述——兼谈以公众史学理念

修编董氏亲戚谱 …………………………………………………………… 154

进谱信息登记表（参考） ………………………………………………… 158

第六章 家谱修编的合法性——当今修家谱如何避免打官司 …… 161

第一节 当今修编家谱的合法合规性审视 ……………………………… 163

第二节 家谱修编需要隐私权让渡 ……………………………………… 164

第三节 当今修谱保护隐私信息方法 …………………………………… 166

第四节 家谱的私藏与公藏 ……………………………………………… 168

第五节 家谱的印发并不违法 …………………………………………… 170

附录

当今家谱修编诉讼案例（摘要） 七则 ………………………………… 172

第七章 家谱编纂的专业性——当今修谱师知识结构和专业技能 …… 175
第一节 当今修谱师的知识和技能结构 …… 177
第二节 当今修谱师专业技能鉴定和资格认证 …… 179
第三节 修谱师署名权与美誉度 …… 181
第四节 浙江修谱师人才队伍调查简报 …… 184
第五节 浙江省开展修谱师专业技能鉴定可行性 …… 187
附录
浙江省首批修谱师评审纪事 …… 190
浙江省百姓家谱文化研究会评选授予家谱文化人才荣誉文件（2份）…… 192

第八章 修谱群体的主体性——当今宁波谱人谱事案例 …… 199
第一节 王卫杰：企业家、家谱主修 …… 201
第二节 董伟龙：敬重传统的家谱主修 …… 207
第三节 康海明：四明谱局经理、高级修谱师 …… 213
第四节 邵　鹏：史志专家、高级修谱师 …… 218
第五节 钱茂伟：当代家谱学家 …… 226
第六节 杜建海：我的谱事编年 …… 232
附录
我与天一阁藏《鄞邑管江杜氏宗谱》纪事 …… 244
屠呦呦家谱寻访记 …… 249
当代中国家谱修编学开拓创新之作——钱茂伟著《当代中国家谱编修理论和技术研究》浅评 …… 254

参考引用文献资料 …… 261

后记 …… 262

总论：当代家谱文化要建构新的谱学观

改革开放以来，随着两轮地方志编修工程的推进，我国的家谱修编活动在民间遍地开花，呈现参差复兴的态势。这一文化现象，折射出社会转型期民众对文化根脉的追寻，但也暴露出传统谱学体系与当代社会结构的深刻矛盾。笔者通过系统梳理当代家谱编修的现实困境与转型路径，试图提出适应现代社会的“后宗谱时代”谱学观点和解决方法。

（一）

当代社会民间掀起的修谱热，始自20世纪80年代第一轮修志后期，随着第二轮修志进入普遍复兴期,这是基层两轮修志普遍利用旧家谱后的溢出效应。当代续修、重修和创修的各类家谱数量巨大，究竟有多少，因为公藏有限、私藏普遍，难以准确统计，数以万计是毋庸置疑的。但无论谱师、修谱家族还是公众，整个社会都有诸多的疑虑或各自解读。

一是社会的修谱之问。当代家谱文化是否进入新的发展阶段？家谱修编是否正在向现代性转型？当今社会为什么还要修家谱？现在还有必要修宗谱吗？新宗谱还是宗族势力的代言书吗？当今普遍以父系姓氏取代父系血缘标准就能入谱，还是家谱吗？家谱能否送给公藏机构？

二是家族的修编之问。新宗谱与旧宗谱究竟有哪些区别？房谱为何现在能流行起来？房族与外戚能联合修编“亲戚谱”吗？联姓的“村谱”是否可取代宗谱？修家谱如何避免打官司？修谱过程如何提高族人参与度？如何看待旧家谱接续世系、认祖等的“攀附、编造、杜撰”现象？

三是家庭的入谱之问。当今家谱修编对个人、家庭、家族究竟还有哪些作用？家谱还能称为传家之宝吗？普通人、平凡家庭入谱信息如何丰富起来？女儿或女性如何入家谱？新修家谱与隐私保护的矛盾如何平衡解决？

四是谱师的编纂之问。现代家谱修编与传统家谱有何异同？家谱与方志、史书有何联系和区别？家谱如何“引志（史）入谱”？当代家谱版式如何处理敬讳与尊崇？新修家谱如何订立家训家规？同一姓氏联修通谱还是统谱？修谱有哪些可利用的新技术、新工具？如何评判一部家谱编纂质量的高低？修谱师要有哪些专业知识和技能？

同时，当代新修家谱质量堪忧，良莠不齐，普遍存在因循守旧、刻舟求剑的状况，或是非旧非新、不伦不类，也有不注意“守本”的乱创新，以及文本结构不完整、版式不尽合理、文字差错多等诸多问题。

这些社会认知、文化传承、修谱实践层面的现状和困境，究其产生原因，主要有如下几个方面。

第一，20世纪80年代以前视家谱为“四旧”，大多毁弃，家谱修编传统完全断裂，导致当今绝大多数家庭、公众尤其是年轻人对家谱惘然无知，也漠然置之。

第二，这三十年出生、成长的很多人，缺乏家谱修编必需的文言文阅读能力和一般写作能力，但又是当今家谱修编主力军。大多数家谱修编者的观念，还处于对传统家谱接受、模仿阶段，停留在传统宗谱的思维定式里，修谱理念往往与已经急剧变革的时代相脱节，适应当前社会状况的家谱主流形态，还处于积极尝试和热议、争议之中。

第三，当代谱学研究方面，学术界多的是家谱史、家族史、家族人物或地区性家谱类型等的研究。关于当代家谱修编的现代性构建，有分量的理论研究成果、系统的实证研究，尤其在适应时代的新谱学观方面几乎为空白，理论创新严重滞后于实践，也就无以引领、规范民间修谱行为。

第四，当今体制内相关职能部门，对于基层历史文化的文本载体，一直重志史、轻家谱，甚至讳言家谱，对家谱文化非常陌生，仍然习惯于把现代家谱与传统宗谱或宗族势力画等号，把以家史记录、家风文明为核心的当代家文化与传统宗族文化画等号。引导管理缺位，下热上冷，制约了当代家谱文化进一步繁荣。

尽管如此，当代修谱家族和修谱师们还是坚守传统家谱文化，而且进行了一系列变革，已形成“百家争鸣，百花齐放”局面。不过，虽然“身在此山中”，但普遍还“不识庐山真面目”，认为自己仅处于家谱变革中的“大稳定、小调整”的渐进式参与阶段，热衷于传统家谱知识的归纳和总结、修谱实务技巧的接续和改进、应用技术工具等的尝试和分享，有些仍陷于旧宗谱的传统范式里难以自拔。

由于社会还处于转型期，也缺乏适应时代变革的修谱理论指导和规范指引，大多数修谱家族和修谱人员只能自行摸索前行，修谱观念的更新缺乏自省、自觉，使得新修家谱的现代性转型还不系统、不彻底，很不成熟。

（二）

从20世纪80年代起，传统家谱文本颇受重视，但大量从学术研究的对象切入，从历史文献资料的角度评述，从地方史志编写、文史写作的应用引发充分关注。

当今家谱编纂及意义、价值功能的认识，自然也受到这三个方面影响，如学术界重家谱载录的历史记录研究，轻家谱修编规律的实证研究；文史作者对家谱文本的独特性认知不够，家谱版式忽视敬讳和尊崇性的特点，家谱体例、内容和图像、检索普遍出现史志化现象；修谱者普遍回避修谱与保护隐私的矛盾，对新家谱的隐私性认识不足，家谱以公藏、公开为荣。

同时，家谱修编方面注重家谱体例及技术探索，特别缺少对家谱修编主体和执行主体的分类群体研究。家谱的修编主体从来都是个人、家庭和家族、宗族。理事会是他们的代表，编纂主体是执行编辑，印制主体是谱局、家谱印务公司，共同构成修谱群体，构成了家谱理论和技术研究的本体视角、出发点和落脚点。他们对家谱修编的态度和方法，尤其是前瞻性的认识和尝试，不应被研究者所忽视。修谱各群体，应该成为家谱修编学研究的重要对象。

当代家谱修编理论和实践的创新，需要社会科学相关理论的解释，尤其要关注现代社会学的社群理论、社会组织学、社会心理学，现代伦理学的伦理学说史、婚姻家庭理论和当今法律方面的民法典，特别是历史学新崛起的面向微观主体的公众史学理论。要适应当今互联网技术、现代人工智能技术和网络传播的新特点。只有这样，才能从理论高度阐述当代家谱的现代性转型态势，让当今修谱从对传统宗谱修编的路径、方法依赖中彻底摆脱出来，建树起现代家谱文化。

家谱学，作为一种应用性学问，与历史学、方志学、遗传学、语言学、文学等多种学科密切相关，与图书编辑学、图文设计技术、计算机智能应用等应用技术也直接相关。虽然每年家谱出品很多，但至今并未建立一种系统规划的学科分支。近十年来，国内高校、文史界也有为数不多的专家学者和姓氏、省级家谱文化社团，为推进家谱文化理论研究和实践创新而努力。著名公众史学家、家谱学家、宁波大学历史系教授钱茂伟已经结题的国家社科基金课题《当代中国家谱编修理论与技术研究》，让家谱学第一次走上学术高地。他提出的“以公众史学精神改造家谱”的观点，为现代家谱学的构建提供了全新的微观视角和史学理论支撑。

因为需要研究者对社会科学知识、家谱基本理论和修谱实践经验三者贯通，现代家谱修编的这种研究力量却显得十分薄弱，至今仍然缺乏能够传播、普及的理论研究成果。

当前迫切需要通过谱学观创新以及普及，引领修谱实践的观念更新，“守本应时”，推陈出新，让新型家谱文化逐渐完善起来。

（三）

传统家谱突出君权、族权、父权、夫权和男权，是同宗共祖的父系血缘谱，讲究入谱男丁的血缘纯正，形态以宗谱为主，支谱、房谱因为根本属性、特点一致，所以只是宗谱的简易缩微版。当今社会正在全面转型，思想、文化、经济基础变革翻天覆地；宗族涣散，社会管理的行政权强于自治权；婚姻、家庭观念和关系渐趋复杂，女性地位普遍上升；传统文化断裂又接续，语体从文言文转向白话文，传统宗谱依旧例续修显得难以为继。于是，当代家谱文化不断进行各种深刻变革，逐步进入现代性转型的后宗谱时代——百姓公众家谱修编时期。

"现代"并非单纯的时间标签，它与"传统"相对应，是人类社会自文艺复兴和启蒙运动以来深刻变革、持续演进的历史时间观念。"现代性"的主要特征，在当今时代表现为思想的开放性、理性与批判性，重视个人权利与自由，与社会变迁和科技互动，全球化视野以及社会责任与可持续发展等。这些综合作用，共同影响改变着人们的价值观和思维方式、行为模式、文化取向，让人类社会文明进步又一次系统升级。当今时代，家谱文化这种"现代性"转型，与当今中国由传统向现代转型同步，也是一次阶段性特征明显的系统演进和全面升级，体现着家谱修编活动不断演变、适应社会发展的动态特性。

所谓后宗谱时代，是从 20 世纪 80 年代第一轮修志后期起，走出当代"前三十年"断裂、停顿期的民间家谱修编活动。与民国及以前修谱传统明显不同，对传统宗谱进行了划时代变革，从指导思想、本质属性、价值功能、形态形式等方面有了现代性转型，由构建家族血缘共同体，向以血缘或家庭为基础的家族历史文化共同体演进，开启了当代家谱文化发展的新阶段。

之所以不称为新宗谱时代，或新家谱时代，是因为这两个概念的外延不全面。当代家谱文化还涌现了其他各种家谱文本新形态，还有了新载体、新技术和公藏的新趋势；也不宜称为新中国家谱时代，因为这种断代史的提法直接越过了家谱曾被视为"封建糟粕"予以破除、焚毁的 20 世纪 50 年代至 70 年代。这一时期，从历史进程看，时间虽短，但特征明显，对当今及以后家谱传统的接续、发展所产生的影响巨大而深远。清醒地认识当今家谱文化已进入后宗谱时代，为当代家谱修编进行现代性转型明确了新的起点，为当代家谱文化建构新的谱学观明确了时间维度和时代背景。

百姓公众家谱，以不同于传统宗谱的父系姓氏家谱出现为标志，家谱的主要价值功能以记录家庭、家族或宗族血缘关系并借此收族、护族、睦族的社会性为基础，以传承家庭、家族或宗族历史和家风的文化性为主要目的。

当今时代百姓公众家谱，已然不再专属于少数家族之有名望、有文化的精英，修谱家族的成员不仅是修谱响应者、入谱资料提供者和被记录进谱者，家族户主（代表）大会成了修谱行为的决策主体，房亲、族亲或宗亲甚至母族、妻族都成为广泛参与修谱的群体力量，并且是家谱成果的全体享用者。百姓家谱作为家族公众历史作品的特点如此明显，“公众”两字，集中体现了修谱活动具有家族内部公众性、公共性的特点，并非泛指全社会的公众，或历史文化的公共性。

（四）

当今家谱文化，随着社会变革进行的现代性转型，主要表现为如下几个方面。

一是家谱编纂现代化。当代修谱的指导思想推陈出新，正在摒弃儒家思想的权力等级制、传统“纲常”观，更注重体现自由、民主、平等、多元的现代社会精神，让普通人、平凡家庭和女儿或女性的入谱信息更丰富。修谱家族和修谱师们不断适应时代政治、经济、社会的变革，对传统家谱的编纂体例和内容正在“扬弃”，保留精华，剔除糟粕。家谱文本正在适应当代文化、教育的现实，衔接文白新旧文体，或完全应用现代新语体（白话文）。谱书的版式设计和印制，参照旧谱与现代书籍，兼而有之。

二是“新宗谱”普遍化。当代各地新修宗谱不可胜数，修谱家族和修谱师们在修谱根本原则问题上形成新的共识，普遍以父系姓氏代替父系血缘为入谱标准，价值功能以社会性为基础、文化性为主，实际上已经成了“旧瓶装新酒”的“新宗谱”。修谱着力点，已经回归到家谱创立的初心，也是核心——记录家族成员血缘、家庭关系，但更致力于记录宗族或家族成员生平事迹。

三是家谱形态多样化。除一些地区甚至全国性的姓氏通（统）谱修编复兴，热闹非凡外，非宗谱的各种新型家谱文本形式也纷纷出现，为修谱家族普遍接受。如参照“新宗谱”的房族父系姓氏谱十分普遍，地缘性“村谱”（行政村姓氏联合谱）应时而生，集内亲外戚于一谱的父系房派“亲戚谱”流行，父母双系家谱也在尝试出现。

四是家谱载体多元化。家谱承载形式，除了纸质文本，通过互联网平台，还有图像家谱、音像家谱、电子版家谱、手机家谱、微信家谱、光盘家谱以及可以加密的网络家谱等新载体。当今家谱修编，正在适应、接纳数字化修谱的新载体、新工具、新技术。

五是家谱成果公共化。这是当代才出现的新情况。旧家谱因为“破四旧”，被文化机构收藏后成为历史文献，异化为公共图书。当今家谱以记录、传承家族历史和家风的文化性作为首要价值功能，修谱家族普遍愿意无条件或有时限地约定、赠予公藏机构，私修家谱成为公共文化产品似乎也成了新趋势。

后宗谱时代家谱文化的现代性转型，本质是传统家谱文化在改革开放过程中的适应性演变。这一过程既要突破宗法观念的传统窠臼，也要防止去家族化的所谓创新。通过构建“守本应时”的新谱学观，让家谱文化实现从宗族秘籍走向家风文明载体的重大跃进。

因此，现代家谱学需要对传统谱学观的许多具体方面进行全面变革，这种变革是适应性的、动态持续的。（1）现代家谱定义，要有一定包容性，允许各类家谱有差异和侧重，有非典型性家谱。（2）修谱指导思想，“扬弃”儒家思想，反映现代思想、价值观和现实的血缘、养育的伦理关系。（3）修谱各类主体，明确家族户主（代表）大会是修谱决策主体，理事会民主产生、公开运作。（4）入谱标准条件，必须尊重家族成员意愿，自愿入谱，自主决定提供的信息。（5）家谱价值功能，记录家族成员血缘关系和繁衍的基本原则不能变，但要更突出家族历史文化记忆，强化家风传承价值。（6）家谱体裁，更多引志（史）入谱，尽量多记载普通个体、平凡家谱的信息。（7）家谱体例和语体及收藏，适当调整，以适应当今时代各种变革和文化需求。（8）家谱形态和载体，适合宗族、家族、编纂人员特点，体现开放性、多样性。（9）修谱合法性，规范、平衡入谱个人、家庭隐私保护问题。此外，还要研究修谱师队伍建设的问题。

笔者对家谱学的上述观点及其实践进行了论述，认为：现代家谱是适应现代社会文明发展，记录族众血缘关系和繁衍，传承家风文明的家族历史图书，不再是宗族势力的代言书，已脱胎换骨为当代家风文明建设的载体。现代家谱记录，以家族成员血缘世系、生平记录为基本，必须加强家族历史记忆、家风传承、家族文化的记载。当今对家谱文化要形成新的共识，它不是普通的历史图书，与方志、史书有联系但又有本质不同，是创建并传承家族文化的特殊历史图书。当代家谱修编品质认定，从实际出发，可采取“三分法”（合格/优质/特色家谱），个人“世传”（行传）信息要素的征集与载录也可采取“三分法”（基本/拓展/特殊要素）。当今要以公众史学的理念改造传统家谱，顺应家谱文本多样化的趋势。转型期家谱修编要保留传统“谱味”，但也须不断探索变革。家谱修编要依法合规，以“隐私让渡”观点平衡家谱修编与隐私保护的关系。明确当代修谱师专业知识和技能体系，对修谱师专业技能鉴定和资格认证实施分级分类管理。

结论：家谱在中华传统历史文化中往往与国史、方志并称，自古至今，它是唯一具有平权特质的家族公众历史图书，所以才有广泛、强大的民众基础，这也是当代家谱文化劫后重兴、长盛不衰的原动力。因此，只要社会的细胞——家庭存在，建立在血缘、家庭关系之上的家族群体自然存在，家谱也就不会消亡，只会在变革中不断演进。随着新的谱学观的建立形成、不断完善，现代家谱一定能让中华家谱文化传统重放光彩。

第一章 家谱修编的永恒性

当今为什么还要修家谱

杭州谱师世家传人倪毓佩先生，在其短文《修谱见闻之65——修家谱之困》中讲到：一些家族的家谱始终修不起来，大家都相互看不顺眼，主要有五个原因，其中之一就是当代“家谱到底有没有用，到底要不要修”。很多人都离开了老家，在城里发展，甚至定居国外了，一般也不会再回到村里生活，与宗族不相干了，现在修家谱有什么好处？确实，这个疑问，普遍、始终困惑着不少家族成员和一些修谱师，有不少人还认为家谱是宗族势力的代言书，理应摒弃。这些认识，制约了当代家谱文化的发展。当今修谱是否还有必要，更需要从修编宗族、家族和入谱家庭、个人角度予以分析。

传统家谱以祖宗信仰为旗帜，入谱以父系血缘为根本条件，对族人有足够内聚效应的是通过宗族公共财产、协同力量产生的收族、护族功能。当代社会，随着法治体系和社会保障体系的健全，个人、家庭抗风险水平大为提高，传统宗法治理下收族、护族功能不复存在，家谱不再是当今族人生存发展的必需品。家谱，特别是宗谱，普遍转换为以父系姓氏为入谱的基本条件，修编家谱已成为家族共同的文化事业。这是质疑当今家谱是否有用、是否还要修谱的主要原因，也是修谱、入谱自主、自愿原则产生的经济、社会因素和法律诉求。

当今社会，家谱依然是唯一能平等记录所有族人世系和生平事迹的图书。修编家谱，有利于普通族人增强平等的归属感，进入文本世界，延长文化生命；有利于家族之精英记得住“乡愁”，进入家族、地方历史，实现受人尊重和自我价值最高需求。

当今社会巨变、转型下出现的家谱复兴，不少家族热衷于修谱，说明修编家谱有它的现实功能，这可以从社会心理学理论、社会社群学说等找到原因，予以解释。

从家谱演变发展历史看，只要婚姻、家庭存在，家族关系需要维系，家谱会不断适应时代而变革，但永远不会消亡。

家谱修编理事会屡经动员解释后，对迁居外地后“落地生根”的族人，不愿入谱、愿做“浮萍”的，则顺其自然；对不想让渡任何隐私权，拒绝入谱的族人，则尊重意愿；对轻视文化传统、妄自菲薄、自我封闭的族人，不强人所难。毕竟重视家谱的人，有文化积淀、有教养、有力量，他们坚持传承中华优秀优秀传统文化，就有了更多的智慧，更能发展发达起来。

当代家谱，因为正在适应时代巨变，价值功能以社会性为基础，但以文化性为主要特征，也不再是传统宗族势力的代言书。改革开放几十年，当代家谱文化又进入一个新的历史性变革阶段——从传统向现代转型的后宗谱时代，因此要接续、发展家谱文化，传统谱学观就需要彻底革新，要以新的谱学观建构和引领。

第一节　家谱文化随改革开放进入新阶段
——从家谱修编变革简史说起

家谱是记录宗族或家族成员世系和生平的图书。它的起源与兴衰，始终伴随着姓氏、婚姻与家庭、血缘关系，历来是时代的产物。不同时代政治、社会制度，思想文化，经济科技以及婚姻、家庭关系等的综合作用，直接决定着家谱的历史演变乃至重大变革。从古至今，传统家谱文化发展经历了三个阶段：帝王、诸侯、贵族世谱，门阀士族家谱，平民百姓宗谱。随着20世纪80年代起改革开放的浪潮，又进入了一个历史性变革的新阶段——百姓公众家谱修编的后宗谱时代。

王室贵族家谱：家谱起源与成型阶段（修谱初心和家谱核心）

家谱的本质特征是家族血缘世系的记录和反映。家谱形式，起初有口述家谱、绳结家谱，文字产生后有甲骨文、竹简、金文等实物家谱。

若干学者研究认为，家谱应该起源于母系氏族社会晚期，世系以母系计算，代代相传。夏朝，大禹以世袭制取代禅让制，家谱的政治功能便产生了。司马迁在《史记》若干篇目中，较为详细地记录了黄帝、颛顼、帝喾、尧、舜五帝的世系和夏、商、周三代王室及楚国王室自始祖以下的历代世系。

周代，确立在血缘关系基础上的宗法、等级制度，选官也是世袭制。周天子王室有史官专门负责修谱，诸侯国则由三闾大夫专职主管宗庙祭祀、贵族谱牒。

春秋时期，随着文字推行，家谱从王室、贵族走向士族。相传为荀子编修的《春秋公子血脉谱》是中国历史上第一部以“谱”为名的宗族史籍，其“血脉”二字，形象地揭示了家谱记录血缘关系的特点。

秦汉时期，为维护王位世袭制，在中央设位居九卿之一的宗正，主要职责是编修和保存有关皇族的谱牒，以后这一机构遂为历代各朝因循。汉代，出现《潜夫论·志氏姓》《风俗通·姓氏篇》等一些谱学、姓氏学著作。司马迁也在《史记》中记录自家的世系。颍川太守聊谋所作的《万姓谱》，汇集天下各姓通史，主要用以“奠系世，辨昭穆”，著录体例比较简单。为王室、贵族、士族明确世代血脉，这是家谱的创立初心和内容核心。

门阀士族家谱：官修家谱鼎盛与消亡阶段（主要功能的政治性）

魏晋南北朝时期，因门阀制度盛行，入仕之法从侧重品德的察举制演变成侧重家世的九品中正制，从选官到婚姻都要以家谱为据，于是家谱便迅速发展繁盛。国家设立谱局和谱官，专门从事谱牒的编修和保管工作。修谱重点在于对门第的标榜和维护，尤其是对地望、家世、官爵和婚姻的记载。

东晋太元年间，孝武帝曾令员外散骑侍郎贾弼之专门负责修撰百家谱。他搜集天下家谱，修成700多卷的《十八州士族谱》，被后世称为中国第一位谱学大家。刘宋时期的谱牒名家王弘，则是王氏谱学的创始人。“人尚谱系之学，家藏谱系之书”（宋郑樵《通志·氏族略序》），谱牒在政治与社会生活如此重要，逐渐成为专门的学问——谱学。

唐初，为培植新士族、打击旧士族、巩固王朝统治，朝廷设立专门机构并三次大规模组织编修大型谱牒著作：一是唐太宗贞观初年，撰修谱牒《氏族志》130卷；二是高宗时期武则天当政时，将未载武氏族望、李氏世系的《氏族志》改修为《姓氏录》颁行天下；三是唐中宗复位时，鉴于士族兴衰变化近百年，依据《氏族志》重新修撰，至唐玄宗即位撰成《姓族系录》200卷。唐宪宗时有《元和姓纂》成书。

唐末五代时期，战乱频繁，门阀制度遭毁灭性打击，大批旧士族成员被杀，谱牒也遭焚毁，荡然无存，先世次序不可复知。魏晋以来，以维护门第为主要任务的官方谱学正式消亡；战乱中崛起的新贵，往往因其门第并不高，也不愿重修谱牒，所以人们对家族世系模糊不清，以致宋代时已很少能见到旧谱，许多家族世系也因此断了线、失了传。

百姓家谱：私修家谱兴盛与典范阶段（主要功能的社会性）

北宋时期，真宗皇帝敕令宗正寺修编的皇族谱牒以“玉牒”相称，以示高贵。宋代，家谱政治性功能消退，走向社会性，修谱宗旨是“尊祖、敬宗、收族”，强化“尊尊、亲亲之道”的伦理道德教化功能，记载的主要内容有祖先、世系、子嗣等与血统有关的情况。

欧阳修和苏洵各自创新谱例，并在理论上作精辟的论述，使民间家谱体例规范化，谱学上形成欧、苏两大谱式谱法，成为后世家谱典范。南宋绍兴年间，先后有邓名世《古今姓氏书辩证》和郑樵的《通志・氏族略》问世。

范仲淹、王安石、司马光、郑樵、文天祥等著名士大夫，也亲自主持私家家谱的纂修，影响带动家谱逐渐从官府、世家大族走向广大的普通百姓家族。

百姓宗谱：私修家谱的繁荣与禁忌阶段（保持社会性）

入明以后，谱式上欧苏二体逐渐合体，血缘系图与族人世录并记，且规定小修、大修年限，称之为“进谱”。统治者继续积极鼓励家谱纂修，修谱之风遍及全国各地各族，成为一项全社会百姓的家族文化运动。与宋代家谱相比，家谱体例更加完善，记事的范围也更广泛、内容也更丰富，更注重伦理教化的功能，以宗谱为主，成为家族百科全书。

明嘉靖、万历年间，受方孝孺谱学观点的影响，修谱师程文绣及其修谱著作《九仪九诫》，被视为明、清谱学的顶峰之作，其影响力一直持续至清末民初时期。

随着修谱的普及和人口增加，明、清时期家谱数量大增，规模越修越大，出现“会千万人于一家，统千百世于一人”（司马迁《史记・五帝本纪》）的联宗统谱，追溯世系或几十世，甚至炎黄、蚩尤或尧舜。修谱喜好攀附历代同姓名人，冒认历代同姓望族、大族或郡望，以提高本家族社会地位，其宋代及以上世系记载的历史价值普遍下降。有些文人利用《万姓统谱》（明代万历年间凌迪知著）等姓氏学著作，专以伪造家谱世系，伪造名人题跋、序言等为职业。

为此，清乾隆年间，发生两次“谱禁”。朝廷直接干预民间修谱内容、格式，对全国各地宗族修谱活动中普遍出现的谱系僭越现象进行规范，犯禁者往往因“文字狱”招致严厉罪责。谱禁政策，也使民间修谱存在的问题有所修正，对规范民间修谱、确保家谱功能的社会性和教化性有一定意义。

近代以来，尤其是民国时期，修谱沿袭清代修谱的体例，但由于“弱政府，强社会”，在统宗统系、攀附名人等方面，继承并发展清代修谱的不良风气。由于“五口通商”，西风东渐，长江以南沿海东部地区经济迅速发展，工商界人士以“三修”（修家谱、修宗祠、修祖墓）报效家乡蔚然成风，续修、新修的家谱涌现，存世数量也极为丰富，内容大量增加诸如家族义仓、义田、义学、消防、宗祠等慈善公益项目及其章程的记录。

但日寇侵华而后内战，造成十余年社会混乱，民生凋敝，对家谱文化编纂和保管造成较大冲击。

民间家谱的禁毁与遗存时期：守护文化传统的坚韧性

中华人民共和国成立后，随着社会改革，旧有宗法制度关系被打破，宗族财产为集体所有，家谱被认为“封建糟粕”、族权产物而遭到摒弃，民间基本停止修谱。

“文革”期间，收藏家谱被严令禁止，或作为封建“四旧”焚毁，但仍有部分家谱或残本，或一些房族手抄的祭祀簿被民间个人偷藏，或被作为“破四旧”成果展览资料暂时保留遗存下来。上海图书馆、天一阁博物馆等一些公藏机构打着保留批判封建主义材料的旗号，从废品回收站和造纸厂的纸浆池边抢救性收藏了一批家谱。

这一时期，短短三十年，由于民间家谱修编、收藏活动长期停止，且伴随白话文全面、彻底取代文言文，中小学乃至高等教育一度被思想政治教育、生产实用技术教学所取代，使得广大民众特别是当时年轻人普遍不知家谱为何物。传统家谱文化的根基完全崩塌，给当今家谱的接续修编、家谱文化的传承带来极大的困难。

百姓公众家谱：家谱文化的复兴与转型阶段

（保持基本功能的社会性，加强主要功能的文化性）

20 世纪 80 年代改革开放后，随着第一、第二轮全国修志运动溢出效应，海外游子寻根问祖、支助家乡热，民间财富日渐增多，政府不干预修谱活动，寻谱、修谱之风复苏，新修的家谱陆续问世，数量众多。

当代社会以集体主义思想、集体经济为基础，依法治国、男女平等观念深入人心，独生子女家庭普遍，白话文已经取代文言文，现代书籍基本取代传统古籍编印等，传统家谱五六十年“两大修”也已逾期，因而旧宗谱续修难以为继，当代修谱在指导思想、修纂标准、家谱形态、主要功能等基本方面进行了现代性变革，进入后宗谱时代——百姓公众家谱修编时期，具体表现为如下几个方面。

一是家谱修编在民间普遍复兴，自发成为基层、家族重要的文化活动。民间家族修谱活动相互效仿，遍地开花，续修、重修、新修的各种家谱涌现，但地区性、各姓氏之间并不平衡。有些全国性、地区性单一姓氏统谱，统一世代谱系甚至字辈，追溯直达炎黄，已经不属于历史学范畴，似乎成了该同姓宗族共同的民俗文化行为。浙江“天下谱局”、河南“老家河南家谱馆”、江苏“常州家谱馆”等一批修谱专业人才和公司（谱局）出现，有些已形成地区性文化品牌，开始成为一种文化产业。优秀修谱师编写、出版一些修谱实务工具书，围绕传统宗谱，结合各自实践，介绍家谱知识和修编方法，如魏怀习的《家谱编修实用大全》、姚建康的《家谱编修指南》和朱炳国、岳祖瑞等的《修谱百问》等。各级各类家谱、姓氏文化民间社团，包括地市、县区性的，正式注册登记或未登记的大量出现，如河南省姓氏文化研究会家谱委员会、河南省家谱文化研究院联合定期举办全国性的修谱培训班，同时举行家谱展评大会等活动；浙江省百姓家谱文化研究会和宁波大学公众史学研究中心联合举办培训班、研讨会、家谱评审会；陕西省姓氏文化研究会设立各姓氏专业委员会，独立开展修谱、交流活动；浙江省、山东省历史学会成立家谱研究分会（专业委员会）。全国性的民间组织则有中华文化促进会姓氏文化委员会，中国地名学会地名与姓氏文化专业委员会等。

二是家谱修编发生根本性变革和转型，进入多元化、多样化的后宗谱时代。当今家谱修谱主体和主旨革新，不再是以宗族为主导，不再是家族成员的必需品，是否入谱成了个人、家庭自主、自愿的文化选择。一些家族成员更加注重隐私的保护，因此不愿入谱。宗谱的入谱标准，由父系血缘普遍变换为父系姓氏，凡是改为宗姓的都可入宗谱，女儿或女性有区别入宗谱更加普遍，从本质上已蜕变为“新宗谱”。同时，家谱的形态多样化，新房谱、“村谱”（行政村父系姓氏联修谱）流行，内亲外戚关系并存的房派“亲戚谱”普遍出现。当今家谱，价值功能以记录家族成员血缘、家庭关系的社会性为基础，以记录、传承家族历史和家风的文化性为主，完全颠覆了传统家谱性质。新修家谱更受地方志、史体例的影响，编纂时更多“引志入谱”“引史入谱”“谱志合一”，让人们传承优良家风，记得住“乡愁”。

三是家谱修编适应互联网数字化时代，运用新技术工具，出现新载体、新技术。修谱活动，因为网络联系更加便捷。修谱软件、手机 APP、微信小程序等辅助技术、相关工具不断研发，广泛应用，成本低、效率高的数字化修谱成为新的趋势和选择。除了纸质文本家谱，图像家谱、音像家谱、电子版家谱、手机家谱、微信家谱、光盘家谱以及可以加密的网络家谱等新载体也尝试推广。山东谱海股份有限公司开发的“天时中华家谱编撰软件”技术，具有快速入门、快捷省时、节省资金、多款版式（30 多种）、智能排版、直接印刷（与印刷无缝对接）等特点，并通过“谱海”网站，建立千余个姓氏网站集群和合作网站安装接入口，方便海内外民众登录各自的姓氏网站直接修谱，受到广大修谱家族和软件使用者的普遍青睐。大量公藏机构对家谱进行数据化、电子化处理，并以各种渠道不断流入社会；上海图书馆、国家图书馆特设家谱文献数据库，供公众查阅。家谱网站、公众号、视频号等自媒体大量出现，家谱文化走向大众传播。

四是家谱修谱成果出现成为公共文化产品的趋势，进入文献整理和学术研究领域。劫后遗存的旧家谱，进入公共文化机构后成为历史文献，成为学术研究和文史写作的重要公共资源。新家谱，因为修编家族对于毁失难寻的心有余悸，或修编者为了流芳、扬名等动机而纷纷赠予公藏机构，有的约定五六十年“两大修”时限后解密，允许公之于众。家谱次生功能逐渐公共化，也表明部分修编者意识到当今家谱有了更为明显的文化属性。《中国家谱总目》等全国性、地区性各种家谱目录及提要不断出版，名人家谱、稀见家谱、少数民族家谱不断影印出版，国家清史编纂委员会文献丛刊《中国家谱资料选编》陆续出版。研究家谱、利用家谱的文化成果涌现，如王鹤鸣的《中国家谱通论》《中国家谱史图录》，仓修良的《谱牒学通论》《家谱漫谈》，徐建华的《中国的家谱》等，钱茂伟的《当代中国家谱编修理论与技术研究》成为国家社科基金课题，家谱修编学正式登上学术高地。公藏机构举办各类家谱文化研讨会，形成如上海图书馆《中国家谱论丛》、山西省社科院家谱资料研究中心《谱牒学论丛》、浙江图书馆《家谱与中国文化·浙江家谱研讨会论文集》等论文集。但家谱文化与史志相比，在体制内、学术界、文史领域还明显处于边缘化状态。

家谱的起源、演变和变革历史告诉人们，无论时代如何剧变，家谱只是在形态、体例、内容、功能、修编技术等方面会有适应性变化，或根本性改造、创新，但家谱创立的初心和内容核心不会变，因为家庭、家族乃至社会、国家、民族对家谱文化的传承始终有客观需要。

当代家谱文化这些方面系统性、根本性变化也让家谱学界认识到，传统谱学观需要彻底变革，当今家谱修编需要新的谱学观建构和引领。

第二节　家谱不再是宗族势力的代言书

旧时家谱与祖墓、祠堂，共同构成传统宗族文化的三种具体形态，也就有了自古以来宗族“三修”（修家谱、修祖坟和修祠堂）的传统。新中国成立已经七十多年，对家谱等还视作宗族势力的载体，体制内工作有禁忌，予以“一刀切”，这是对当代家谱文化正在现代性转型的理性认识不够所致。

传统宗族势力主要依靠思想、经济、社会、物质四个基础而存在。当代，经济不发达地区还有一些宗族势力，但内聚性、联合性和斗争力往往不复从前。即使在偏远、相对落后地区，对残存的宗族势力也要差别化对待，不能一概而论、过分放大，何况经济发达地区，因为宗族势力的各种基础已经基本崩溃。

一是思想基础。传统宗谱的思想基础是儒家学说，如“三纲五常”，当代则坚持法治原则，倡导现代文明、新型伦理关系和集体主义精神。

二是经济基础。宗族文化适应封闭、落后的传统小农经济生产方式，当代则是市场经济、公有制经济和农村集体经济。

三是社会基础。宗族属于封闭或半封闭、不流动的“熟人”社会形态，当代则是社会开放、人员流动，正在走向“陌生人”社会，许多族人已视同“路人”。从基层治理角度看，旧时宗法管理变成了当代行政权与自治权结合、行政权强于自治权的治理体制。

四是物质基础。宗族内部祭祖的、慈善的、公益的公产，已经由村股份经济合作社集体所有的山林、土地、资金和出租资产取代。

随着宗族势力“四大”基础的彻底改变，当代宗谱在变革中已是“旧瓶装新酒”，成为“新宗谱”，当代家谱也不等于传统宗谱，因为新旧家谱修编明显出现以下六大根本性的变化。

一是修编指导思想，新家谱在“扬弃”中继承家谱传统文化形式，但更注重体现自由、民主、平等、多元的现代思想精神。

二是修编动机，从以宗族收族、护族为主，转变为家庭、宗族以血缘关系和婚姻关系为基础，记录其成员世系和生平事迹所共同传承的文化行为。

三是修编主体，从族长、房长转变为族人（户主代表）会议民主推选的家谱修编理事会。

四是入谱条件，从同宗共祖的父系血缘转换为父系姓氏，普遍允许改为本宗姓氏的家庭子女写入宗谱，承认女儿或女性有区别入宗谱。

五是家谱形态，呈现多样化，从单一的父系血缘谱——宗谱，发展为改革后的新宗谱、新房谱及属于非宗谱规范的父系亲戚谱、家庭谱、父母双系谱，乃至联宗的通（统）谱，联姓的村谱等。

六是家谱功能，已经从宗族成员的身份凭证，成为家族存史寻根、教化育人的载体，从社会性转变为以文化性为主、社会性为基础。

当今修谱从旧宗谱续修、重修开始，是传统文化继承、发扬的惯性，但比重在下降，同时有了根本性的变革。作为“新宗谱”，已经与宗族势力基本脱钩，本质上已经成了一种载录、传承家庭、家族或宗族成员世系、生平及家风的特殊载体。

与修编家谱同样，当今乡村修祠堂也面临类似问题。祠堂，也不能与宗祠、宗族性画等号。宗祠，即宗庙、祖庙、祖祠，是供奉与祭祀祖先或先贤的场所，体现宗法制家国一体的特征，也是宗族内部社交、会议、议事的场所。因为土地改革，绝大多数宗祠成为村级集体公产，成为村办公楼、当地学校，改革开放初期甚至成为厂房或老年活动中心等。当代绝大多数乡村，遗存的宗祠也只是文物、旧时宗族文化的象征，难以成为宗族势力的坚固阵地。祠堂，则是一种公共建筑，通常由村庄或各氏族共同筹资建造，供奉着该地有影响的诸姓祖先或名人。除了祭祀功能，还可以作为在世新乡贤或“好人”宣传的平台、村史展览窗台、社区（老年）活动中心、会议场所等，让基层史志谱的主要内容进行形象化展示，具有综合性的公共宣传文化服务功能。当今要倡导修祠堂，而不是复建宗祠，或赋能、扩建成为新颖的联姓宗祠。

史志谱，从层级来讲有侧重，宏观写史，中观修志，微观编谱。基层文化载体，还得以谱为主，次之志，辅之以史。当今在乡村，要提倡、推广联姓村谱为主，村志、村史并存或兼容，实现所有族人、村民人人入谱、户户入志。

城市社区，鉴于人员流动性强，社区性、血缘性、姓氏性修谱或社区姓氏联合谱，没有必要也不会有公众基础。要根据宪法“结社自由”的规定，在依法治国的框架下，因势利导，支持以血缘、姓氏、地缘、学缘、业缘、趣缘、志缘等为纽带的会社设立和开展活动，如慈善公益、文化体育、“非遗”传承以及宗亲会、同乡会、同学会、行业协会，在此基础上也可修编法脉谱、会社志，同时支持城市社区居民修编房谱及亲戚谱、家庭谱等非宗谱。

当代社会，家是家庭，是社会基层——社区的细胞，不是宗族社会的细胞。家文化，因为不再体现君权、族权、父权、夫权、男权，故不是宗族文化，而是家风文化。当代新家谱是家世、家史记录和文明家风建设的载体。

后宗谱时代，随着百姓公众家谱大量修编，家谱由传统向现代转型，不再是宗族势力的代言书或垫脚石。当代家谱文化，完全可以为传承中华文化基因、促进中华民族共同体建设、提升中华文化软实力发挥更大作用。建议各级党政部门，尤其是文化部门，要学习了解新的谱学观，对家谱文化也要“拨乱反正”，起草制定《家谱工作条例》，端正思想认识，改变态度，明确分级职责，抓好分工落实。

一是党委宣传部，引导修谱各主体有正确的指导思想，宣传新宗谱、新家谱，宣传以家风文明为核心的当代家文化。

二是党政地方史志部门，应该作为家谱修编工作业务主管的职能部门，职责要更加明确。因为家谱的基层性、民间性特点，分级明确责任：业务统筹领导在地市，具体指导执行在县区，行政推动在镇村，特别是村谱。要建立家谱研究专家、优秀修谱师和地方文史作者组成的专家库，联合各级各地家谱文化社团，搞好家谱修编的专业技能培训、修谱师职业资格认证和家谱质量审查等工作。

三是各级政协学习与文史资料委员会及文史馆，要扩大职能，在服务统战对象及文史馆员基础上，重视各地著名统战对象（名人）家谱的查找、修复和修编工作，为助力当地文明建设，打下人文、情感基础，积蓄地缘、血缘力量。

四是各级社科联，要重视家谱学研究课题的立项、评奖，地市、县区社科联对此还应适当倾斜。

五是高校历史系，要探索建设家谱学学科体系，与方志学科一样，担负起培养家谱文化人才、研究家谱学理论和技术创新的使命。

六是镇乡（街道）党政部门，要支持旧谱普查、保管和新谱修编工作，特别是要支持联姓“村谱”修编活动，让它与村志、村史一起共同成为乡村振兴的文化载体。

第三节　家谱是维护新颖家族关系的文本基础

当今社会，有不少人以自我、家庭为中心，认为宗族关系崩溃了，有了社会、商业保障，家族关系也无关紧要，还是断亲为好。但另一方面，不少个体、家族很重视家族关系，热衷修家谱、修祖墓、修祠堂，建家族微信群；有些还建宗亲联谊会，乃至搞同乡会、同学会、趣友会等等。那么，当今社会，是否还需要维系家族关系，如何维护新颖、良好的家族关系呢，家谱修编在其中能发挥什么作用?

传统社会宗族关系的重要性不言而喻，明代方孝孺曾提出“睦族三法”：“为谱以联其族，谒始迁之墓以系其心，敦亲亲之礼以养其恩。”以“联族”“系心”“养恩”为核心，构建传统宗族社会的维系体系。其核心逻辑在于：家谱修编是文本根基，祭祀仪式是情感纽带，日常礼仪是行为规范，三者共同形成“敬宗收族”的稳定结构。这一体系，虽根植于封建宗法制度，但对家族认同、文化传承与社会稳定，至今仍具启示意义。

传统社会，祠堂、族产、族谱与族长构成宗族治理的“四维支柱”。祠堂提供公共空间凝聚族人，族产保障经济互助，族谱确立血缘秩序，族长行使治理权，族众则通过集体参与祭祀、婚丧等仪式，强化家族记忆和情感认同。

这种体系，虽因族产转为乡村集体所有，刚性的血缘纽带因流动、利益交换关系变化而逐渐式微，但对家族凝聚力的重视，恰与现代社会原子化、个体化的社会伦理关系形成对照。

当今社会维护家族关系拥有现实价值。较之于传统宗族，现代家族关系的维系没有了综合性保障的功能，更多转向心理与文化等的深层次需求。

一是身份认同归属与家族文化传承。家族仍然是个人身份的“文化基因库”。通过家谱追溯血脉源流、记录家族迁徙，个体得以在历史长河中定位自我。家族以家谱的记载和世居地的人文地标，以及人文先祖、各种故事传说，构成家族文化的微观载体。

二是情感支持系统与心理健康支撑。现代社会的快节奏与高压力，使家人、家族成为重要的情感缓冲带。紧密的家族关系，可降低抑郁风险，尤其在个体遭遇挫折时，亲属支持网络的缓冲作用显著。家族聚会、节日仪式等活动，通过共同记忆的唤醒，维系着情感联结的连续性。

三是互助共进网络与挫折风险缓冲。家族成员间的资源互助（如教育支持、创业帮扶），可缓解现代社会的结构性风险。这种网络，既超越传统族产的封闭件，又弥补了社会保障的不足。

四是传递代际智慧场域与文明家风养成。家族文化中的人物故事、家训家规所蕴含的尊老爱幼、诚信友善等品行规范，长辈们言传身教的品行习惯等，均以家风化育后代。

面对社会结构变迁，当代家族关系的维系路径，需在传统智慧与现代需求间寻求平衡。首先，要认清从传统社会向现代社会转型过程中，家族关系的各种深刻变化。

一是从纵向到横向的联结。传统以父系血缘为纽带的宗族联系，逐渐转向以家庭为中心的多系联系。家族边界由“核心家庭—紧密房族—血缘宗族”向父族与母族、妻族、亲戚及姻亲家族并重的关系扩展。

二是从刚性到柔性的联系。传统家族关系，有血缘捆绑式的刚性义务，当代则让位于自主选择的柔性互动，家族成员更注重情感共鸣与价值认同，而非以礼俗名义的利益交换关系。

三是从封闭到开放的联合。家族结构由宗族缩小至“五服”内的房族，乃至三代直系、两代核心家庭，同时又通过地域、学业、职业、兴趣等拓展社会支持资源，亲邻、良友（同乡、同学、同事和趣友、志友等）、师长等非血缘关系，不少也被纳入家族关系支持系统。

当今社会要维护良好的家族关系，还需要“守本应时”，做好继承和变革两方面的工作。

坚持家族文化“三修”传统。一是定期修家谱以联其族，家谱有历代祖先，是祖宗崇拜、宗族伦理关系的文本基础。二是清明扫墓以系其心，现在主要是祭拜自己的五服内或三代世祖为主。三是经常访祠堂以聚其族，修复祠堂功能，将其转化为老年活动中心、家族文化馆或教育基地，通过举办展览等活动激活空间功能。

实施家族联系的三种变革。一是家族设基金以济其亲。建立慈善基金（会），或以家族信托形式替代传统族产，支持敬老、奖励、助学、助困、助医等项目，实现家族福利、保障平台的现代转型。二是家族聚贤达以助其亲，建立家族联谊会，宣传、表彰家族人才利用各自优势，志愿提供就学、就医、就业和创业、法务等发展性的帮助，链接各种社会救助资源，推动个人才能、资源成为与家族分享的资源。三是家族循礼俗以睦其亲——建立家族微信群，自主、酌情参与礼俗重大九事（婚、丧、生育，春节走访、住院慰问、生日庆贺、重阳敬老，升学、乔迁）及创新互动（如同娱、同游等），维系亲情，也可围绕“人生礼仪”开展线上共庆。

结论：现代社会的家族关系维系，既是文化传统的延续，更是应对个体化、市场化带来的一些负面影响的必然选择。方孝孺的“睦族三法”，也能为当代家族建设提供了参考。通过守护传统内核、拥抱技术变革、创新互动互助模式，当代社会，完全能够在传统向现代转型中构建起新颖、良好的家族关系，让家族成为个体和家庭走向进步发展、抵御风险、经受曲折、追寻意义的社群，亦为构建和谐社会注入持久动力。在这个过程中，家谱修编的作用显而易见，必不可少。

第四节　家谱能解答世俗人生之三问

古希腊哲学家曾有过人生终极三问：“我是谁？我从哪里来？我要到哪里去？”让无数人陷入思考，这是人的本能。人类经常进行这种深刻的自我拷问、自我探索，才会真正认识自己，过上觉悟人生。

中华家谱，从世俗层面回答着这些人生问题。家谱，一般记载着姓氏渊源、始祖源流、支派迁徙、世系繁衍、人口变迁等内容，首要功能是问祖寻根，使人知道“我从哪里来？”没有家谱的家族、家庭，难以追根溯源，后辈如断根浮萍、无本之木。所以俗话说：“前人不修谱，子孙寻根苦。今人不修谱，后人不知祖。”

“我是谁？”我是自己，也是“非我”——家庭成员和家族、社会一员，这个问题追问的本质是我要做一个怎样的人。家谱应该是家庭教育的必读书，它记载着各位先世的生平事迹，让后人尊祖敬祖，以祖宗为榜样，知道并尽力担起个人的家庭责任、家族义务、社会责任，不做不靠谱的人。

人逝世后，“我要到哪里去？”无论上天堂，或入地狱，或归于尘土，或思想信息、能量量子纠缠存于宇宙中，总之，按照在世品行，最终盖棺定论，总会有所归依。家谱则通过记名或除名、立传、纪事、艺文等形式，向后人进行分类交代，是该被遗忘还是被记得、被铭记，从而扬善激励、规约警示所有族人，故家谱必修、必存、必读。

修编家谱，就能延迟人逝世后全面、彻底被遗忘的进程。家谱延长了入谱者的生命历史。

人生的死亡有三次。第一次是生物性死亡。心脏停止跳动，呼吸停止，生命体征彻底消失。但生命终结后，逝者的影响和价值并未就此消失。第二次是社会性死亡。随着肉身的消失，逝者作为曾经的家庭成员、朋友、同事等，其社会角色、影响力和价值也随之逐渐消失。第三次是文化性死亡。即使在生物学和社会学上已经死亡，但如果还有他人、后人记得，这个人的影响和价值还会继续存在，而当最后一个记得的人也没有了，这才是彻底的死亡，真正地从这个世界上消失了。是否文化性遗忘，涉及的是人类记忆和历史的传承。“人生自古谁无死，留取丹心照汗青”，对历史人物而言，就是载入史册；对普通族人而言，“汗青”就是家谱了。只要定期修谱，有家谱存在，就能延缓个人的文化性死亡速度。

与此相应，著名公众史学家钱茂伟教授曾提出人的存在有四种形态：一是生活的存在，二是记忆的存在，三是口述的存在，四是文本的存在。人生历史依次有三个世界：一是人生在世时的生活世界；二是人生已逝，活在他人记忆、口耳相传的记忆世界；三是生命已逝，自己或他人对其生活世界记忆、口述整理而成的文本世界。前两者是短暂的，通常人活不过百年，而人类对先世的大脑记忆不过四代，但文本记录的人生历史则更加长久。

第五节　家谱能满足人的多层次需求

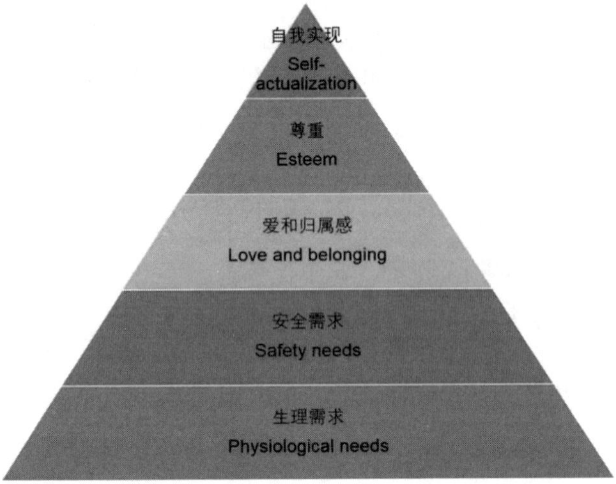

◎ 马斯洛需求层次结构模型

美国社会心理学家马斯洛，提出需求层次结构的激励理论。早期，他把人类需求分为五级，从层次结构的底部向上，分别为：生理需求（食物和衣服等）、安全需求（生命、工作保障）、爱和归属感（归属、爱、友谊）、尊重和自我实现。

从个体而言，实现这些需求，需要自己不断努力，家庭同心合力。在旧时社会，个人、家庭经济保障条件差，抗风险能力弱，尤其需要家族协同保护。因为社群的人有高度的黏性，能合作对付外在压力、寻得安全感和相互支持、相互补益。家族成员之间互助互携、家族兴旺与否，也关系到是否有强大的力量保障族人。家谱就是基层宗法社会同宗共祖家族借以收族、护族的血缘凭据。

改革开放后，我国法制法规体系和社会保障体系逐渐形成，个人、家庭自我保障、抗风险水平迅速提高，家谱对个人、家庭而言，不再是为生存和发展提供保护、保障的必要载体，但因为自然环境、个人禀赋、家庭基础不一，当代一些个人、家庭缺失性的生理、安全需求仍得不到充分满足。要满足成长性需求，实现阶层不断提升，需要有广泛深入的社交圈，获得归属感。因此，可以依托血缘、地缘、业缘、趣缘和志缘结成民间社会或登记注册为社团。

血缘群体，基于成员间血缘联系而形成，历史最为悠久，归属感、内聚力最强，最愿意为相关联个人、家庭帮助解决一些需求而献计出力。修编家谱，强化了家族群体的凝聚力，让普通族人迫切需要帮助时有了身份识别的凭证。

“乡愁”也是人类普遍本能的情感需求，属于需求层次结构中的一种社会需求。修家谱能让游子们牵住和牢记“乡愁”，所以山西社科院首席研究员、中国家谱资料研究中心原主任李吉认为“寻根，是生死以外，人类的第三种本能”。

家族精英一般是游子。家谱记录族之寓居于外的名人和乡贤，为家族、为家乡、为社会的慈善公益事迹，取得的各种职业成就和文化成果，获得的各级各类荣誉。有的主动主持、支持修谱，家谱理所当然介绍他们对家族文化的贡献，既为存史、教化、资行，也使这些家族精英获得族人之间的广泛尊重和美誉度。家谱世系里的“红线”，成为他们与家乡、故乡之间缠绵入骨、魂牵梦萦的联结线。

20 世纪初，美国社会学家 C.H. 库利曾研究人的早期社会化，提出初级群体的概念，指出家庭、儿童游戏群体和邻居之间是面对面的交往与合作的群体，它们对个人的社会性和个人理想的形成是基本的，也是产生人类合作及友谊的土壤，是培育人类友好和同情心的园地。

家庭、家族、家乡对人的早期成长影响之大，也是大部分在外定居的达官、专家、企业家等产生乡愁，造福族人、家乡，热衷于家谱修编的原因。

每逢佳节倍思亲，日暮乡关何处是？家谱与父母（祖）墓、旧居、祠堂以及山川一起，成为“浮萍”、游子们牢记“乡愁”的载体。

当然，家乡的意义，在于它承载了个人对世居地的记忆和情感联系、地理和文化的归属感。一个人可同时拥有多个层次的家乡，其范围界定随着个人地域流动的远近内外而扩展或缩小。尤其是当今社会，人们随着就学、就业及居所的不断变迁，家乡作为寄托“乡愁”的坐标，已普遍不再固定于一村一地，则又另当别论了。

◎宁波市奉化区《栖凤沈氏宗谱》圆谱仪式组照（以上4张）

第六节　家谱永远是传家之宝

家谱不仅记载家族的血缘世系，也是家族的发展史，更是家族所蕴含的文化和精神的集中体现。所以北宋政治家、书法家蔡襄曾为《童氏宗谱》题词“家宝”。宋代大儒朱熹，晚年曾自号“晦翁”，其题词“家宝”（落款“晦翁”）也出现在《洪溪施氏宗谱》卷首。明代大儒、余姚王阳明先生（落款“阳明山人”）题词“家宝”也见诸《泰和康氏左右两派族谱》。家谱因其对家庭、家族的重要价值，被称为“传家之宝”。

家谱是解决个体存在及其与族群、社会关系的最重要凭证。它记录先世们、在世者的名讳和基本信息，给每个人一个归依家族的位置，明确上下亲疏血缘关系的昭穆伦序。族人名列家谱，在古代也成为宗族提供保护、保障的对象，在当今等于让家族成员有了通过血缘、地缘关系识别、交际的身份证。

家谱记录本宗始迁祖名讳、画像、祖墓和事迹，后人通过定期祭祖仪式、活动，不断强化祖宗信仰，引导后人以祖宗品德、精神为榜样、旗帜，通过不断学习，相互提携，团结共进，积蓄、凝聚起家族向上的强大力量。

家谱记录先世们的血缘世系和迁徙，让几代寓居、旅居的族之后人，方便寻根问祖、知根明源，确认家族成员的身份和血缘关系。不然，他们会成为无根的浮萍、离群的孤雁。

家谱是宗族或家族形成的证明，是穿越时空的宗族或家族成员的聚会。不少家族沉沦于生存，颠沛流离，缺少修编家谱的物质条件和文化动力。家谱的有无，成为家族是否延续、兴旺的主要标志。

家谱也是家族世世代代创造、积累起来惠及族人的深厚资源。首先，不少家族人丁兴旺、贤达辈出，家谱记录了该家族成员提携共进的人脉资源，便于增强个人在社会中的联系和支持。其次，家谱是家族独特的教育资源。它通常包含家规、家训，规范家族成员的品行，传承家族的价值观和道德观念，对后代有深远的影响。当今传统家规有些虽然不合时宜，但适应时代的新编家训、家规仍有教化意义。家谱记载家族存亡兴衰历史文化、宗族慈善公益事业，也不乏对先祖们事迹的深情赞述，以具有血缘关系的族人亲切、具象的故事潜移默化地教化族人，塑造后世的人格力量和精神追求。最后，家谱往往载录族人创作的诗文作品等，以及请名士乡贤、宦游旧交题词、作序、写传，参与考订、修谱，也会记录族人各种文化遗产技能、创造和活动，能让家族成员从中得到文化、审美的熏陶，文化化人，因此成为独特的文化资源。

古代有“三世不修谱为不孝”之说，是因为修谱表示对祖先的尊重和纪念，慎终追远、饮水思源，不忘祖先的恩德和教诲。不修谱，表示对祖先的遗忘和不敬，当然被视为不孝了。当今修谱虽然不再以孝道为先，但记录先世也为后人留存尊祖敬老的文化传统。

当今社会，家族成员流动、迁徙频繁，乡村聚居的宗族逐渐分散，城市化、现代化生活和工作让传统家族文化离开了原先依托的社会时空，原来以血缘关系为根本的紧密型宗亲关系，在城市、乡村正裂变为房族化、家庭化，或被地缘和业缘、趣缘等关系部分替代。当今家谱的价值功能，虽然部分发生变化，但家谱记录族人世系、记载家族历史、传承家风美德的基本体例内容没变，因此，只要婚姻、家庭关系和各种家族组合体存在，家谱就永远是“传家之宝”。

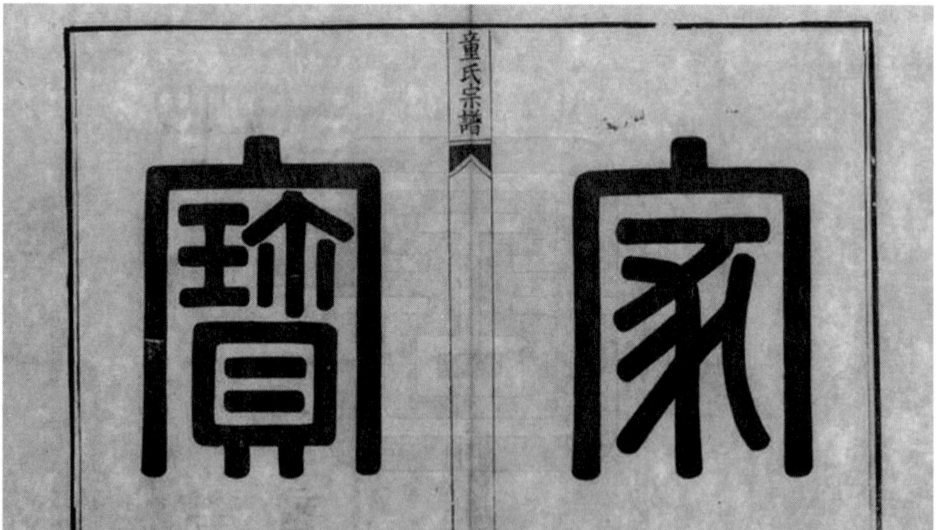

◎（北宋）蔡襄题

附录

当今问谱寻根人 七例

当代年轻人外出发展，不乏落地生根，但绝大多数中老年游子还是愿意叶落归根，迁徙、寓居于外的后人，亦多问谱寻祖，甚至千方百计想弄清楚祖源、原籍。这是许多人的本能。不少人追根溯源的意愿之迫切、强烈，正应了老话“前人不修谱，后人寻根苦”，因为寻根的主要可靠凭据就是保存的家谱。因为多年浸淫于家谱，我也有个习惯，对他人的原籍、出生地，有无家谱、字辈之类很感兴趣。十多年间，为人所托，帮助一些人查找到家谱和根脉。现列举印象较深的几例。

1. 鄞东黄岭董氏——董世龙问谱溯源

董世龙，管江邻村的黄岭人，笔者初中同学，余姚师范学校毕业，长期从教，时任鄞州区教育局校企公司经理。黄岭村有两大姓：董氏和施氏，施氏迁自管江，董氏不知何自。该村董阿能，知名企业家，阿能集团在所在镇年度销售规模最大。董兄出示族人所存的房系简谱《马峰董氏元全公支谱》，委托我查找血缘根源。我据其简谱所记字辈，查《四明儒林董氏宗谱》，与之相合，系宁波城区孝闻街中宪第董氏一脉。该族系明代宁波望族，曾出进士 20 多位。但不见马峰董氏始迁祖名讳接入，而咸祥犊山支董氏见之于谱。此时已是晚上 9 时许，我告知之。不久，其夫人蒋亚君告我，其闻讯兴奋不已，夜不成寐。得知源流已明，董氏老年人和家族精英，喜出望外。

2. 鄞南桃江张氏——张雪门后人访谱遂愿

张雪门，我国近现代著名幼儿教育家，宁波鄞县人，儿子张香山曾任中宣部副部长兼广播局党组书记、局长，今已繁衍五代，但一直不知具体籍贯。我听说张雪门是管江杜氏醇房女婿，配偶杜芬莲。查《管江杜氏宗谱》，获证实，并知道其谱名、曾用名和出生地“鄞城”。杜芬莲，曾任教于甲村徐东埭（今云龙镇）小学、崇义小学（曾称管江小学）。时我主持鄞州区委党校工作，古村桃江就在附近，请同宗张姓门卫设法求得《桃江张氏宗谱》影印版 4 册。仔细查阅后，发现张雪门祖籍鄞东陈婆渡桃江（今鄞州区首南街道桃江村，陶港之雅称），祖上迁居鄞城三角地（今海曙区莲花第），至他已九世。今数梅房支祠成为保护文物。张雪门家就在此，但要确切地址，则需查今海曙区域民国末或解放初的户籍、门牌登记。我曾检索有关文献资料，撰写《著名儿童教育家张雪门家世及其原配述略》，发表于自己的博客。北京师范大学儿童心理发展与教育硕士，就读于台湾台东大学儿童文学研究所博士的孙莉莉，搜索到该文章，通过QQ欲了解更详细资料。2023年3月，宁波张雪门教育思想研究院院长、宁波市第一幼儿园前园长沈清得该文后，千方百计联系上张雪门堂侄杜寿山，牵线张雪门孙张一凡。他读毕该文，才明了祖父和祖母的世系、家乡。亲人们商量后委托兄弟俩专程来宁波寻根问谱，同行还有家属2人。张一凡女儿特意从新加坡赶来。我购置了《张香山记史忆人》（世界知识出版社，2019年版），期望了解更多信息或线索，不过收获很少。张一凡一行，抵甬后先走访莲花第，次日由其醇房堂兄杜松林陪同，拜祭祖母、舅舅和叔叔墓，长久驻足祖母旧宅“醇房”，百年金桂在其中——其祖父丈母家、父亲张香山儿少时生活过地方，查阅我送上的杜氏旧谱所载的祖母世系、世传；然后驱车去桃江，参观祖籍地。此后他们经宁波市驻京办主任、驻温哥华总领事馆副总领事孔玮玮牵线，至天一阁查阅《桃江张氏宗谱》。我同时留在该村办公室查阅家谱，把相关页面发送给他们。张一凡回京后，寄来自撰古体诗一首：

五律·赴鄞祭祖寻根

芳菲三月始，远旅念寻根。稽首遂长愿，描碑祭祖魂。
家严怀杜匾，游子谒张门。梓里衔情叶，心诗代上尊。

甲辰清明于北京

3. 慈溪杜家桥杜氏——药商后人杜水宝寻祖归宗

杜水宝，台州市玉环市人，50多岁。2024年4月15日下午，杜水宝驾车至我家乡——鄞州区塘溪镇管江村，4时多找到老年协会会长杜一平，告之专为寻根而来。杜一平来电联系后，我即请杜水宝当场接听，了解一些信息。杜水宝家住城关环城村城南老街，属于玉环市历史上的商业地段，现在正拆迁改造。其原系企业职工，今年起专事拆迁后盖新住房。祖上“顺”字辈，从太平天国时迁居玉环，是中药商，知道的字辈“顺、伦、祥”。祖父临终前告诉子孙，他们老家在宁波“三北”（即镇海北、余姚北、慈溪北古称），嘱咐要找到归宗。其家六代男丁单传，现今三代五人，在当地势单力薄。父子俩归宗心切，得知温台地区某些地方杜氏祠堂落成、家谱圆谱时也会主动前往庆贺喝酒，借此结缘，也探寻一些踪迹。其父亲为他取名水宝，“水”是附近杜氏字辈，有点依附的意思。父亲已抱憾去世，杜水宝总觉得不明所以地依附其他宗族也不靠谱，自己对家世总要弄个明白，故今年起决计赴宁波调查走访，曾到访奉化杜家等地，今日造访管江。去年，我曾调查宁波市境内所有杜氏宗族的源流与始祖、迁徙与分布、家谱与祠堂等情况，撰成一文。其间，实地走访慈溪市观海卫镇杜家桥村杜氏，了解到相关信息。根据杜水宝所述信息，基本确定其为慈溪市杜家桥人西杜后人。因为有四个方面信息要素相吻合：（1）杜家桥地处“三北”；（2）当地杜氏，尤其是西杜，与鸣鹤叶氏从事中药材致富，药商各地奔波经营，多著名药房，如杜氏绍兴城震元堂、叶氏温州叶同仁堂等，有文献表明，以慈溪县为主体的宁波药商，自清代以降控制了温州各地药材市场；（3）太平天国时遭掠夺，杜家桥杜氏房支屡有避灾外迁，或定居于经营之地；（4）杜家桥杜氏字辈：“和顺致祥瑞、存心维忠杰”，与杜水宝所述仅“伦”与“致”不符。我把自己的分析判断告诉杜水宝，请他加我微信后发送了文章《宁波市境杜氏宗族调查概述》，推送他加入慈溪“杜氏宗亲”群。后发杜家桥村定位，建议他晚宿宁波城区，因为时近傍晚，尚有一个多小时车程，次日可去杜家桥。他本想先回家，夜里还要照看孙辈，但实在急不可耐，居然开车径自去了。不久，慈溪杜氏宗亲陆续在微信群发布“热烈欢迎杜水宝寻祖归宗”。群主杜国年落实专人接待后，自己从杭州湾赶来，请附近宗亲有时间的也来接待交流。群里有宗亲告诉杜水宝，按字辈你的名字叫“存宝”。杜水宝在群里出示一张六世血缘系图，回复“是的”，恳切表示“欢迎大家到玉环游玩”。

4. 鄞东湖下应氏——行政法学泰斗应松年祖籍溯源

应松年，1936年11月生，著名法学家，中国政法大学教授、行政法学博士生导师，中国行政法学研究会名誉会长。他知道自己是宁波人，但究竟是哪里，不清楚，也想寻得原宗地。鄞州区城管局副局长谢跃伟，曾多次听过他的讲座，又邀请其上课，敬佩其学问精深，决计设法满足大教授的夙愿，搞到民国版《甬东湖下应氏宗谱》（民国三十六年，1947），多次查阅并无头绪，就找到我，赠应松年回忆录《与法同行》，问是否为鄞东湖下应氏人。应松年，大教授，也不知道自己是否有谱名。湖下应氏枝繁叶茂，现存宗谱上次修编是民国十二年（1923），谱文卷次繁多，又按房支再按世次编排，的确难找。我几次放弃，又不甘心，终于看到其父大名，经检索方知他久离家乡，各地宦游，后也成为旅沪宁波帮知名人物，但中年早逝。应松年虽系湖下应氏裔孙，但先世迁居慈城（旧慈溪县县城），至他已经有五世，故湖下应氏宗谱未有记载，而当今慈城应氏也对该父子素无所闻。我把该结果告诉谢跃伟副局长，又转告专门整理古今慈溪著名人物的文史专家、老朋友童银舫，他即撰短文介绍《著名法学家应松年是慈城人》。

5. 鄞西石碶杨氏——香港杨先生查明祖籍

杨先生（名字失记），企业家，在内地也有实业、贸易企业。鄞州区侨办请我查找其祖籍。其名字第一字"良"疑似排行字，再问其父亲名字，就知晓其是今海曙区石碶街道东杨、西杨杨氏裔孙，明代科举家族一脉。我赠予他鄞州党校九曲河书系之《鄞县望族》，里面有宁波大学张如安教授对明代杨氏家族的全面介绍。他很高兴，则赠我自营的东欧产啤酒一箱。

6. 鄞城纯德堂孙氏——台北孙文俊尽孝圆梦

孙文俊，台北大众捷运工程师，年届五十，由鄞州区台办介绍，云龙镇亲友陪同，来我办公室求助寻根。孙君出示两张泛黄宣纸，一张为世系简图，另一张为字辈介绍等，其祖父手写。

我仔细研究其世系简图和排行字，认为与民国鄞城著名藏书家、蜗寄庐主人孙家溎，当代邮票大师孙传哲同宗。百度检索，得相关信息：孙家溎（1879—1946），字翔熊。浙江鄞县道后人，居城南塔影巷（今宁波市海曙区）。孙家溎回宁波后不久离世，长子孙定观继承藏书，有孙诗乐、孙诗卫等。孙家溎先世，明代迁自慈溪县，系龙南（今慈溪市横河镇境）孙氏后人，与孙文俊家族的字辈完全相同。查民国《鄞县通志》，孙氏自明万历年间迁此，居孙家巷（旧名孙家衕），数百年间繁衍成大族，称"纯德堂孙氏"。再查晚清美国人所藏《宁郡地舆图》，有"孙祠"，1959年毁于火。《鄞县通志》载："苍水街，旧名贡院桥、甘溪头、后市、彩章衕、道后、宪墙衕。"道后、宪墙衕为街之西段，清时为宁绍台道署宪台院墙之后，故其祖父手书称"道后"；道署南至鼓楼，旧称道前街。根脉查清，即告知之，次日驾车送其和云龙镇亲戚共到孙家巷，巡视一遍。又联系慈溪市委党史研究室科长、宁波文史专家王孙荣，求得新版《龙南孙氏宗谱》电子版。宁波该支孙氏，虽未见详载，但终于也知晓祖宗根源。孙君又专程去横河镇龙南走访，遂圆了祖父遗愿。

7. **鄞城砌街李氏——新加坡李先生明祖归宗** 宁波市侨办介绍，李先生（名字失记）是新加坡一位议员的角色，为争取同乡更多选票，请求查找原宗地。我根据其字辈“维、厚”，查阅家谱总目提要，上网检索有关宁波李氏信息，认定其祖上是宁波人，系砌街李氏宗支。

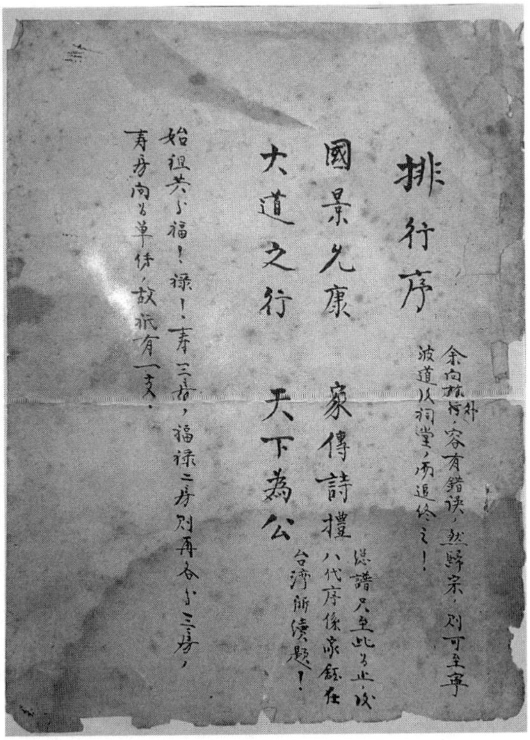

◎ 台北孙公归宗鄞城遗嘱手书

家谱主修郑学芳的苦辣酸甜

郑学芳，东钱湖镇殷家湾村人，曾任鄞州区莫枝镇宣传委员、东钱湖镇广电站站长。其间，作为浙江省唯一的乡镇干部代表，参加全国农村集镇文化中心工作座谈会。他曾发起向东钱湖养鱼场讨回殷家湾郑氏宗祠。经过三年多软硬兼施，宗祠终于归还郑氏宗亲，1999 年底起修缮，2000 年初竣工。时有位族之年长者提议他牵头修宗谱。此后，虽应邀至宁波音王电子集团和宁波培罗成服装集团先后任职，一干 12 年，但郑学芳始终记着老人的叮嘱。

69 岁时，郑学芳觉得再不修谱就晚了，决计牵头修宗谱，于是向老板辞职，要“修谱去”。第二天，就上网查修谱公司。随后，召集殷家湾郑氏企业家们在宁波甬港饭店召开座谈会，筹集资金，马不停蹄，一步步行动。

2012 年至 2015 年，他主修《殷家湾郑氏宗谱》，从宁波城区家里骑着电瓶车到老家东钱湖殷家湾，往返总行程约 4000 公里，相当于宁波至北京四趟，付出很多精力。

有个参与修谱者，私心杂念较重，还想掌权当出纳。经大家讨论，郑学芳选择为人忠实的一名宗亲，并经全体理事会成员举手通过，劝退了前者。为泄私恨，该人让本村6个智障人士签名，向镇党委写信，诬告郑学芳以修谱名义集资。

有个理事，想在圆谱庆典时坐主席台，郑学芳觉得他不够格。该人遂怀恨在心，修谱结束后查账一年，但没查出元角分，就讲坏话。

修谱结束后，郑学芳另选族人管理宗祠，办了《殷家湾郑氏联谊报》，访、写、编、印、发，自己一人完成，一年12份，订阅者每年每人收取百元，共收万元。两年后，郑学芳因生病去北京住院做手术，联谊报停办。原修谱理事中的两人，到东钱湖管委会社会事务局状告他“借祠堂名义集资，供自己去旅游”。

这些事情虽然都真相大白，但郑学芳也受了不少委屈，且不说自己也贴进1.2万元。其间，夫人生重病，自己患脑垂体瘤，各种困难自己克服，隐情难与人说。

三年时间，他主修的《殷家湾郑氏宗谱》顺利制作完成，宣纸线装本，一套25册，计6400多页、80万字，被上海市、宁波市各大图书馆和天一阁博物馆收藏。

族人纷纷说：“上次修谱相隔这么久，这次实属不易，需倾注大量心血。为家族传承，学芳会长付出那么大代价，换来了我们族谱得以修成，光宗耀祖，福泽后人。学芳功德无量。”“郑学芳，我们郑家人都不会忘记你的名字！”上海族人微信留言：“学芳会长丰功伟绩，利在千秋。善良的人，必有好报。向你致敬，向你学习。”

族人们公论，让郑学芳觉得主修家谱虽然真是繁难，但也非常值得。

鄞地家谱文化建设的工具书

——《鄞邑现存家谱总目提要》序跋

序

国家有史，地方有志，家族有谱，这是中华民族的历史文化传统。数量浩瀚的中国家谱及其编纂刻印技艺，足以成为中国乃至世界的非物质文化遗产。鄞地现存家谱，是中华家谱文化瑰宝的重要组成部分。

鄞地氏族多聚族而居，久居城乡，血脉繁衍，耕读传家，或从业工商。其中不少人文渊薮，族望辈出，家业殷实，纂修、续修家谱相互仿效，蔚然成风。据统计，鄞地现存家谱总量为宁波各县（市、区）第一，在全省乃至全国各县（市、区）足以名列前茅。本书收录鄞地氏族家谱700多种，其中属于同姓不同始迁祖或支派的家谱500多种，合计姓氏119个。但民国《鄞县通志》记录姓氏140个，在地尚有谱牒、祠堂或其他资料可查考的族支700余个。从编纂年代看，最早系明代抄本，其中一种为横溪镇栎斜杨氏的《四明栎溪杨氏宗谱》（不分卷），由明代杨应鹏纂修、杨如鉟续修，共四册，记事至明万历间。该支始迁祖杨炜，字文光，北宋绍圣间自越州移居鄞县栎溪村，曾为台州黄岩县知县。明奉政大夫、四川雅州知州杨浩和明成化年间应诏输粟助边的义士杨苗为兄弟，即出此族。古时栎斜杨氏较好地保持了宗族的修谱传统。除清乾隆五年（1740）的二修本外，清道光二十九年（1849）的三修本、清同治十三年（1874）的四修稿本、清光绪二十三年（1897）的五修本，都完整地保存在宁波市天一阁博物馆。只是栎斜杨氏历经“文化大革命”劫难，文化断层，以为宗谱已经焚毁，至今也很少有人知晓祖宗的谱牒还在，遑论查阅世系、续修家谱。鄞地尚存260多种清代纂修的家谱，约375种为民国时期纂修的家谱。当代鄞地纂修的家谱，因众所周知的原因较少，计近50种，主要还是近30年所为。因存卷残佚，不知纂修年代的近20种。由于家谱氏族修编，民间珍藏，同族之谱屡有续修，迄今仍有不少散藏于民间，其准确数量难以确定，且不少宗谱品相不全，或水浸霉变，或虫蛀残缺，编纂者、世系世传等信息不全。从收藏保管者来看，鄞县现存家谱因有复本，同一种家谱不乏多处重复收藏，宁波市天一阁博物馆有319种，上海图书馆有176种，其他为国内外专门家谱收藏机构，高校及国家、地方图书馆，地方档案馆，民间等所藏。天一阁收藏鄞地家谱至多，主要得益于民国时期编写《鄞县通志》“氏族表”时，鄞县通志馆从鄞县各家族广泛征集家谱，

◎《鄞邑现存家谱总目提要》书影

之后集中移交给天一阁保管，虽经“文化大革命”，仍安然无恙，保存至今。另有600多斤家谱，是天一阁及其他文化机构有识之士，在“破四旧”时，冒着风险从废品公司的仓库里抢救回来的。现在，宁波市政府投入巨资，天一阁馆藏家谱数字化数据已全部扫描录入完毕，但因故迄今未全数公开上网，查阅者须到该馆阅览室，经授权方可上网浏览、查阅摘录。上海图书馆馆藏家谱情况与之类似。天一阁的这些家谱文献，现已开始被宁波大学人文与传媒学院等课题研究和民间修谱利用，倘若能让广大专家学者和民众随时随地上网，便捷利用研究，对鄞地包括宁波文化等的深入挖掘、梳理肯定大有裨益。家谱对宗族、家庭世系寻根、家风建设的作用世人共知，无须赘述，对专家学者研究地理经济、历史文化和地方社会治理等也意义不凡。近些年，更有生物遗传学家利用相关家谱研究曹操家族及其后裔的基因，彰显了家谱多元化的功能。鄞地现存家谱，基本是清朝、民国时期所修，可谓研究这两个朝代经济、社会文化等方面弥足珍贵的原始文献。

鉴于家谱系乡村主要地情文献，2004年本人主持编纂《横溪文化大观》(全三卷)时，即请各村及其相关编写者注意搜集引用横溪镇现存家谱，以充实村史。2011年，受塘溪镇党委、政府委托，本人主编了地情文化著作《堇山塘溪》，专门搜集并附录了塘溪地区现存家谱目录。由于对家谱关注日久，逐渐形成了自己对于当代家谱编纂的理念：一本能成为传家之宝的当代家谱，一定要呈现“三脉一风”，且图文并茂，即“以世系、世传明血脉，以世居、乡情示地脉，以学历、艺文传文脉，以训规、传略弘家风”。于是，参引管江杜氏民国时期两种旧谱，厘清自己家族绵延脉络，据此仿效并适当创新旧谱体例，顺利编印出《鄞邑管江杜氏忠房谱》一册。后又陆续购置《中国家谱总目》和《浙江家谱总目提要》等著作，比照鄞地状况，发现鄞州区档案馆尚有20部家谱未被两书收录，而近30年鄞地陆续新修近50部家谱，民间遗存家谱已知的近90种，并逐渐公之于众，可谓总量可观。但由于没有全面普查登记，研究鄞地、鄞人的专家学者和新编、续修家谱的民众，对鄞地家谱现存和保管状况总的来说所知甚少，利用不多。近几年，余姚、慈溪和奉化地区的文史工作者依靠民间自发的努力，已经初步汇编了当地家谱总目。现在我们鄞地终于也有了初步的家谱普查成果汇编。

鄞地民间利用原有的家谱，即将完成和正在纂修的家谱还有近10种，如天童上三塘陈氏、鄞西高桥章氏、鄞江建溪唐氏等，这就印证了中华大地上只要有家庭存在，家谱的编纂、珍藏和研究就一定会持续不衰，无论是兵燹、水火之灾，还是“文革”，家谱修编始终丝缕不绝、经久绵延，这是人们寻根问祖的本性使然。

家谱编纂的发展，在当今中国经济社会转型期，也迎来了需要继承创新的时代。2012 年，本人在宁波大学钱茂伟教授的博客上看到他关于当代应该编纂小家谱的观点，深以为然，引为同道。传统的中国家谱，注重寻祖归宗，梳理世系血缘，主要是宗谱。其派生的支谱、房谱，不但不多，且多从宗谱抄录，主要辑录本支派的世系世传，缺乏内容的相对独立性和完整性。当代人口膨胀、人员频繁流动迁居，续修宗谱已经相当不容易，但确实可以倡导编写小家谱，把各房作为独立的编纂单位。谱之所载，不仅有本支派血缘的世系世传，同样要有如同宗谱的完整的结构和内容，并引进家族史理念，利用网络技术，使家谱与家族史、地域风情相结合，文字与图片相结合，文本编印与网上电子版发布相结合，定期纂修与定时增补相结合，使内容更为丰富、更有价值，形式更加灵活、形象。2011 年，本人编纂完成了《管江杜氏支谱》，作为当代小家谱编纂的一次认真探索和实践，与钱教授的理念可谓不谋而合。小家谱的编纂，以一房为单位，以家族成员为主进行编纂，有通信便利保障，以曾祖或祖父为纽带，上接世祖，下续各家后代，人力物力财力可为，诸如拟定当代家训，女性入谱，每一逝者小传，概述多元化人才、职业，专记人事物景。如民国时期杨翰芳、朱骧编纂本宗谱牒，兼述村居地理风情。此种与时俱进，能使小家谱成为当代家族维系血缘、情系家乡、互携共进的文本，也为有条件的宗族竭力汇编宗谱打下基础。

这本小册子是一本鄞地家谱文化建设的工具书。它的编印出版，将为鄞地民间接续氏族血缘，编好小家谱乃至宗谱提供一些线索。鄞地家谱的这些普查成果，参阅辑录了已有的家谱目录，利用了鄞州图书馆、档案馆的馆藏成果，获得了区档案局和几十位同道的支持，但毕竟凭借的是绵薄的一己之力，搜录并不完整，其他如部分家谱的今属地不甚了了，诸多家谱无条件尽行过目，提要不详，尤其是其中的知名人物、有价值的文献资料线索提示不够。本书终究还是当代鄞地家谱文化闪亮登场的一个开场白。

杜锺文

二〇一四年七月

跋

2013年，受宁波文化研究学者、鄞州区政协《鄞州文史》主编戴松岳先生之邀，我辑录整理了《中国家谱总目》里的鄞县家谱，在《鄞州文史》上分两期刊发，受到地方文化研究者的普遍欢迎，正在新编的《宁波市鄞州区志》也将予以录入。但由于该刊物和区志篇幅所限，提要文字仅原稿的三分之一，信息量少，且新修家谱和民间遗存家谱大多尚未普查收录，故与《鄞州慈善志》后期编写同步，在原有调查积累基础上，着手继续整理初稿，普查录入本区民间、馆藏家谱，并汇编成册。

这项工作得到了鄞州区不少文史爱好者、研究者和家谱收藏者编纂者的热心支持，他们提供谱藏线索，或奉呈已藏、新修之谱，如瞻岐镇卢世开、陈大布、桑炳蔚、谢元春、谢富国、舒家华，咸祥镇胡纪祥，塘溪镇马宏亮、董世龙、钱德祥、施健国，邱隘镇董国俊、陈安新、徐志平、董华定，云龙镇李建崇、张全民、顾存君、徐国璜、戴佩君、陈全棠，横溪镇陆良华、俞志裕、俞光透、吴峰，姜山镇楼国能、励明康，古林镇俞舜民，横街镇严朝阳、严波平、陈建平、翁国伟、汪兰田、王后芳、王友能，鄞江镇朱蔷华、朱渭汀、郑刚夫、吴安国、孙召琴、吕志平、毛高丰、钟小能、毛增明、钟国芬，章水镇沈忠明、周松行，龙观乡裴茂昂，首南街道张阿毛、鲍贤昌，潘火街道姜嘉宏、蔡体鸿、陆永华、史佩年、张珍珍、王才庆、项波，下应街道张志龙，现居中河街道乌统旬，东钱湖镇高钱余艇，东吴镇陈国新、章时伦，等等。鄞州区图书馆地方文献室先后两任主管马霞维、胡晓群，鄞州区档案馆相关同志积极提供家谱线索，或给予借阅、查阅家谱之便利。2013年8月，初稿甫成之际，又获州区档案局局长李明阳和副局长丁坚玲、科长何庞杰等的支持，通过各镇（乡、街道）档案员，对全区民间旧藏或新修家谱进行了一次普查，又发现一些新旧家谱。位于钟公庙街道飞虹社区的宁波图腾印务公司，据我所知是目前宁波市唯一以承印制作线装本家谱为主要业务的专业工作坊，经理康海明也给予了支持。本书的出版，还得到了浙江古籍出版社一如既往的关心和帮助。

去年，鄞州区地方史志研究会聘请我为名誉副会长，第一届成立大会在鄞城宾馆鄮城厅举行，80多位鄞州区文史爱好者、研究者和宁波一些专家学者自愿前来，欣然出席，济济一堂，年龄最大的80多岁。曾经知文不知人，一旦见面，寒暄致意，交流探讨，场面十分感人。后来我在为老友童均国所著《堇山梅水》写序时，称目前广泛出现的个人写自传、游记，氏族纂修家谱，乡村编写史志这种文化现象，为“向下的文化”，彰显了文化的公众化、平民化趋势。地方文史包括家谱的修编、挖掘、整理和研究，已经成为一种公众史学，是应用历史学的乡村化，这是文化大众化也是社会文明进步的重要体现。而家谱尽管需要证伪辨误，但承载了与方志同样的地方文献原典的作用，并且更有底气和地气。我希望本书的编写出版，作为中共鄞州区委党校“九曲河书系”之一，能成为鄞州区乃至宁波城区文化研究可供索引参阅的一部工具书。

二〇一四年七月六日

◎（浙江）富春横槎何氏宗祠落成暨宗谱圆谱庆典

◎ 河南省家谱文化研究院（老家河南家谱馆）举办的第十二期家谱编修培训班合影

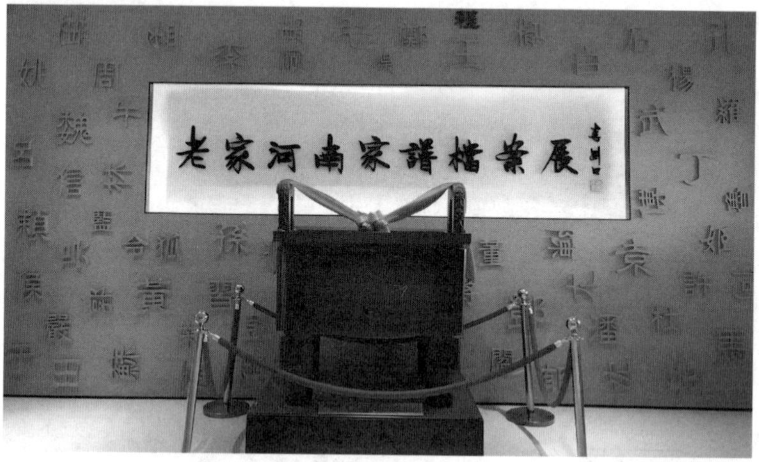

◎ 老家河南家谱馆展厅

◎ 河南省郑州举办的第六届中华家谱展评大会合影

第二章 家谱图书的特殊性

当今对家谱要有新共识

家谱

家谱是家族志，或是家族史，还是异乎志书、史书的一种独特的历史图书？当代修谱学界各执一见，尚未见有专文廓清，以成共识。认清家谱图书的特殊性，对当代家谱发展、转型比较重要。

家谱作为中华民族历史文化遗产，能够传承延续至今，就因为它具有文化平权的普惠特性，能让所有家庭、族人平等地进入历史的文本世界。

家谱是记录宗族或家族成员血缘关系，积累并传承家族文化的历史图书。从观念、内容和形式上看，它与志书、史书有一致性，都是历史作品，属于历史学范畴，并与志书、史书相互联系，但有明显的区别，并且家谱还有人事档案性、入谱对象平等性、信息隐私性、家谱的版式与内容的一致性和修谱价值功能的内聚性等特点，是一种特殊的历史图书。

家谱有助于文史写作、学术研究，有助于社会教化，这仅是家谱所记录内容派生、次生的功能。家谱的基本属性，是内向、私密的，属于不能与外人分享的家族文化资源。家谱的服务对象，历来只是同宗共祖的家族、家庭、个人，基本功能也因此显得内部而小众。所以家谱不是普通的历史图书，不能“视若常书”。

如何发挥家谱的当代价值，前提是区别对待旧谱与新谱。旧谱是历史文献，可以全面公开，用于公众浏览和文史写作、学术研究，但新谱还需要“雪藏”几十年才能解密，或授权后才可供外人查阅。

如何看待旧谱世系攀附名人、冒宗认族等普遍现象？这样做，固然严重影响家谱的历史文献价值，但从宗族角度历史分析，旧谱家族、编纂者并非以篡改历史为目的，只是旨在为宗族后代塑就一批德行兼优、向上奋进的先世群体形象而已。这是一种家族的“文化认祖”现象，恰恰是家谱文化化人功能的表现，所以当今还得辩证对待。

后宗谱时代的百姓公众家谱，不是陈旧、落后甚至腐朽的东西。传统历史图书类型“史、志、谱”中，家谱素有接轨民权思想的因子，能接轨、体现当代思想文明，接受现代信息技术，实现传统家谱的现代性转型。

第一节 家谱是唯一具有平等性的家族历史图书

个人、家族历史的文本记录，并非只有家谱，还有多种形式，如人物系年记录重大事项的年谱、年表，但多数人总认为自己的人生很普通，故此类作品很少；自己或他人撰写的自传、他传，对传主生平事迹和作者写作能力有基本要求，一般民众很少有传；个人史、家庭史，同样需要作者有相应的文字表达能力，且往往略写或缺少逐代记载的先世血缘关系。因此这些文本主要适用于社会、个别文化精英，对普通人是奢谈。唯有家谱，才能把所有的先世和在世族人集合起来。

世事沧桑、变化无常，富贵与贫贱并非永恒，大多数家庭的历代世祖总归于平常。绝大多数平民、凡人勤劳俭朴，有家庭责任担当，辛苦生养子女，教育后人，成为合格的家长，让家庭、家族血脉传承下去，客观上也为人类繁衍作出贡献，这就是人生的基本功德，非常值得家谱记录、记忆、歌颂，这样也能激发普通族人的责任感与荣誉感。图文并茂的当代家谱，能让已逝的普通族人复活，垂名于世，不被后人、历史轻易遗忘。没有了家谱，许多凡人去世几十年后，在世上就没有了经历过的历史痕迹。

“平权”是个法学概念，强调承认每个人的性别、家庭、学历和社会地位等有不同差异，但都应享有平等的权利、机会，承担相应义务，为此要消除歧视和偏见，尊重每个人的尊严和选择。当然，“平权”并非一成不变，也并非不加区别，盲目等同、统一。

家谱具有文化平权的普惠特性，能让所有人平等进入文本世界。它的主体内容是对家庭、家族血缘关系历史的分类、客观记录。生育、繁衍，又是绝大多数族人的本能，这是家谱生成平民性、平等性特质的生物学基点。这种文化平权的特性也只有家谱才能呈现,从历史记录的一种文本载体看,应该是唯一的、绝无仅有的。

家谱是分类、系统记录家族成员世系、繁衍和生平、事迹的历史图书。它在文本世界里非常特殊，对入谱者没有任何要求，在入谱对象、信息来源、信息记载等方面有如下特点。

一是对象的平等性。所有族之个人、家庭，人人、户户，无论男女老幼、贫富贵贱，是否结婚，有无子女，是否外迁、生死等，只要符合家族德行、伦理基本规范，按照一定体例，都可以一视同仁进入家谱文本。当今社会，随着父权、夫权、男权的逐渐消亡，家庭关系趋向于平权，女儿或女性进入家谱也更趋向于平等。

二是记录的平民性。家谱尽管对始迁祖、先世富贵和在世贤达的族人记录有侧重，但所记更多的是默默无闻的普通族人。所有个人、家庭成员，只要愿意按要求提供自己的基本信息，都会被写入家谱，并且记录的主要内容，所有族人都是相同的，如名字、学历、职业、迁居、生卒、婚姻、生育、葬地等。

三是方法的普适性。除了对修谱理事会成员、参与编纂或校对的族人有品行、能力要求外，家谱对其他所有族人并无各种能力要求，当然不需要文字表达方面的任何要求。即使是文盲，肢体、听力、视力等残疾人，甚至病重在床者，只要能口述或有亲人代为转述，经本人或家庭主要成员等确认后，家谱就可载录个人信息。

四是功能的同一性。古今家谱的功能对所有入谱者而言都是相同的：留存个人、家庭的历史信息，敬仰先人，激励时人，教化后人。

五是义务的一致性。家庭、个人要想入谱，进入家族的历史文本，就要自愿或配合提供符合要求的信息。与家谱收藏者一起，要珍藏好家谱，保护入谱家庭、个人不愿公开的一些隐私信息。

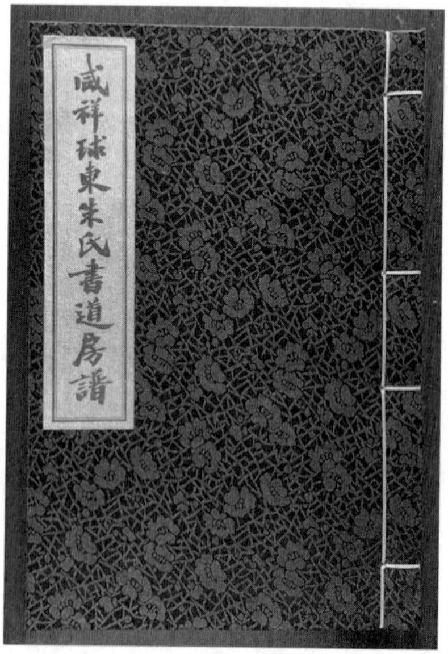

◎《咸祥球东朱氏书道房谱》书影

这样，家谱就成为人人、户户都可自愿、平等进入文本世界、延长自己生命历史的家族图书，其独特性为其他文本所难以代替。

虽经“破四旧”等彻底扫荡，家谱终究在改革开放后迅速复兴，主要就在于它具有平等性、唯一性的家族历史图书特质，从而拥有广泛、深厚、强大的公众基础。

家谱是家族创造、提供给所有家族成员

的社会性、文化性资源。只要社会有众多家庭，有血缘聚合的群体生活，家谱就不会消亡，只会通过留住特质，创新形态，丰富载体，获得再生、复兴而已。

第二节　家谱不是普通的历史图书

家谱不能视若常书，随便翻看，这是传统常识。但当代不少家族、藏谱机构允许外人任意翻阅家谱。一些公藏机构，无论家谱新旧，经数据化处理后公开家谱全本。更有甚者，家谱的著作权理当属于家族，但有的执行编纂者版权署“著”，似乎成了私人作品，且鼓动家族公开出版。这种“视家谱若常书”现象，在当代普遍存在，究其原因不外乎三点。

一是对清代著名史学家章学诚家谱观点的片面理解。他曾说：“夫家有谱、州有志、国有史，其义一也。”把家谱与方志、国史相提并论，作为中华历史文献的重要组成部分。多数专家学者因此认为家谱就是记录家族历史文化的普通图书资料。

二是过去曾视家谱为“四旧”之一。民国及以前的旧谱少数劫后余生，被有识之士千方百计收入公藏单位，成为当代历史研究特别是地方历史文化研究的重要图书资料。

三是当代社会转型下家谱复兴，但当代不少家族、编纂者、公藏机构对家谱的基本属性不明确，漠视家谱文化特殊性，尤其是一些地方史志工作者参与、指导修谱，往往视家谱为一般家族史志著作。

上述把家谱等闲视之为“常书”，使人们对当代家谱文化认知引发混乱，产生了种种消极的影响。如一些移居大中城市的族人，或地位较高、财富较多的族人，对待是否修谱、愿意入谱的态度严重两极分化；许多史学界专家，因家谱依托名人为先世比较普遍，而对家谱历史文化价值的评价截然不同；不少基层史志作者编纂的家谱，忽视家谱文体特殊性，内容和形式的史志化特点过于明显；有的则因当代续修、新修家谱未经谱主同意披露个人、家族隐私而诉诸公堂。

基于家谱独特的文献价值，章学诚高度肯定家谱在历史文献上的地位，但并未认为家谱就是普通的历史图书。因为国史、方志是公共的文化资料，但家谱是特殊的图书，是记录同宗共祖家族的各家庭人事档案，属于不能与外人共享、分享的家族文化资源。

家谱修编的意义和价值，从主客观利用情况看，分为内向和外向两类。外部指向对象，客观上有益于社会、国家和民族，具有综合性、多重性，如在促进中华民族共同体建设、国家现代化治理体系建设方面能发挥独特的作用，有益于当代社会各项文明、文化建设，尤其有助于乡村文明、乡村振兴、地方史志编写和学术研究等。优秀的基层史志作品、优秀的地方文史作者和有效的家庭、社会教化，都离不开家谱资源。如宁波地区对著名的宁波帮、现代慈善公益事业、当代家风建设的研究、宣传一样。但这些是派生的、次生的，其中家谱的学术研究价值，是旧家谱在当代被当作历史文献、公共历史图书后才产生的，这是异化的、滞后的。

家谱内部指向对象，是修谱的宗族、家族和入谱的家庭、个人，这是主观的、根本的、首要的。作为家族的主要文化资源，家谱的服务功能对象历来是同宗共祖的家族、家庭、个人，它的基本功能也因此内部而小众。从宗族、家族而言，它是分类、系统记述同宗共祖成员的世系和生平的历史图书；从入谱家庭而言，它是同宗共祖家族的家庭档案全集；从族人个体而言，它是同宗共祖家族成员的身份凭证。

因为家谱的本质是宗族、家族内部私藏、用于内聚的历史图书，故具有隐私性。当代新修、续修家谱记录大量的个人、家庭信息，属于受法律保护的隐私，需要一定的保护期限，不可以未经授权而直接、完全公开。正如家谱内容上，也内外有别，世系有外纪、内纪，内纪则先宗后支；世祖有列传，而女性入传分内传、外传；正文是内编，世居（记载谱志一体的地域简志）称外编或附编。而传统家谱家规，谱不示（外）人，严格珍藏。凡此种种都表明，无论是传统旧谱，还是现代新谱，都是内外有别，内向性是家谱作为特殊图书的根本特点。

第三节　家谱是创建并传承家族文化的特殊历史图书

——基于家谱与志书、史书编写特点之比较的视角

家族指具有血缘关系的人组成的社群，是血缘家庭的组合体，也是一个血缘系统的统称，所指向的对象范围具有总分特点，大而言之是宗族，分而言之是支族、房系，基点是族之家庭、个人。家谱作为记录家族成员血缘关系，积累、形成家族文化的历史类图书，是一种独立的文体，还是家族史或家族志？不同的解读，对家谱的修编方式和功能认识会有各自的态度。家谱，要与志书、史书进行多方面异同比较，才能清楚看出其特殊性。

家谱、志书、史书的一致性

清代著名史学家章学诚认为:“夫家有谱、州有志、国有史，其义一也。”“义”，指的是意义、价值；“一”，指的是“同一”。就是说，家谱与志书、史书一样，其记录的内容，所表现出来的意义和价值，以及起源、文化、传承，具有同一性，即历史性，本质上都属于历史学的范畴。家谱学应该成为历史学的二级学科，主要包括家谱学基本原理、家谱发展史、家庭家族演变史、家谱文献选读（序跋、凡例、家训、列传等）、传统家谱文化常识和家谱修编学或称家谱编纂学等，前者包括家谱产生的全过程，后者则侧重于文本生产。

家谱记录同宗共祖家族成员的世系和生平，志书记录一个时期一个地方的全面或某方面情况，史书则记述某一朝代或时段国家、地区或某一方面兴衰变化的情况。三者如同树叶、枝杈与主干之于大树，共同组成中华民族历史文献的主要方面，所以常常并称、并重。家谱与志书、史书三者有联系，互相兼容，作用相辅相成、相得益彰。

家谱、志书、史书的联系性

三者的联系性，主要表现在：一是发生历史。家谱始于母系社会，而后随

着地方封建才有方志，国家形成后有了国别才有国史，三者先后逐渐递进。二是范围对象。史书、志书、家谱，由大到小，以大盖小，从宏观到微观，从全部到局部；而家谱、志书、史书则是以小证大，以小补大。三是体裁兼容。家谱引志入谱，引史入谱，提升了史学价值，志书、史书则利用家谱丰富了史料，相互印证、相互补充。这样宏观、中观、微观上下观照，历史才会全面、深刻而立体、鲜活起来。

家谱、志书、史书的区别性

家谱、志书、史书是不同形式的文献，三者在中国历史文化中各自扮演独特的角色，区别也是显而易见的。

1. 图书主体方面。一是修编主体不同。家谱由族长、房长主修或家族理事会执修。方志由地方行政长官主编，组建采编团队。国史由国家、地方机关主导编写，专业职能部门负责实施。二是著作权主体不同。家谱属于家族，编纂人员汇编族人信息成册，写“编纂、采访”等。志书属于行政机关，执行修编人员编纂资料成册，通常很少有原创性的内容，写“主编，协编”等。史书，所有权有的属于国家、地方政府，但著作权通常属于作者个人，视其论述的原创性多少，一般写“著或编著”。三是保管、应用主体不同。续修、重修、新修的家谱通常是房长、族长或家庭，旧谱成为历史文献后才是外人、研究者。志书与史书保管、应用的主要对象是公众、研究者、图书馆等文化机构。

2. 范围内容方面。一是内容重点各异。三者都有历史记录所具有的连续性，但家谱明世系，序长幼，以个人、家庭、家族为主，主要记录家庭、家族成员的世系和生平情况，内容包括祖像及像赞、凡例、序言、源流、堂号、字辈、家训、仕宦、世系、世传、传记、寿序、碑铭、祠堂、坟茔、族田、艺文等。方志明沿革，载土风，记录的范围更广泛，自然与社会、人文并重，包括地理、沿革、行政、经济、社会、文化、人物、文献等方面。国史述朝代，记政事，主要记述全国性的重大历史事件、重要历史人物，分析、研究发展变化的客观规律。二是思想观念不同。家谱旨在扬善隐恶，有褒无贬。志书重在实录，直书善恶，寓褒贬于记述。史书则论述善恶，有褒有贬。三是内容特点不同。家谱是家族性文献，堪称家族的百科全书，具有档案性、连续性、隐私性、平等性、百科性、统一性、内聚性、教化性特点；志书是地方性文献，系地方百科全书，具有地域性、时代性、连续性、资料性、客观性、资政性、教化性特征；史书是国家、地方和行业性的文献，具有地域性、时代性、连续性、思想性、史料性、学术性、客观性特点。四是编纂周期不同。家谱有续修、重修和创修之别，通常二三十年一小修，五六十年一大修，几乎等同人的平均寿命，与新生代的出生规律相关；断限始自始迁祖或以上，下限止于征集谱主信息结束的年月。志书是当代修编，规定起讫年月，上溯事物发端，当代有关法规规定二三十年一修。史书则是当代不写，隔代编写，过去的历史由后人评述。

3. 文本体例方面。一是编纂原则不同。家谱要求血缘连脉，世代连线；厚古详今，依法有规；平等全面，不漏不混，即不许混杂别宗异姓。修志要存真求实，直书实录，述而不作，记录的内容横分门类，纵向记述，横不缺项，纵不断线；以事系人，生不立传；越境不书、越级不书；述而不论，寓论于述；善恶并书、志文互见。史书则要立论明确，观点鲜明，引证翔实，论证有力。二是材料来源不同。修谱全面收录个人家庭信息，其他因袭旧谱，续增新生。修志要博采群籍（包括旧谱）、档案，实地调查，广泛采录，因袭创新。写史，主要依据文献和考古发现、调查研究。三是记录顺序不同。家谱的记录一般先纵向后横向，按世次字辈，由上而下逐代记录先世、裔孙，再按房支大小、家庭长幼，由近及远，横向延续记人，轴心是父系血缘或父系姓氏。志书，则横向记录事物的系统现状，分门别类，无明显轴心。史书，主要纵向记述、研究事物的发展过程及其规律，以历史事件或历史人物为中心轴线。四是结构组合不同。家谱的主体结构，以父系血缘或姓氏为经，以房支、家庭为纬，有总分式，先卷首（卷头），后分册记世系、世传。也有分卷并列式，首先是图像、像赞，然后是卷首，按卷次记世系、世传、列传、艺文，有卷末等。志书的结构，由概述、大事记、各专志、人物志、附录五部分组成。卷首加序和凡例，卷末附跋，以概述为纲，以大事记为经，以各专志为纬主体，如横切面；正文各专志，条目式，先分期后分类，或先分门别类，后依时顺叙。史书体结构，则以年代为经，以事件为纬，论述往事，侧重于从纵的方面反映历史的连续性，史论结合，结构如一条线。五是特色不同，家谱要体现时代特色，要重视区域性特色、家族特色，发挥修编主体的个性特色。同时，家谱文化复兴转型期，大多数家谱在版式、用纸、装帧等方面“修谱如旧”，要传承传统特色，让今人接续、领略传统家谱之于现代书籍的别样风采。志书同样要有修编者的特色，要更注意体现时代特色，凸显地方特色或专业特色。史书的特色，主要体现在观点新颖，引证充分，论述有力，体现作者的个人思想特色。

4. 体裁写法方面。一是图文结合不同。家谱是档案性图书，既为文本，包括姓源、迁徙、世传、人物、艺文等记载，也是图本，必须要有世系图，以及世祖画像或照片、祠堂、祖墓、地域图等。志书是资料性图书，以文字记载为主，图像、照片辅之，且随文图照种类繁多。史书是学术性著述，以文字记述为主，插入的图表较少。二是写作体裁不同。家谱的写作体裁，围绕谱主，图文并重，五世一图，九世两图，以文字记录个人信息，纵横延续，体现血缘亲疏、上下、远近关系。志书的写作体裁，包括述、记、志、传、图、表、考、录，以志为主，重在记述，述而不论。史书的写作体裁，以论述为主体，以少量图、表引证说明，论由事、人出。三是记人记事不同。家谱以人系事，以记录谱主世系和基本信息为主。志书以类系事，条目式分类记录事物、人物，有些以事系人。史书则以事件、人物引证，论述历史发展规律，史论结合，夹叙夹议，论述是主体内容。四是文体使用不同。当今修谱文体，有模仿文言文，或采用语体文，也有不少文白兼有，两种文体交替（主要集中在续修宗谱，或引用旧谱），呈现当今家谱文化复兴转型期的多样性。记人条目有十个基本要素，即父、名（字、号）、学、业（职、衔、誉）、迁、生、卒、配、葬、育。志书的文体，要求使用语体文，记述体，条目有六个要素，即人物、事件、时间、地点、原因和结果。史书也是语体文，论述体，有三个要素，即论点、论据和论证过程。

5. 功能接受方面。一是重点功能不同。谱重在统，收族护族，为个人存信息，是身份凭证，助修身；为家庭存家史，是族众之凭据，助齐家；为家族敬宗祖，辨亲疏，敦亲睦族，收族护族，弘家风。当今主要为记录、传承家庭历史、家族文化，弘扬家风美德。志重在用，志书的功能通常认为是“存史、资政、教化”，补国史、地史。史重在鉴，读史、用史，即可观学、观政、观世。二是服务对象不同，家谱服务对象有内外之别，修谱、编谱、读谱、用谱的主体和客体指向家庭、家族内部的成员，主观上并非为公众或官方、研究机构提供服务；修编志书与史书写作，主观上都是为公众或官方、研究机构服务。

家谱的根本特质

家谱作为一种独特的家族历史图书，其观念、形式和内容有一些与志书、史书根本不同的特质表现。

一是档案性。家谱的核心是记载家族成员的血缘代际传承关系、血缘的群体组合，当代在入谱对象的标准条件上尽管有根本性变革，但记录的依然是同宗共祖或血缘相连、世代相传的家庭人事信息和关系，属于家族人事档案。

二是平等性。所有同宗、同支、同房共祖的成员，只要符合一定规约，都可以无任何条件、能力要求，自愿入谱。

三是隐私性。所记录的个人、家庭信息都是适当让渡的隐私。旧谱作为历史文献可公开，但当今续修、重修、新修家谱宜私藏，暂不公开。

四是统一性。家谱的版式与内容不仅关联而且一致。家谱的版式，主要并非为审美，而是体现道德规范和成员的伦理关系。如始祖正页、隔代另页、顶格、空字的表敬，五世一图的“五服之亲”等。

五是内聚性。家谱是宗族收族、护族的身份识别凭据，具有极强的凝聚力，是在外迁徙、寓居后人寻根问祖的依据，是家族文化内部传承的主要载体。

家谱与志书、史书比较之目的

家谱与志书、史书进行比较，目的是改造、提升当代家谱的修编质量和水平，适合社会变迁，让族众、公众广泛接受，发挥好价值、功能。

首先，要“守本”。当代修谱的“守本”，一是家谱内容，以记录家族成员世系和生平为基本；二是入谱标准，不在于家族父系血缘关系，而在于家族父系姓氏或血缘联系；三是家谱体例，包括编纂的内容、写法，要保持家谱文体的特质；四是家谱形式，包括编印版式、印制材料及保管和阅读的各个环节，尽可能保留传统特色。

其次，要“应时”。与志史、史书一样，家谱要适应时代、社会的变化，不能因循守旧于传统宗谱，墨守成规于族规旧例，依样画葫芦。如传统家谱的版式、内容，重君权、名望，欲以此光宗耀祖、光大门楣，有许多敬讳；当代家谱则要有现代文明观念，族望、乡贤要侧重，但不能倚重，不能成为家族成员互相攀比的名利场。因为族望的声誉，闻名遐迩，固然代表一个家族家风的高度，但族众个体的各种良好品行，更能于细微处形塑家庭、家族家风之全面、厚重。

再次，要“出新”。与志书、史书一样，家谱修编对各自家族的家史、家风和家族文化记载，要不吝笔墨；尽可能记录家族、家庭和个人的特色、特点；完全可以探索、创新适应本家族伦理关系特点的家谱文本形态。如编纂房系“亲戚谱”或父母双系家谱。儿女、裔孙的成长，是婚姻双方家庭的基因和传承、教育的结果，当代家谱为突出文化性、教化性，可尽可能多地记录母族、妻族或外戚家庭的信息和事迹，或父母双方各自家庭信息和事迹。以遗传基因、生物谱系为基础，也记录双方各自的文化基因、精神谱系，让修谱家族从血缘关联家族中得到各种补益，连根养根能获取更多来自根系的文化、精神滋养，集腋成裘、聚沙成塔，才会更加枝繁叶茂，达到兴族旺族的目的。

◎《嵩江虾爬袋朱氏松房谱》书影

最后，要“借鉴”。研究家谱演变发展史，就可以看到传统家谱也从志书、史书中汲取营养，不断改进，如增加“志、传、考、录”以及“世居”的体裁，让家谱所承载的内容更客观，人物形象更饱满，源流、事迹更清楚，人物类型更丰富。当代修谱，除了传统的“仕宦”（为官）、“科举”（高学历）、“耆寿”（寿星）等，

◎ 虾爬袋朱氏松房圆谱仪式留念

视实际情况，参考志书，可增加工商实业家名录、服务业经营者名录、中高级专业技术人员名录、各级各类个人荣誉获得者名录等或图表。同时，从序跋、世传、传记、事迹简介、修谱名录、捐赠名录等多方面，尽可能多记录个人、家庭的事迹，特别是在“世传”下适当补充简述谱主个人的嘉言懿行，尤其是慈善公益方面，对家庭、家族和社会的各种各样、大小不一的善举，以及卓尔不群的身心特点、职业技能、“非遗”传承等特殊技能。

第四节 传统家谱“文化认祖”现象的家族动因

尽管古今家族修编家谱，不乏“辨伪”求真之举，但传统家谱为人所诟病的主要原因还是古代族人历史信息的不可靠。这种修谱“陋习”集中表现在：一是伪造谱序和谱头，托名帝王，攀附显贵，冒认始祖；二是乱接甚至编造世系，或伪造家谱；三是杜撰世祖官爵，附会显赫的家族世系背景。一些谱师的纸上功夫，帮助普通家族极大地满足了光宗耀祖、向往荣华显达的愿望。

从历史文献角度看，这种“攀附”“杜撰”现象为学术研究所深恶痛绝，因此古今不少学者认为家谱不可信，其史料价值远逊于志书、史书。不少家族对此做法也摒弃之，视为修谱禁忌之一。

古代宗族“攀附”“杜撰”的主要目的，是为符合家谱功能的“教化”取向，也是家谱纂修遵循“隐恶扬善”原则的体现，主观动机并非篡改、伪造公共历史，因为往往先世难以追本溯源，故通过敬宗尊祖、抬高门第、扬善甚至虚美等手段，使后人感受到优秀先世的庇荫和激励，让“敬宗、收族”有更大号召力，以祖宗信仰内聚族人之心，为教化子孙塑造世祖群体的“高大上”形象，其拳拳之心可鉴。宗谱编纂，也是家族文化谱系的内部建构，不应该只着眼于史料可靠性角度予以考量。这也是家谱作为历史图书的特殊性之一。

对传统家谱所记载的人物信息，宜抱着“近信远疑”的态度，这是应该的。但家谱具有内向性的根本特点，是家族内部的、私藏的历史图书，本身并不考虑要为历史研究所用。对此，家谱学界也有基本共识，找不到佐证的这些家族名人，在历史上通常真实存在，是该家族同姓的人文世祖。这种“攀附”“杜撰”

是传统家谱的“文化认祖”现象。族之裔孙，对此自当不必厚非，且需怀有敬畏之心，认真了解、研究和学习其事迹、功业和人格、精神、思想等，但不迷信无其他史料佐证的谱系。族之外人，包括专家学者，明辨证伪后也要充分理解，给予应有的尊重。因此，新修、重修家谱对待旧谱文献绝不可轻易弃之如敝屣。

当代修谱师要辩证看待这个问题，要理解其背后的家族动因和社会历史背景，以客观、谨慎的态度认真对待和处理，既要尊重历史，又要兼顾家族成员的感受和需求，也要看到旧谱历经世代流传，已经成为该家族文化基因、精神谱系的事实。

当代修谱，思想基础是民主、平等、多元，以不唯富贵为准则，文化化人的渠道和载体十分丰富、活泼，已经无须人为塑造祖宗“高大上”文化形象以教化，并且海量历史文献资料可供比较研究，这种“攀附”“杜撰”已经失去现实需要，也容易被有识之士耻笑。

如何对待旧宗谱的“攀附”“杜撰”的谱文，笔者的观点和做法是，尊重家族动因，集中留存这些历史文献，有条件的予以考辨并客观说明。修订家谱要有多种历史文献为依据，尤其要重视始迁祖及以下先世的考证。世系、先世事迹有案可稽的，如实记录；如家谱仅是孤证，则存所说；如有多说，则存家谱一说。实事求是，诚实不二，也是家族教化的应有之义。

第五节　当代家谱能接轨现代思想和价值

一般认为，家谱是过时的、陈旧的、落后的、不平等的，是“三纲五常”即君权、族权、父权、夫权、男权的文本载体，是巩固宗族势力的旗号，当代人有理由轻之、弃之。

殊不知，传统历史图书类型“史、志、谱”中，家谱素有接轨民权思想的因子。当今我国社会正在由传统走向现代，家谱能接轨现代各种思想、文明和价值：以人为本，理性主义，自由、民主、平等、多元、包容和法治等，实现传统家谱的现代性转型。

假如说国史表现为权力本位——君本（国本）、皇权，方志表现的是官本、官权（行政权），传统家谱则表现为宗族本位，反映的是族权，以宗族之力保护族人的“民权”。君本、官本时代，官职和爵位成为衡量一切的价值尺度，只要拥有足够的权力和权威，就可享受极大的政治权益、物质利益和文化利益。民本思想虽然与官本主义伴生，但基于“民为邦本、本固邦宁”的价值取向，有很大超越，主要体现为重民、贵民、安民、恤民、爱民等观念，旨在服务百姓，改善民生。传统家谱的功能，有民本思想因素，是保护、扶持族人的身份凭证。特别是近代以来大量记载宗族公产，包括义庄、义田、义仓、义学、社山、祠堂、祀田，以及消防、办学等内容，在祖宗崇拜旗帜下，宗族借助家谱记载的公共资源，实现“护族”基础上的“收族”，最终达到“睦族、旺族、兴族、强族”的目的。

当今，我国要逐渐向国家治理体系和治理能力现代化迈进，其思想基础就是“以人为本”，保障人的基本权利。现代人本主义思想是传统民本思想的发展。人本思想强调人民群众是历史的主体，要将人民利益放在首位，体现人民当家作主的地位，要服务百姓的福祉，同时要求人们对自己的行为负责。家谱以血缘关系为根本，以族人为主体，平等保护所有族人的入谱权利。当代家谱修编，则还要明确家族户主（代表）大会是修谱的权利主体，维护所有族人入谱的文化权利，体现了现代人本精神。所以，当代家谱表现为家庭本位，体现的是个体的人权。

现代社会崇尚自由精神。在市场经济条件下，强调个人权利的重要性，拥护个人、基层自治权，鼓励公众民主参与社会建设和政治建设，健全社会法治体系，实行依法治国。政府则依法行政，透明地保护公众这些权利，而不是过分限制、过多干预。当代家谱修编是有契约精神的自治权的行为表现。整个过程、主要环节，都是公开、透明的，并需要族人代表、理事团队主动参与合作，需要族人普遍介入其中，自愿让渡部分隐私权，提供个人、家庭信息材料。编纂者依法、按规约编谱。党委、政府及相关部门，则为弘扬家风美德，建设社会主义核心价值观而对家谱文化持积极、包容的态度，对具体的修谱规约、修编活动，往往尊重传统风俗，不反对，也不会直接干预。一旦因家谱修编、保管等产生诉讼，地方法院往往在调解基础上公开、公正、公平判决，依法明确双方的权利和责任。

家谱是族人信息的集合体。传统社会，家族的集体利益是诸多族人个别利益的总和。家谱也因此有个人主义思想的色彩。家谱修编首先利己，其次才是利他；其动机和行为，首先从族内个人、家庭出发，以家族为本位，其派生的才是学术研究和文史写作等社会价值。这些公共价值的实现，前提还是要保护当代新谱中个人、家庭信息隐私。现代社会，主张任何集体利益的实现，不应该以压制合理的个人利益为代价，修编家谱要充分重视和尊重个人、个别的特殊诉求，才能避免产生各种矛盾。

家谱作为传统文化重要组成部分，在适应时代变革方面，也持保守主义立场。保守主义的核心观念是反对一切激进的革命和革新，主张节制政治，以妥协手段调和各种社会势力的利益冲突，强调保持现状与稳定，采取比较稳妥的方式守住传统和秩序。文化保守主义重视文化发展的连续性和稳定性。古往今来，家谱就是在坚持文化特质的基础上“守本应时”。随着社会发展和技术进步，家谱吸收史书、志书等长处，改进印制技术，图文并茂，开发、应用各种软件和网络、智能工具，不断带来新的变化，让传统家谱文化不断获得新生和活力。

社会主义制度规定，人们享有结社的自由，可通过血缘、地缘、学缘、业缘、趣缘、志缘等联结成共同的社群。它奉行平等主义，致力于消灭官民之间的对立；实行人民民主，人民是国家权力的拥有者；崇尚个人自由和人的主体价值，倡导建立一个“自由人的联合体”，致力于限制并且最终消灭“官本位”“等级制”，废除所有奴役人性的专制制度。社会主义坚持法治原则，法律面前人人平等，任何人都不允许有法外之权。按照社会主义平等、法治精神，谱文就不能突出族之达官显贵、修谱理事长和主要捐资者，而成为家族成员名利的“展览簿”，要兼顾记录族之乡贤、族人的嘉言懿行和片长小善，依法有规修家谱。

随着改革开放，经济主体多元化，导致多元文化主义思潮出现。当代修谱，在共同社会条件下，应承认族人，特别是女性的平等地位，也承认她们的差异性。虽然女儿或女性入谱，在世传和传记、亲疏或远近关系等方面，会有所适当区别，但原则上保护普通族人的基本权利，对个别家庭、子女、婚姻形式、性取向和残疾等隐私方面的特殊情况，对富贵家庭非公众人物家人的隐私信息，必要时可采取特殊处理方法予以照顾处理。

附表

家谱与志书、史书编写特点之比较

		家谱	志书	史书
定义性质		系统记录家族成员世系和生平事迹的图书 家族历史文献	分类、系统记述某时段地方全面情况的图书 地方或行业的历史文献	记述国家、地方重大事件和重要人物历史，总结研究社会发展规律的书籍 国家、区域或行业历史文献
图书主体	修编主体	族长、房长、理事会	地方行政长官、采编团队或专业职能部门	国家机关或专业职能部门
	著作权主体	宗族、支族、房族	地方政府或行政机关	作者或集体
	藏用主体	房长、族长或家人、族人代表	公众、研究者、图书馆等文化机构	公众、研究者、图书馆等文化机构
范围内容	内容重点	明世系，序长幼，记录家庭、家族成员信息和事迹	明沿革，载土风，类记自然与政治、经济、社会、文化、人物或行业全局	述朝代，记政事，论述全国、地方、行业重大历史事件、重要历史人物
	思想观念	指导思想（略） 隐恶扬善，有褒无贬	指导思想（略） 重在实录，直书善恶，寓褒贬于记述	指导思想（略） 论述善恶，有褒有贬
	内容特点	档案性、连续性、隐私性、平等性、时代性、百科性、统一性、内聚性、教化性，家族、主修、主编特长	百科性、地域性、时代性、连续性、资料性、客观性，专业性，修编者特长	学术性、地域性、时代性、连续性、思想性、史料性、客观性，作者个性、专长
	编纂周期	定期续修，适时创修 逐代俱记	当代修编，定期续修 不写未来	隔代写史 只写过去

续表

		家谱	志书	史书
文本体例	编纂原则	血缘连脉，世代连线；厚古详今，依法有规；平等全面，不漏不混	存真求实，直书实录；横分门类，纵向记述；横不缺项，纵不断线；以事系人，生不立传；越境不书、越级不书；述而不论，寓论于述	立论明确，观点鲜明，引证丰富，论据有力
	资料来源	因袭旧谱，登记，采访	博采群籍、档案、家谱，调查采访	文献资料，调查研究，或考古发掘等
	记录顺序	先纵向后横向，按世代按房系按长幼，以父系血缘或父系姓氏为轴心	分门别类，横向记录，后依时顺叙，无明显轴心	纵向记述、研究，以历史事件或历史人物为中心轴线
	结构组合	以父系血缘或姓氏为经，以房支、家庭为纬，卷目为总分式或分卷并列式	以概述为纲，以大事记为经，以各专志为纬。纲目总分式、条目并列式	以年代为经，以事件为纬，纵向论述如线
体裁写法	图文结合	档案性图书，文图并重，有世系图，有世祖、祖墓、祠堂、地域图像	资料性图书，以文字记载为主，图像、照片辅之，随文图照	学术性著述，以文字记述为主，少量图表引证
	写作体裁	谱图、谱文并重，重在记录	以志为主，重在记录	以论述为主体
	记人记事	记人为主，以人系事，因族制宜	以类记事记人，或以事系人，因地制宜	以记事、记人为引证，论由事、人出
	文体使用	文言文或白话文，记述体，记人十要素	语体文，记述体，记叙六要素	语体文，论述体，论述三要素
功能接受	重点功能	重在统，敬宗尊祖，收族护族，存史教化	重在用，存史、资政、教化，补国史、地史	重在鉴，读志、用志，以观学、观政、观世
	主要服务对象	家庭、家族内部，内外有别	公众、官方、研究机构	公众、官方、研究机构

第三章 家谱形态的丰富性

家谱只有宗谱这种类型吗？当今新修的宗谱是否为传统宗谱大同小异的翻版？其实，当今社会，家谱修编已进入百姓公众家谱修编的后宗谱时代，家谱形态已十分丰富，呈现文本多样化的趋势。

首先，"新宗谱"普遍出现。当今家谱的复兴始于传统宗谱的续编、重编，但当代国情、国策和社会巨变，决定了新修宗谱虽然在模仿中改进，但特质已不可能是传统宗谱的延续。当今宗谱之"新"，是指在继承传统基础上，在指导思想、入谱标准、修编主体、功能价值等方面都出现颠覆性的变化，发生现代性转型。但新旧交替之际，当今家谱修编的理论创新严重滞后，技术基本规范相当混乱，这种转型还不成熟。

"村谱"是行政村联姓谱，或称行政村异姓通谱，成了行政村内各父系姓氏家谱的大合唱。它自发产生，并被越来越多的行政村各氏族所认可，联合编纂成册，顺应了我国当代基层社会管理格局的根本性变化——村级各组织党政管理代替了宗族，拥有强大的经济、思想、文化基础——村级土地集体所有制、集体主义思想、族人流动性产生的"乡愁"。

房谱也是同宗共祖的父系姓氏谱，一般参照宗谱体例修编，与新宗谱一样，当今也有了新的质变，普遍出现了"新房谱"。

正如工业产品有标准件和非标准件一样，当今家谱也呈现出多样性。不以同宗共祖为特征的非宗谱纷纷出现，如随着内亲外戚关系的新变化，产生了父系房派"亲戚谱"，让女性及所育后代共同联合入谱，成了家谱发展史上的又一次重要变革。同时，地区性、全国性甚至全球姓氏"通谱"修编开始频频重现，以二代核心家庭为纽带的父母双系"家庭谱"也屡见尝试，等等。

家谱文本多样化，也是当代家谱文化劫后重兴、从传统向现代转型发展的重要原因和必然趋势。家谱形态的创新性、丰富性，让愿意修编家族、入谱家庭和个人有了更多自主选择的载体，也就会拥有广泛深厚的民意基础，当代家谱文化就能为更多民众、家庭、家族所普遍接受和传承弘扬。

家谱作为民间文献，其文本形态和记录方式完全可以百态千姿，但万变也不离其宗——以记载血脉传承、血缘关系为基本。

第一节　新宗谱：当今宗谱修编的现代性转型

——以《鄞东亭溪岭下杨氏宗谱》为例

宗谱是传统宗族社会的产物，当今社会宗族管理虽已消亡，但家谱文化的复兴还是从宗谱的续编、重修开始，这是传统文化继承性的特点。尽管如此，时代在变，社会在变，当代家谱的入谱、阅读对象是今人和后人，家谱修编并不能囿于传统宗谱的规范定式，因此“新宗谱”应运而生。

当今宗谱之“新”，是因为家谱“守本应时”，其根本性质和特点正在发生现代性转型，主要表现为指导思想，入谱标准、条件，修编主体和家谱功能价值等方面的根本性变化。

宁波东钱湖镇城杨村所居氏族，初为陈氏，后以杨氏、陆氏为主。杨氏，自亭溪岭西北横溪镇栎斜杨氏而来，旧有宗谱，但焚毁于“文革”年代“破四旧”。2019年，我和老友、原鄞县梅墟职业高级中学副校长张善华，应鄞州区环保局杨龙君邀请，为其编纂杨氏宗谱，后名曰《鄞东亭溪岭下杨氏宗谱》。

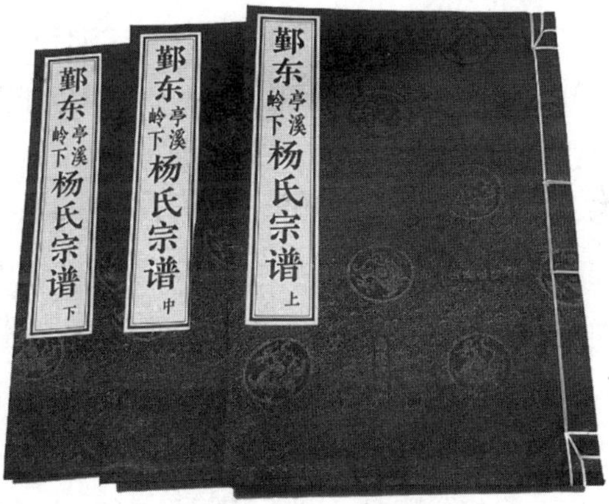

◎《鄞东亭溪岭下杨氏宗谱》书影

当今家谱进行的现代性转型，来自对传统的继承。该谱尽可能保持了宗谱的传统特点。一是内容上，以世系、世传为重点，但鉴于旧谱无存，特选录原宗地《栎溪杨氏宗谱》、同宗异支的《西城杨氏宗谱》与本支相关的文献、堂名，供族人以窥宗谱之大概。二是结构上，基本按照传统体例，共6卷，合卷首卷末各一。卷首：地形图、图像、遗容、序言、理事会、目录、凡例。卷一：源流叙、杨姓来源、远祖溯源、堂号、越州世系、越州世传、栎溪世系、栎溪世传、栎溪宗谱、西城支派、行第字、家训。卷二世系图：第一至二十一世。卷三世系传：第一至十八世。卷四人物录：栎溪、亭溪岭下、西城支。卷五文献选：栎溪谱原序、祖训家范宗规、栎溪谱凡例、凫峤公遗训、栎溪后祠堂记、东溪记、诗之部、文之部。卷六世居说：地理交通、村居历史、村落史迹。卷末：流芳榜、藏谱知、余庆录、跋。三是谱式上，遵循传统，以欧苏式结合为主，先世次图，后世次传。版式以五世为一图，五世另起上提后凡九世，又为一图，以合乎五服、九族之亲疏。四是版式上，因循旧谱，如版口、版心设计、竖排等。五是形式上，沿袭传统宗谱，宣纸内文，绫绢封面，筒子页装订，六目线装本，分上、中、下 3 册。

该谱在继承宗谱传统方面，尚有失格的遗憾。当时尚未考虑到家谱作为家族伦理性图书，版式有敬讳和尊崇性的特点。卷首图像排版，受史志体例影响，让村域亭溪岭、亭溪、进村牌楼、文物永安桥、村大会堂和廊桥的照片，置于迁鄞一世祖、亭溪岭下杨氏始迁祖画像和像赞之前，喧宾夺主，压祖失敬，宜插入卷六“世居说”内。

《鄞东亭溪岭下杨氏宗谱》（一本堂），系重修本，也是“新宗谱”。因为本人主持编纂的理念很明确，与当代社会发展变化相适应，“守本应时”，凸显“三脉一风”。虽初修宗谱，但务求传统家谱文化有传承，并尽可能体现现代性的特点。

现在，该宗谱圆谱已经近五年，笔者在家谱修编学研究方面的思想观点也已系统成形，基本成熟，故从各方面对其做一次“新宗谱”特质的检视，以促使自己以后的编谱理念和实践，从传统不断走向现代。

指导思想。杨氏宗谱体现现代思想意识，具有开放、包容、多元特点。虽是宗谱，但也重视外戚关系，“世系图”虽止于女儿，但“世次传”载入女婿、所生育子女等情况；“人物录”末位“杨洁”，还是普通高校女大学生，因品行优异而专条简介。夫婿和外甥、外甥女，若获省级以上荣誉称号等事迹突出，荣光本族者，撷其至要者，括注之；“流芳榜”载入杨氏女儿捐款。新“家训”包括六方面 18 条“敬祖宗，尊长辈，孝顺父母；守国法，讲规矩，以诚待人；慎言谈，有礼貌，结交良友；多宽容，能体贴，和睦家庭；强体魄，勤读书，敬业求精；重俭朴，善理财，量入为出”，编纂者拟订，共议而定，既有传统道德伦理的要求，更多体现个人、家庭、家族、职业、社会等的当今价值观。

“世次传”所载族人信息，除常规外，增学业、职业（包括种养大户、手工业匠、开店、个私办厂、拖拉机手、畜牧兽医、赤脚医生，“非遗”文化传承人、从军）、职务（包括大队干部、会计、妇女主任及以上），不是以地位、名望、富贵为主要标准，只要异于常人的，都可提供、录入。“人物录”，族人入传或分类简介，原则上是优秀专业技术人员，年销售额有相当规模的企业法人（总经理），业绩明显、群众口碑较好的乡村主要干部，市级及以上党代表、人大代表、政协委员，县处级及以上优秀干部，有军功的军官、烈士，市级及以上先进工作者，区级及以上媒体专题报道过的教子有方、能工巧匠、种养大户、慈善、孝行、见义勇为者，如记录一家四子一女恢复高考后初期全部成为大中专学生的父母亲、被媒体专题报道的当地知名木匠等。

入谱标准。一改旧宗谱的传统标准，把同宗共祖的父系血缘谱改为父系姓氏谱。凡是子女姓杨的，不论亲生、领养，或随母姓，都可入谱。“世系图”“世次传”反映男女平等的精神，杨氏男女按姓氏列入，先长后幼，先子后女。

修编主体。理事会由族人户主代表大会推选产生，设理事长 1 名、副理事长 2 名、成员 3 名。采访分为 3 组，由副理事长和成员担任，不仅认真、细致、全面完成信息采访征集任务，而且调查论证无旧谱导致的房系、世系梳理难题，使血缘接续有序：始迁祖子二，分东西两房，东房下有天地人三房，西房下有孟仲季三房，此后虽有世系不明、难以接续，但亲疏、远近关系井然分明。凡例制定，理事会吸取族人意见建议，反复讨论，逐渐完善，形成 16 条，既统一共识，又具体有章可循。定期因事开会商议，解决疑难分歧，如旧杨氏有茶园支之说，今联支合小宗，讨论后，则不别以支。再如，圆谱庆典举办方式、流程，民主讨论通过，分工落实，比较圆满。同时，杨氏族人参与修谱热情高涨，修谱捐资踊跃，财务支出严格、公开，无丝毫异议。修编过程议事相当民主，协同性较强，也比较有效。

进谱原则。经填表登记或分组采访后录入，编纂者牢牢把握合法性、规则性，把争议甚至可能出现的诉讼消灭在萌芽状态。如民国出生、当代去世男丁的妻妾并存问题，视其纳妾时段在民国则如实写入。婚后非法生子，夫妻未及离婚而生父已亡，祖父临终前强烈要求让孙子入谱，则根据婚姻、财产继承方面法律规定，私生子入谱，但生母不载录完整信息，仅在该子后括注“随母姓，生母籍贯、姓名 + 出”。重修家谱，先世名讳部分缺失，有房系简谱的则载录，理事会有的成员拟自行为先世取名，即予以制止，建议其必须征得后人代表公允，或以字辈加□，或以字辈加一、二、三代替，坚持世祖信息的如实客观。此议遂平息。同时，入谱者自主决定是否让渡部分隐私权入谱，自愿提供入谱材料，以规避姓名权、信息权、名誉权、隐私权保护等的责任风险。

家谱功能。认为现代家谱的价值功能主要在于教化性、文化性，已完全超越档案性，更遑论传统的个人、家庭关系身份凭证的识别作用。卷一“家训”、卷四“人物录”、卷五“文献选”载录的内容，具有凝聚家族情感、传承家族历史、弘扬家族传统的作用。宗谱专设卷六“世居说”，简明记述城杨村地理人文和文明建设标识性、代表性事项（宁波第一文化古道——亭溪岭之东、“钱湖十景”之“百步耸翠”白云山下、穿村而过的亭溪、千年古刹白云寺和千年银杏树，浙江省文明村、浙江省3A级景区村庄、宁波市美丽乡村示范村），以让族人游子记得住“乡愁”。可惜“村域图”用无人机拍摄未获成功，以地形影像图代之，实在不够清晰，完全可以花钱另请高明，而让新宗谱图像上多一些现代技术的呈现。

第二节　“村谱”：当今社会可逐渐取代宗谱

——行政村联姓通谱修编的思考

当今家谱的复兴始于宗谱续编，随着宗族文化的衰落或崩溃，宗谱会逐渐减少，但家谱不会衰亡，会与时俱进，以另外形态再生、流行。从现实情况看，“村谱”就是代替宗谱的应时之选。

“村谱”系行政村联姓通谱，以行政村或较大自然村为单位，联合编纂而成的载录同村异姓居民的家谱集。如果大多氏族有旧谱，也可汇编成为村域通谱。

前几年，宁波大学钱茂伟教授在海曙区藕池村尝试编纂众姓“村谱”，倡导以行政村为单位推动村村有谱。村级联姓谱的修编，一直也有尝试。如2012年续修的《鄞南荷花桥王氏宗谱》，附录应氏、徐氏等本村全部小姓居民的系传。《续修鄞南荷花桥宗祠谱说明》介绍，基于该村大姓王氏与各小姓关系融洽，故合谱附录，也因此命名其祠堂为鄞南荷花桥宗祠。“村谱”修编不是个例。如宁波奉化的《马夹岙马氏宗谱》《滕头傅氏宗谱》，象山有四五个行政村，也是大姓联小姓，或氏族以强带弱，修成联谱，或另印一本《某村诸姓联谱》。鄞州区瞻岐镇合一村有两个同姓不同宗的李氏大姓，另有十多个小姓，人数不等。2023 年 12 月初，理事会（筹）综合各种因素，拟合力编修“村谱”。笔者应邀担任修谱顾问，座谈交流 6 个小时，也对“村谱”编修产生了比较系统的想法。

◎ 钱茂伟编纂《藕池村百姓联谱》书影

“村谱”的产生，顺应时代、社会的变化。因为我国基层社会的管理形态发生根本变化，旧时以传统的宗族、宗法自治管理为主，当代则以村党组织执行自上而下的行政权，与村民委员会自下而上的自治权基本并行，村级各组织管理代替了宗法管理。因此“村谱”的推行，需要自上而下行政权的有力推动。各级党委、政府和地方史志部门应当从基层文化建设、家风文明建设、乡村振兴的认识高度出发，做好村谱的领导、指导工作，不直接干预基层村（社区）依法有章的修谱活动。因为私修家谱本来就是民间、民众的文化行为。这样，家谱、“村谱”与村志、村史共同构成基层民间历史文化的多重文本载体。

村级土地集体所有制是“村谱”产生的经济基础。当代村集体往往有公共资源（村级股份经济合作社），即集体经济，取代了旧时宗族公田、族产。绝大多数普通村民，特别是村经济合作社社员，对让渡一些隐私进入“村谱”，能平等进入文本世界，确保享受集体经济利益，会有较强愿望。

与之相应，“村谱”修编的思想基础是集体主义，这是改革开放前思想教育主题，延续至今成为新的思想文化传统。现在热衷于修谱的以老年人居多，20 世纪 40—60 年代出生，集体主义观念已融入其血液。在乡村，他们的公共交流空间主要是老年协会活动室、村文化礼堂，已基本取代宗祠的议事、文化功能。他们是村联姓通谱修编的主要支持力量。

“村谱”修编的文化基础是“乡愁”。当下族人流动，开枝散叶，虽不太可能再返故乡生活，但原住民即使已经迁居外地，甚至已经多代，也往往因村庄自然环境优美、人文资源深厚，或血缘关系深厚，特别是长辈在世、先世有祖墓在乡村的，有诸多“乡愁”，同样会对“村谱”修编积极响应，甚至牵头策划、统筹或捐助。

“村谱”修编，跟同姓大宗联谱有明显区别，需要注意以下一些特点。

进谱对象。联姓包括村境内的联宗、联支、联房、联户，联合修编的条件是籍贯地缘。本村所有大小姓氏、新旧氏族和家庭自愿合谱，经动员后，自主选择是否入谱。入谱对象，如同宗谱，以父系姓氏为基本条件，男女村民平等，已婚女儿、外孙女有所区别。入谱包括本村已经去世但可知名字的先人和在外发展的村民，或外迁发族的原村民后人等。

修编条件。行政村内族谱遗存较少，有若干房谱，或仅大姓有谱，要联合修成家谱，一般需要天时地利人和，具备三个条件：各氏族血缘、学缘、业缘等关系相对紧密，比较团结和谐；村“三委”会及老年协会领导、支持或主持这项工作；资金众筹或集体资金有保障。

“村谱”内容。家谱品质，按内容可分为合格家谱、优质家谱和特色家谱三种（详见《浙江省家谱编修与制作标准》，2023 年试行）。“村谱”是横向联姓谱，根据该村诸姓修谱意愿，基于隐私保护需要，其结构和内容的目标定位，一般可编成合格家谱，以记录村民及家族的基本信息要素为主，有条件的适当扩展记载内容，提升村谱的历史文化属性。有的可谱志合一，记载行政村人文地理、族望乡贤、历史文化、经济物产等特点，但必须以谱为主。村志内容作为“外编”，篇幅不宜超过村谱的 1/3。“村谱”的图像前后有别，为体现家谱传统，扉页彩页图像为代表性的先世像，村墓地，祠堂、村文化礼堂，村域图、村全景照等，村办公楼、佛寺、道观、教堂等文物古迹等宜置于“外编”相关内容。谱志一体，先谱后志，重在家谱，理事会名单、图照与世居的内容、版式、篇幅等，要体现家谱的敬讳性特点，避免村史、村志式。

修编理事。修谱理事会人选要兼顾各家族平衡，根据各家族人数多少，有代表性，确保小姓至少有一人参加。理事的产生，由筹备小组酝酿后征求村历任党组织、村民委、村经济合作社主要干部、历任村老年协会负责人等的意见，并获村民委员会投票或举手赞成通过，取得授权，保证权威性、公信力。理事会再根据情况聘请顾问、编纂者等。

修谱资金。因村制宜筹集修谱资金。修谱理事会带头出资并筹款保底，动员所有入谱家庭自愿捐款助修，约定几百元起载入村谱功德榜，切忌个人或少数人首先、直接全额出资。若集体经济富裕，经过相关程序后，也可由村经济合作社全资或部分出资助编助印。

入谱采访。一是在村办公楼或文化礼堂、祠堂等设立谱局，请村民们以家庭为单位主动到指定地点登记家庭、个人进谱信息，也欢迎前来咨询情况。二是在村民相对集中的城区，设立临时办事处，收集入谱信息。三是分姓氏或大姓分房建立微信群，公告、征集入谱信息。四是理事会采访员为年龄较大、行动不便、联系困难、文化较低、情况复杂等家庭和个人，提供上门登记服务，实质是动员入谱。少量观望、犹豫甚至怀疑人员，也可延迟至初稿形成进入校对阶段后，再次动员入谱。经多次动员明确拒绝的，则尊重其意愿。

“村谱”名称。“村谱”名称的确定，要因村制宜、因姓制宜。如诸氏完全并列关系，名《□县（区、市）□村诸氏（联合）家谱》之类。如有大姓小姓之分，大姓为主的村，经商议，谱名则可冠以大姓，附小姓，如《□县（区、市）□村□氏家（族）谱》附“诸姓家谱”，小姓不多的则直接写上姓氏，合计人数较多的可单独成册。同理，新建或重建的祠堂，如众姓筹资或部分资金由村集体出资，名称宜称为“□（村）宗祠（祠堂）”，不能以大姓命名。神主牌安放，按村谱编纂的次序。

诸姓次序。因旧谱不存或缺失，或只有若干房谱，甚至无谱、无先祖之墓，“村谱”各姓氏入谱先后顺序会造成较大矛盾，如下编纂顺序类型可参考酌定：一是众姓编录顺序，原则上先大姓、望族，后其他小姓；大小姓之间，一般按照旧谱、地势、交通、居宅等综合考证，对落户发族先后基本达成共识，始迁先者在前；凡迁入年代不明的姓氏族户，按照已知先人出生先后，年长者在前。二是同族编录顺序：因不明谱系血缘，同族不同房份的，按房份先大后小；有字辈的，按字辈先高后低，高者在前。同一房份，按先世有无名讳，有名字的在前；同辈之人，按出生长幼，年长在前。同族各房字辈不明之人，横向不连线。其谱中世代次序参照同在 1962/1963 年出生有字辈者（中位）。

成谱形式。为保护村民隐私，宜采取总分式。总册：卷首或谱头一册，载入序跋、理事会名单、凡例、各姓氏外纪及迁入在地情况、字辈、家训、旧谱、祠堂、本村知名人物及乡贤、慈善公益人物、村庄主要概况等；分册：按照合格村谱的基本结构和内容，视各姓人数、篇幅可分编而成若干册；大姓也可按若干房份再予以分编成册。总册，各姓氏共有；分册，姓氏户主代表各自收藏。

第三节　新房谱：未来社会家谱的主要形态

——兼谈当代家谱修编的现代性发展

旧时家谱一般是宗谱，但也有房谱，多因宗族内族大人繁、各持意见而致使各房自行修谱。另一种是祭祀簿，俗称“小房谱”，通常抄自宗谱，以本房人员、家庭世系或世传的基本信息为主，但体例多不完备。

当今家谱文化复兴，始自遗存宗谱的续修，但对宗谱修编质疑很多，修编很困难，原因在于当代社会宗族解体，以父系血缘为准入条件的传统类型宗谱，面临“皮之不存，毛将焉附”的境地。家谱文化因为处于复兴的转型时期，当今还是以父系血缘为准入条件的“新宗谱”修编居多，但比重在逐渐下降，最终为“村谱”所取代，上文已有简论，不再赘述。但未来社会家谱的主要形态，会是“村谱”吗？倘若认真研究，看清时代、社会发展趋势，可以预计，未来社会家谱世界将会以“新房谱”为主，多形态、多载体并存。

房谱也是父系姓氏谱，一般参照宗、支谱体例修编，所以“新房谱”产生和现代性变革的原因、情况，与“新宗谱”相同。

房谱具有如下特点：一是房系内人员少，交往相对频繁，互相熟悉程度较高，相当于“熟人社会”，当代富贵家庭比较关注的隐私保护问题并不突出，采访征集资料便利，可详尽记录房亲个人、家庭详细信息，房谱的教化功能也会更加凸显；二是房系内修谱主要理事责任人，在平时家族事务处理中往往已形成主导地位，便于统一思想，分工协作，顺利完成修谱活动；三是因为征集资料联系直接，家谱篇幅、页码不多，印制数量也少，修编成本极低，房谱修编过程中各项保障比较充裕。

房谱修编通常需要如下条件：一是宗支下出现了有地位、影响或儿孙繁衍的房祖（长）；二是房系内部比较亲近，按照血缘和交往紧密度，通常在五服以内，也可在三代至四代；三是房系内中老年人有较高文化水平，有一定经济能力，或有一定的经济、社会资源。因为上述特点和条件、因素，当今修谱已经出现较多的“新房谱”。笔者所参与的家谱，大多也是“新房谱”。

当今家谱文化的现状，因为多元开放，宗谱复兴，通谱渐兴，房谱流行，可谓三足鼎立，又呈现“村谱”不断增多的趋势。从宗谱到“村谱”，是家谱联合修编形态的一大变革；从“新宗谱”到“新房谱”，表明当今及未来社会家谱文化从联到“分”、从联合求同到同中求异的趋势，并且这种自主、多元取向，将会超越“新宗谱”，也会取代“村谱”。这是因为未来社会的现代性发展和现代文明观念，将更有利于“新房谱”的流行。

从社会思想基础看，家谱修编的指导思想从旧宗谱的儒家思想，经历当代计划经济管理和集体主义思想等，未来逐渐会与现代思想观念全面接轨。公众的思想越来越趋向自由、民主、平等，观念越来越理性（人本、民本）、开放、包容、多元和具有批判性。因此，家谱修编的主体、类型、内容、方式等会越来越自主、多元。这些现代思想观念，是以“新房谱”为主的多形态、多载体家谱出现和流行的土壤。

从社会文化形态看，未来家谱修编与传统社会文化根本性分离，也将超越当今社会文化，更强调人的尊严、人的基本权利以及平等性；强调个人生活方式、思想文化、社会组织多元化，提倡宽容、妥协、互惠与合作精神；强调和坚持公共生活领域的公开性和开放性，提倡个人或社会组织以多种方式积极参与社会公共生活；强调社会成为一个真正自主的领域，捍卫个人的家庭生活或私人生活领域，享有充分的自主权和隐私权，从而形成以契约精神为基础，包括人本、法治、自治、平等、自主的现代文化。家谱修编将更加自主、平等、协作、保护隐私，富有教化性，而“新房谱”能更加灵活适应、体现现代文化，记录从传统到现代的家族文化基因和精神谱系。

从社会治理方式看，家谱修编告别了宗法管理，也会超越当今基层社会强力的行政推动与相对薄弱的自治管理模式，迎来法治社会与基层民主自治相结合的现代社会治理格局。在依法、有规修编和适当让渡、保护隐私的前提下，理事会与入谱者对于修谱必然更倾向选择修编“新房谱”，因为其修编的主要环节，更适应民主、自治和公开、公正、公平的现代社会治理体系。

从家庭结构形态看，家庭是社会的细胞，家庭结构变化进一步原子化，从聚族而居到自由流动，从四世、五世同堂到两代人构成的核心家庭；个人、家庭之间关系从“五服之亲”到“三世之亲”，从纯粹依附的血缘关系，到兼重地缘、血缘、业缘、趣缘甚至志缘关系；个人、家庭亲情关系，从倚重父系、父系内亲，到兼重因婚姻、子女抚育、家庭资源的亲戚、联姻关系；家族事务主导者，从族长、房长，到为官或业商或业儒及其多种组合，家庭、家族的决策主体更多。“新房谱”迎合这种现代家庭结构形态、关系的变化。

因此，未来社会的家文化将有新的内涵和外延。家，会是血缘共通或婚姻结合等基础上各成员不同关系的自由联合体，不会仅是家庭、家族的专有名词；家谱是记录因血缘或婚姻关系自由联合的成员世系和生平的图书，家谱文化的形态也不会只有“新宗谱”“新支谱”，更不会成为宗法治理、家国同构制度的垫脚石。如果继续向着现代社会坚定不移地迈进，家谱形态一定会多彩多姿，“新房谱”则一定会继“新宗谱”“村谱”之后占据主导地位。

当然，“新房谱”记录方式，其结构、内容、文体等必然会受传统宗谱的影响，这也是文化传承的深刻烙印。同时，谱名、凡例等方面也会受传统宗谱的制约，如以父系姓氏名房谱，按父系姓氏入房谱等，也因此很好地保留了家谱文化的特质。因为房系入谱范围小，更能让渡更多的隐私，在记录个人、家庭基本信息后，可大量增加60岁以上房人的特点特长、事迹贡献，并更加可以图文并茂，大量增加个人、家庭合影，或先人照片或画像，实现具体、生动的家风教化，“新房谱”能自由实现内容和形式的现代性发展。

此外，“新房谱”修编过程及谱文、谱式的个性特色更为浓郁。由于时代、社会多元化，各房派的发展和家庭之间、家庭成员之间往往分化差异较大，有的别具一格。“新房谱”的修编，就会带有房族的发展特点和修编理事们的特点；同时随着高等教育越来越普及，房系成员文化水平普遍提高，编纂者也会有自己的写作表达特点。

第四节　亲戚谱：家谱修编的根本性变革

民间传统风俗，兄弟姐妹建立各自家庭后，就内外有别。清明时节，未出嫁的女儿可祭祖上坟，出嫁女儿不能先于儿子上父母的坟，或有说女儿和女婿上坟会影响娘家的运势。传统家谱里，女儿一般也不出现在世系、世传中，所育子女更不可能在世系里。这种习俗，本质上是传统社会经济不发达，家庭、宗族公共资源稀缺的缘故，一定要确保父系、宗子或儿子家庭甚至长孙的财产继承权，通过家谱规定，不允许外嫁女儿家庭分割、享有原家庭、宗族的有限资源。

但俗话又说“姑舅亲，辈辈亲，打断骨头连着筋”“三代不离舅家风”“天上的雷公，地上的舅公”“娘舅大石头”。姑舅是至亲，舅家是母亲的娘家，是最重要的外戚；姑姑是父亲的姊妹，兄弟之家也是姑姑的娘家，农村亲戚有“三亲”。当代社会，人际关系交往多元化，家庭、家族交际不以父系堂、从为重，母系或姑表亲都已平等相待，有些与外戚或姑表亲的关系更为紧密，走动更加频繁。

房谱，传统是父系血缘谱，当今大部分变成父系姓氏谱，因为经济、社会和婚姻、家庭关系的变化，父系房派“亲戚谱”便应运而生，创编相当普遍，已比较流行。本人近几年所修家谱，大多数就是房族支派的“亲戚谱”。这种家谱有如下特点。

一是内亲外戚并记，改变按照血缘、内外有别的家谱传统，房祖（长）以下子女及后代，世系比较亲近、紧密的，自愿、共议入谱。

二是排序方式，世系、世录里的内亲外戚排列有两种方式：一种为统一在内编，儿女按出生顺序或先男后女顺序，如《鄞南荷花桥王氏金才公支谱》；另一种为父系的内亲在内编，外戚另设外编，单列卷次，如《镇海大通宣庆府董氏吉公派声□公家谱》。

三是以父系血缘为主，载录房祖（长）及以下，一般五代以内。有旧谱的，以上则追溯直系世祖的源流；无旧谱的，往往根据回忆梳理世祖源流、发族情况，整理成文。

四是重点突出，厚近薄远，详今略古，房祖（长）及以下详记房亲们生平事迹，无论生死、贫富、高低，只要愿意提供资料，有具体事迹和特点、特长，都可以详细记录。

因为受计划生育国策的影响，“亲戚谱”记录的房亲、亲戚人数相对较少，通常只有一册，成本也不大，并且可图文并茂，载入各对夫妻、家庭合影。

中国女性受传统的深刻烙印，主动修编家谱甚至自主修编母系谱的意愿虽然不强，但有更强的依附心理，渴望亲情关怀，普遍支持“亲戚谱”的修编。父系“亲戚谱”，是家谱修编根本性的革故鼎新，对传统宗谱属于颠覆性革命。

它不仅能灵活适应当今、未来家庭血缘关系的复杂性和内亲外戚关系的各种变化，而且适合女性在当今、未来社会地位和贡献提升、平权的趋势，满足长期

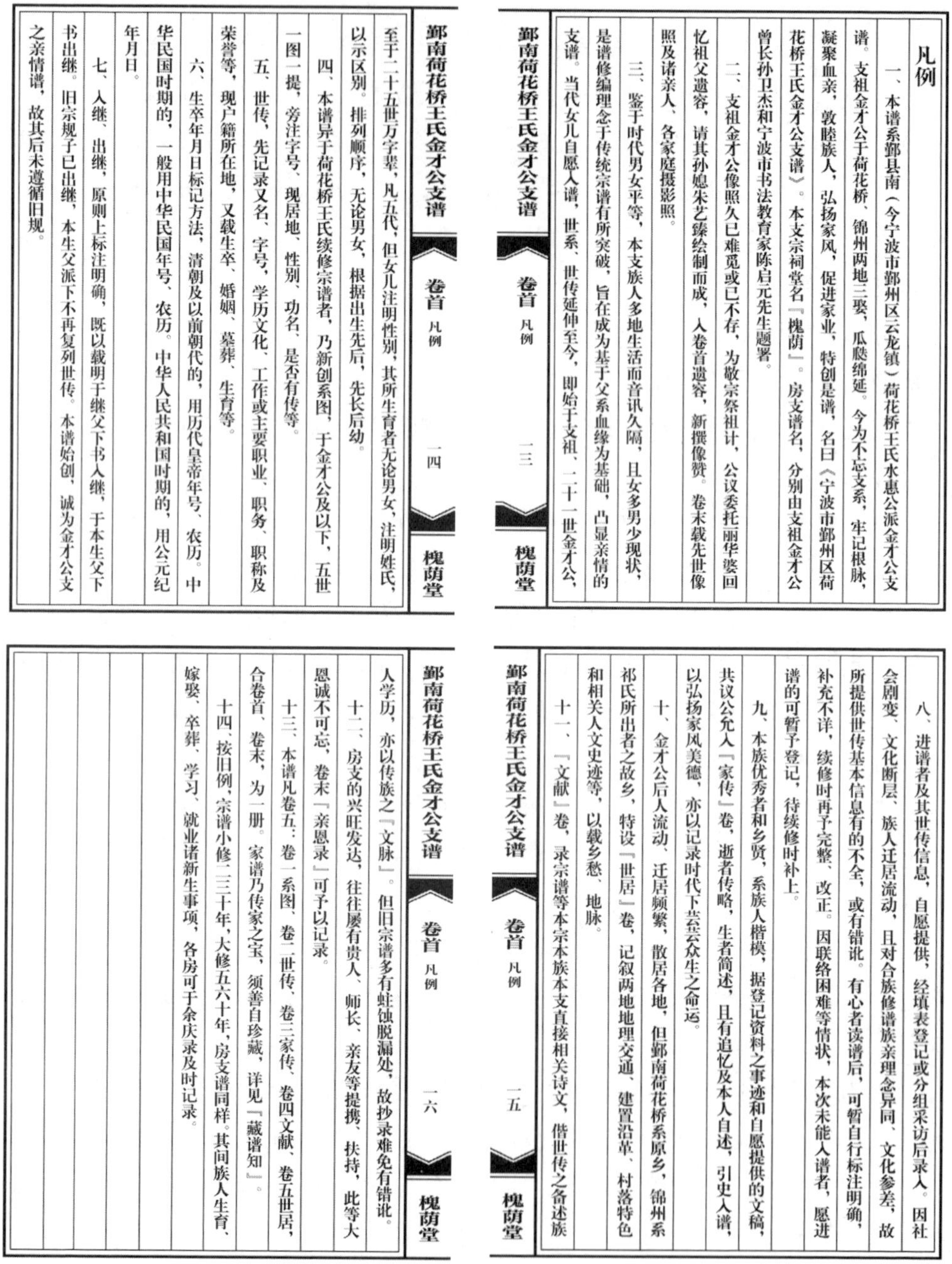

凡例

一、本谱系鄞县南（今宁波市鄞州区云龙镇）荷花桥王氏水惠公派金才公支谱。支祖金才公于荷花桥、锦州两地三娶，瓜瓞绵延。今为不忘支系，牢记根脉，凝聚血亲，敦睦族人，弘扬家风，促进家业，特创是谱，名曰《宁波市鄞州区荷花桥王氏金才公支谱》。本支宗祠堂名『槐荫』。房支谱名，分别由支祖金才公曾长孙卫杰和宁波市书法教育家陈启元先生题署。

二、支祖金才公像照久已难觅或已不存，为敬宗祭祖计，公议委托丽华婆回忆祖父遗容，请其孙媳朱艺臻绘制而成，入卷首遗容，新撰像赞。卷末载先世像照及诸亲人、各家庭摄影照。

三、鉴于时代男女平等，本支族人多地生活而音讯久隔，且女多男少现状，是谱修编理念于传统宗谱有所突破，旨在成为基于父系血缘为基础，凸显亲情的支谱。当代女儿自愿入谱，世系、世传延伸至今，即始于支祖、二十一世金才公，

鄞南荷花桥王氏金才公支谱 卷首 凡例 一三 槐荫堂

至于二十五世万字辈，凡五代，但女儿注明性别，其所生育者无论男女，注明姓氏，以示区别。排列顺序，无论男女，根据出生先后，先长后幼。

四、本谱异于荷花桥王氏续修宗谱者，乃新创系图，于金才公及以下，五世一图一提，旁注字号、现居地、性别、功名、是否有传等。

五、世传，先记录又名、字号、学历文化、工作或主要职业、职务、职称及荣誉等，现户籍所在地，又载生卒、婚姻、墓葬、生育等。

六、生卒年月日标记方法，清朝及以前朝代的，用历代皇帝年号、农历。中华民国时期的，一般用中华民国年号、农历。中华人民共和国时期的，用公元纪年月日。

七、入继、出继，原则上标注明确，既以载明于继父下书入继，于本生父下书出继。旧宗规子已出继，本生父派下不再复列世传。本谱始创，诚为金才公支之亲情谱，故其后未遵循旧规。

鄞南荷花桥王氏金才公支谱 卷首 凡例 一四 槐荫堂

八、进谱者及其世传信息，自愿提供，经填表登记或分组采访后录入。因社会剧变、文化断层、族人迁居流动，且对合族修谱族亲理念异同，文化参差，故所提供世传基本信息有的不全，或有错讹。有心者读谱后，可暂自行标注明确，补充不详，续修时再予完整、改正。因联络困难等情状，本次未能入谱者，愿进谱的可暂予登记，待续修时补上。

九、本族优秀者和乡贤，系族人楷模，据登记资料之事迹和自愿提供的文稿，共议公允入『家传』卷，逝者传略，生者简述，且有追忆及本人自述，引史入谱，以弘扬家风美德，亦以记录时代下芸芸众生之命运。

十、金才公后人流动，迁居频繁，散居各地，但鄞南荷花桥系原乡，锦州系祁氏所出者之故乡，特设『世居』卷，记叙两地地理交通、建置沿革、村落特色和相关人文史迹等，以载乡愁、地脉。

十一、『文献』卷，录宗谱等本宗本族本支直接相关诗文，借世传之备述族

鄞南荷花桥王氏金才公支谱 卷首 凡例 一五 槐荫堂

人学历，亦以传族之『文脉』。但旧宗谱多有蛀蚀脱漏处，故抄录难免有错讹。

十二、房支的兴旺发达，往往屡有贵人、师长、亲友等提携、扶持，此等大恩诚不可忘，卷末『亲恩录』可予以记录。

十三、本谱凡卷五：卷一系图、卷二世传、卷三家传、卷四文献、卷五世居，合卷首、卷末，为一册。家谱乃传家之宝，须善自珍藏，详见『藏谱知』。

十四、按旧例，宗谱小修二三十年，大修五六十年，房支谱同样。其间族人生育、嫁娶、卒葬、学习、就业诸新生事项，各房可于余庆录及时记录。

鄞南荷花桥王氏金才公支谱 卷首 凡例 一六 槐荫堂

◎《鄞南荷花桥王氏金才公支谱》凡例

实行的独生子女政策导致的这类家庭入谱需求，彻底解决了女儿或女性入谱难的问题。

第五节 通谱：体现姓氏文化的联合力量

通谱，又称统谱，旨在凝聚同姓统宗家族的生存、发展力量，两者编纂方法基本相通，但各有侧重，前者重同姓，侧重于联宗支，本质上是同姓各宗支的联合谱；后者重谱系，侧重于统宗，欲统一世次，甚至字辈、堂号。两者体例同中有异，但共同体现姓氏文化的力量。

从家谱演变发展史看，统谱兴盛于明清时期，曾因“攀附”“伪造”致谱系僭越等可能引发影响朝廷统治，招致清帝乾隆两次出台严厉的“谱禁”政策。但近代“攀附”“伪造”之风死灰复燃。当代则因民间社会财富大增，交通和通信、网络交流便捷，单一姓氏地区性、全国性统谱修编情况复现，有些还热衷于此。实际结果，虽然不乏统谱修编成功的案例，但并不具有普遍性，也难以涵盖绝大多数一姓宗族。所以当代是编统谱还是通谱，究竟怎样编法，修谱学界专家们有过热烈的专题讨论，对编纂通谱是否可行、怎样才算通谱，见仁见智，还是莫衷一是。

家谱修编学界普遍认为，家族始迁祖以上世系外纪的向上追溯，有的有文献记载，有的攀附冒认，有的系故事传说，甚至统一至我国三位人文始祖黄帝、炎帝和蚩尤的，属于诸族对父系始祖的文化认同，则应称父系姓氏人文家谱。始迁祖以下，一般为父系血缘谱，世系相对客观，修谱重点在始迁祖以下世系的内纪尤其是今人。因此，后人和研究者对家族个人、家庭、家族的信息的史事记载，原则上可疑远信今。

通谱，联宗合谱，旧谱记载源流、分迁详明可靠的，宗支能统则统。有的迁居省外，也有谱可循可考、希望归宗的，则详略有别，简明记述。统宗无依据的，同姓各宗族则根据统一体例，各自梳理源流、迁徙，介绍堂号、字辈，记述家谱、祠堂，汇编族望乡贤，然后联合汇编成同姓家谱集或者同姓家谱电子版。这类通谱，也属于历史学范畴。

统谱，以姓氏为主线、纽带，联合同姓各宗，能形成同姓历史文化共同传承的价值和力量，但从遗传学角度看，普遍缺少生物上的科学价值。同时，同姓统谱，欲统一同姓各宗支的世次，甚至统字辈，统堂号。“三统”堪称浩繁的系统工程，时空纵横几千年、几百万平方公里，需要巨大的人力、物力、财力，需要相当长的时间才能完成，对统稿的责任编辑要求也很高，是否有条件、有必要，视编委会骨干态度和决心及编纂团队的能力和能筹措到的资金。他人如何看待，则应多一些包容性。因为此类全国性统谱，就像创作姓氏图腾、族旗族徽族歌一样，应该算作富有创造性的单一姓氏各家族联动的文化行为。该种文本上溯几十世、上百世的部分，通常不再具有记录家族血缘关系的历史属性，也不属于历史学范畴。历史研究者，更加无须以历史的眼光进行评判或者非议，通常重点关注各家族始迁祖及以下的历史信息、历史文献就足矣。

笔者倾向地区性乃至全国性同姓联合家谱编成通谱，非统谱。方法步骤上，首先，请同姓各宗族根据自己家谱梳理成文，包括三个方面——“源流与迁徙”“家谱与祠堂”“族望与乡贤”，发送家谱电子版和补充的人物材料。其次，以地（市）为单位，编写成地市境内某氏宗族调查概述，同时汇编同姓家谱集纸质版或电子版。再次，同姓通谱编委会根据各地（市）各宗族普查成果，选录各家谱相关图像、文献，适当补充截止期前圆谱的当代新的宗族知名人物；最后，编委会统一体例，分工编辑，梳理世系，选录文献，插入图像，总分组合，汇编成集。

如此，通谱编纂因为有了各宗支参与和现存当代新谱，家谱文本内容有据，质量有了保障，成本可控，也简便可行。

附录

社会人伦关系演变与现代家谱形态变革表

<table>
<tr><th>传统社会人伦关系特点</th><th>现代社会人伦关系特点</th><th>现代家谱形态变革</th></tr>
<tr><td>父系房支族、宗族内亲密
房族五服内血缘关系紧密
同族同宗血缘关系高于其他关系，同姓与同乡、同业依附关系普遍</td><td>宗族、支族血缘关系离散
房族五服内血缘关系相对密切
祖孙三代内血缘关系亲密
两代核心家庭亲子关系亲密
同宗支族人关系趋同于同村居民或路人，同姓与同乡、同学、同业、同志关系等同</td><td rowspan="3">父系血缘宗谱消减
父系姓氏宗谱兴盛
父系姓氏房谱流行
联姓村谱出现
同姓通谱重兴</td></tr>
<tr><td>家族聚居一地普遍
分家立房前普遍几世同堂</td><td>族人家庭迁居或流寓于外普遍
未婚子女与父母同居，婚后分居</td></tr>
<tr><td rowspan="2">父母与子女因生育而亲密</td><td>父母与领养子女同样亲近</td></tr>
<tr><td>因养育或感恩而与他人同样亲近</td><td>房谱设亲恩录</td></tr>
<tr><td>房族父系因血脉同祖亲近</td><td>出嫁女后人因依附、扶助而同样亲近</td><td>创修父系亲戚房谱</td></tr>
<tr><td>社交相对封闭局限
父系血缘关系为重</td><td>社交相对多元、开放，家庭亲情为重，兼重房亲、友情、恩情</td><td>家谱设亲恩录，或与知己、恩人家庭联谱</td></tr>
<tr><td>夫妇成家后的交际圈，以父系血亲为主</td><td>夫妇成家后的联姻双方家庭，与各自同胞家庭同样亲近</td><td>创修夫妇家庭的双方父母联姻家谱</td></tr>
</table>

从传统向现代转型的“新宗谱”样本

——《邹谷童氏宗谱》重修本略评

邹谷，即邹溪（今称梅溪）山谷，古代包括旧赤堇乡和今邹溪乡冲积平原，属鄞州区塘溪镇。童村（旧称童夹岙）童氏，发族最早。据旧谱记载，始迁祖童晏字天清，官苏州别驾，偕夫人盛氏携三子童森（字大芳），为避乱于唐德宗贞元间（785—805）自嘉兴迁此安家，繁衍成邹谷童氏。一千两百余年间，童氏崇尚读书，蔚成大族、望族。至明洪武十五年（1382），童氏历十四代，形成六大房，人丁兴旺，民国时人口1800余人。童夹岙曾办过多家私塾。明末清初，全祖望祖父全吾骐已在此办私塾。清雍正三年（1725）至六年（1728），全祖望在童夹岙教书。1927 年，童中莲先生出资建成童夹岙冠山小学。现存宗谱资料表明，从始祖至十八世，官宦 9 人；自二十二世至二十八世有邑庠生、郡庠生、武生等 12 人，国学生 20 人。尤其是民国和当代人才辈出，著名者有生物学家、教育家、实验胚胎学家童第周，中国山水画大师童中焘，另有副教授、高级工程师以上职称百余名。1978 年恢复高考后，有 400 余人考入高等院校。

《邹谷童氏宗谱》（永思堂），始修于明永乐七年（1409），末修于民国三十五年（1946），凡十一修，24 册。旧谱焚毁于“破四旧”，仅存十七世以下世系图谱，是当年某族人以用做卷烟纸的名义从现场拿取放在家里，“文革”结束后被抢救性保护，并复印。

2018 年，启动重修童氏宗祠，筹划家谱修编。因为无旧谱可接续，2021 年起，童氏族人正式重修宗谱，至 2023 年 5 月完成，历时三年。

《邹谷童氏宗谱》的修编，适应时代变化，理事会和主编在三方面做了根本性变革，所以也应视作“新宗谱”，主要有：一是指导思想。贯彻自主、自愿入谱的自由、民主理念，是否入谱，入谱信息详略，尊重本人、家谱意愿。坚持男女平等观念，女儿有区别入谱。二是修编者主体。不是族长、房长，而是村党组织、村民委员会统筹，成立以村干部、执编者为主的编委会，村党支部书记童士春担任主任，另有副主任 3 位，成员 9 名，执行主编童中高，联络员 1 名，其中异姓村干部 4 名（包括女性 1 名），另有步梯档派编委 1 名，白杜派成立支派编委会，设编委 6 名。三是入谱者标准。编纂者与村领导商量，

◎《邹谷童氏宗谱》（重修）合影

理事会统一意见，不再是以父系血缘为唯一标准，而是以父系姓氏为标准、条件，“一体同亲”，允许异姓入继后改姓者、入赘的女婿入谱，外嫁女所出子女随母姓的自愿入谱。旧谱以童氏血缘正宗为红线，异姓领养或抱养改为童姓的标蓝线，此修统一红线标示。

此外，入谱个人、家庭信息采集上，主动通过多种方式联系，或上门寻亲，或上门动员登记，而不是旧时所采取的坐等上门或定点收集为主的方式，获取入谱材料；世系和世录的各卷次之首，每个房派新增速查表，以方便查阅。

童氏家谱修编理事会重视家谱文化的传统性，从内容和形式上，作为新起炉灶的重修宗谱，努力按照遗存旧谱残本、房系简谱，或参照他族宗谱，尽量保留传统家谱的风貌。

一是内容结构上，《宁波邹谷童氏宗谱》共13卷12册，载录传统家谱的基本内容，比较全面、完整，结构组合有例可循。卷之首：目录、文集，包括圣谕十六条，重修童氏宗谱序3篇，凡例、像赞引、像赞、家训、家礼图、墓图、邹谷童氏建祠考略、重建童氏宗祠碑记、宗祠图、匾额、宗祠楹联、行第引、行第、五法六不书、历修宗谱执事考略、簪缨志、任官志、怀远童先生七秩寿序、梅芳公墓表、次布公墓表、鄞童藻孙先生年谱序、中莲公生圹志、裴府君庙碑铭、宝庆庙考略、文昌殿与重圣重学村风、中莲公创办冠山小学及后续发展、童村古八景、童村新八景、山川、共和己卯年修路志碑、邹谷童氏大事年表、重修宗祠捐资名单、童氏宗谱编委会名单、参修人员合影留念、领谱引、跋。卷之一：速查表、世系图、邹谷童氏统宗世系；卷之二：目录、速查表、世系图、奉化白杜世系、余庆录；卷之三：山下房、亨一公下蒙四公派；卷之四：目录、速查表、世系图、木莲藤里世系上册、余庆录，等等；卷之十二：龙舌派。结构上，谱文与谱图总分组合，卷之首即卷头，为所有文集，1册；此后，因袭旧谱，以房派分卷，每房1卷，各房、各支归为各册。

二是世系接续上，千方百计搜罗、考辨、接续先世血缘世系。族谱查而不得，复印劫后余存的十七世以下世系图谱；从搜集到的某房谱上，有了第一世至第十四世先祖的世系、世传信息。同时发动族人广为搜集，获十余本房系简谱和简单记录先世生卒配葬育要素的祭祀簿。尚缺的十五世和十六世信息，通过记录的十四世生育情况、十七世“某某公之子”的交代，基本可用红线串联起第一世始祖起至当代凡四十三世的全部世系资料。同时通过走访、书信往来内容等，从中搜集到一些族人资料。依旧例，谱载旧编名行（阳行）、庙行（阴行）；“继子，承祧图注入嗣，或曰入继，或曰承继”；男丁离婚或丧妻续娶，注明“离婚”或“续娶”，所生子女注明所出母亲之姓。族人居住分散，遍布海内外，有些无联系地址、通信信息，收集材料十分困难，实在联系不上，就在其父辈下面注上子女在北京、上海、美国、加拿大等字样，以便后人联系、接续。

三是谱式版式上，童氏旧谱，谱式以欧苏结合为主，先世次图，后世次传（凡例称“世表”）。今修因世次传焚毁，只存世次图，且其中尚缺两世，经商议，“效苏谱之法，立五世系之图”。先世照录已有世系图，有遗存房谱载录，或民国以来能回忆的先世，当代提供个人、家庭资料的，则按宗谱旧例，在世系图简明载录行传，即个人生平事迹，诸如谱名、字号、生卒、配、葬、育等，如有较高学历、功绩者则记之。版式以五世为一图，以合五服之义，第五世一提九世又为一图，以昭九族之亲，而后每五世启后，五五相承，衍生派系，尊卑亲疏，了如指掌。

四是贤达入谱上，按照旧谱惯例。卷之首，载录民国及以前世祖，凡有功于家族的——童怀远、童梅芳、童次布公、童藻孙、童中莲诸公，编入搜集到的旧文，如寿序、墓表、年谱序、生圹志等。当代逝世的名人，如童第德、童第周、童中杰等，载遗像于卷首。族中有一定职务、职称或荣誉者，凡本人或家族自愿提供材料的，载卷首“簪缨录”“为官志”等。其学业、职业及有益于国家、社会、家族的事迹，连同生卒配葬育等个人信息要素，俱载录于个人名字左旁之世次小传。

五是语体体例上，原谱旧文，采用繁体记述，无标点。纪年为阴历，与旧谱接轨，对所提供生卒无法以农历换算的，则依其所出示的材料。参照旧谱，规定“寿龄、享年、年”计岁办法，旧房谱所载的先世，仍按旧计岁。页面追求整体美观，避免天不齐地不整、标点在额首、字距不统一、疏密无定律等现象。

六是印制形式上，委托安徽一家家谱印制的专业公司排版制作，基本仿古籍、传统家谱。排版设计方面，版口、版心设计和字体应用，竖排右起等全部沿袭旧谱。纸张、包装方面，尽如旧谱，谱籍尺寸为 38.8 厘米 x25 厘米，把握好书高和书宽比例，严肃、庄重；封面谱名书签为旧谱名称，绫绢封面，宣纸，内文筒子页装订，六目线装本，古朴素雅。外有封衣，也称封套，便于保存。

此外，家谱修编圆满完成后，童村族人舞龙敲鼓，参照传统仪式，隆重举行宁波邹谷童氏重修宗祠续修族谱庆典活动，让所有族人以及异姓村民，都受到传统文化的教育熏陶。

当然，童氏宗谱作为“新宗谱”，在遵循传统、接续家族历史方面也有明显的缺陷。如过于因循守旧，有些移用他族古谱图文，不合时宜，如圣谕十六条，康熙皇帝对家族的要求，家礼图15幅以及大宗小宗图、宗法考证。抄录古代家谱载录的修谱五法（明族属，别长小，辨同异，避名讳，参详略），虽然有一定理由，但是全部袭用“弃祖、叛党、犯刑、败伦、背义、杂贱”六不书，则似乎不伦不类了。

该重修宗谱还有令人非常遗憾的疏漏。童氏旧谱，原有“仕宦传、德行传、善良传、贞节传、才敏传、文学传、耆老传、卓行传、孝友传”等，对家族重要人物品行可嘉的做了分类记录，非常珍贵，也有很好的教化作用。这些原有文献，随着旧谱已完全失去，当代修谱，应该继续参照旧谱分类，分别记录。修谱理事会对此却未引起高度重视，人物事迹分散在个人世传里，不够详明具体，尤其是当代已经逝世的众多族之翘楚，著名的如童第周等，也未在卷首单独有传，这是非常遗憾的。故本人建议执编的童中高先生，以宗谱为依据，明确一定标准，检索各种文献资料，或口述采访，或请谱主及后人笔录，编印《邹谷童氏人物志》。

这些都是“新宗谱”从传统向现代转型过程中普遍存在的现象，也暴露出当代“新家谱”修编在理论创新和技术基本规范上的滞后、混乱，导致修编者非专业化、自行摸索的现状。

大多数家谱主编仅熟悉、编纂一族一谱，年轻时未接受完整基础教育，中文底子又薄，对传统家谱不太熟悉，又无处接受“新宗谱”修编的系统培训，故当今续修、重修或创修家谱的一些方面，出现“非旧非新”的情况。如旧谱旧文不标点，致与新的文章不统一；题目有大小之分，或分级（各卷、篇、条目的题名），但“目录”却大多并列，如“像赞引与像赞”“行第引与名行、庙行”之类；“簪缨录”，按旧例宜录达官显贵，但载录者多系吏员、儒生，按例当归为“科举”类，且也同时载录当代接受过高等教育的高级专业技术人才100位，显然应另作分类。载入“世祖像”与“像赞”的页面位置，没有按“正页表敬”原则设计，以及繁简转换不当等。

该谱的上述欠缺，据了解，有些是家谱公司墨守成规所为。重修的《邹谷童氏宗谱》，瑕不掩瑜，在遵循传统方面竭尽努力，足以成为当代家谱文化复兴时期修编“新宗谱”借鉴的样本。

《浙江杜氏通谱》编纂构想(稿)

(一)体例、结构和内容

卷首

序言　1. 著名杜氏人文学者;2. 编委会主任、主编(统稿者)。多几篇无妨,撰写者有一定知名度,有代表性,写的内容角度各异。待初稿形成,经修改成一校稿后,再商量邀请作序,并送上初稿参考。

编委会　初稿形成时,根据个人发挥的作用、工作量、实际贡献再明确编委,可设正、副3位主任,分别担当总揽统筹、编写统稿、财务总管之职,也可设顾问、特邀编委、财务、财务监事等。编纂组,根据发挥的作用、工作量、实际贡献,在初稿形成时确定名单,设正、副主编若干人,根据实际情况,各地区文稿质量较高的,也可设市(地区)级主编。参(协)编者可包括提供家谱者、供稿(图像)者、主要采访者、主要校对者、主要资助者姓名、籍贯、工作单位及职务、职称(金额);有些相关人员在编后记、封二里交代,特别是各支派无谱无祠而聚居,但发挥采访作用的宗亲代表,捐助数额不大或工作量相对较少的人员。

编委会主任、主编平时注意记录大小事项,鸣谢一个也不能少,由此也能反映浙江杜氏的团结凝聚力。

编写凡例　责任人:主编

凡例内容,包括宗旨、各卷编写主要内容、标准要求和条目式体例规范。

具体编写前有基本凡例,编写过程中逐渐统一观点,不断完善成型。

浙江杜氏综述　责任人:主编

主要综合各地杜氏概况,按始迁祖迁浙各地时间顺序,介绍各地根系;分类介绍有代表性的著名人物,尽量兼顾平衡各地宗族;分类介绍各地家风、文脉。

待初稿成型,一校稿形成时,再撰稿。

第一卷　图像　责任人:主编(统稿者)、各地编纂者(地市级总编)、各宗族协编者

卷序

始祖杜伯像　浙江各地杜氏先世像（墓）　浙江各地始迁祖像（墓）

浙江各地杜氏分布图　用不同颜色符号和标线，区别本宗发源地、分迁地。

浙江各地杜氏地域图

各地旧家谱已有杜氏族居地的地域图，或经回忆用钢笔画描绘出来的杜氏族居地示意图、无人机拍摄的全景照。现在村域图，要标注杜氏相关的四至、山脉、河流、桥梁、古井、水库、古树（风水树）等地理状况，杜家自然村或房派宅居等聚居状况，宗祠、学校、文化礼堂、始迁祖墓和公墓地、庙宇教堂等文化史迹，非杜氏直接相关的不要注明。自然村规模很小或杜氏在本村人数比例很低的，一般不要地域图。

第二卷　溯源　责任人：主编、地市级总编、各宗族协编者

卷序

"杜"字说　"杜"字的产生和流变，本义，与杜氏相关的成语典故。附：杜氏图腾（增加文化趣味）。

杜氏得姓　得姓各说并存。

杜氏郡望　包括各郡望下历史名人。

杜氏通用联　与杜氏源流、郡望、典故相关通用的对联。

浙江各地杜氏先世源流　责任人：地市级总编、各宗族协编者

源流、脉络比较清楚无疑的宗族。首先要尊重宗谱，经考辨，没有其他史料证实其先世源流正讹，虽似是而非，也客观载录家谱中先世之说。

浙江各地杜氏先世源流考辨

源流、脉络比较模糊存疑，或有攀附、傍名人等的宗族，要另外写考辨文章。遵循历史是前提、根本，其他历史文献证明该家谱所言先世源流缺乏依据，实属攀附依傍的，则指出家谱有此说，但历史文献如此说。总之能清则清，或各说并存，但不持无稽之说。

第三卷　世系　责任人：主编、地市级总编、各宗族协编者

卷序

浙江各地杜氏宗支迁徙概述

按始迁浙江年代先后，先宗后支。简叙始迁祖家庭、迁出地（方位、历史地名和现地名）、迁徙缘由、经过及迁入地；始迁祖事略；本宗浙江各地杜氏

行第汇录；发族繁衍辈代数、现有户数、人口、主要从业等状况；族内主要房派及房长事略，以及分支外迁地的支祖及事略、迁徙缘由，该支系基本概况。支系现在已经另外开宗立派，甚至有谱的，作为单独宗派简介。

第四卷　宗谱　责任人：主编、各地编纂者、各宗族协编者

卷序

浙江各地杜氏家谱简介

一谱一（或二）图（封面或代表性内芯）一提要及目录。写法参见上海古籍出版社版《中国家谱总目提要》，顺序按各地排列。

浙江各地杜氏谱序选录

先提交复印件商量而定。一谱一文或二文，录入有宗族源流、修谱历史等文史价值的。不选录泛泛而谈的，或仅叙述本次修谱过程的。

浙江各地杜氏家谱凡例选录

先提交复印件，再选择有代表性的，望族为主，适当平衡各地。

第五卷　规训　责任人：主编、各地编纂者、各宗族协编者

卷序

浙江各地杜氏宗规族训选录

宗规族训，基本上是儒家观点，内容大同小异，现代通谱宜有所取舍，宜以望族为主，兼顾各地区，内容有特色的必录。先提交复印件，经编委、专家商量，综合统筹而定。如有代表性家风故事，经主编统稿时改写后收录。

浙江各地杜氏旧谱规章选

旧谱所录义田（山）、义庄、义塾、义医、义桥、救火会、平粜会等各宗族慈善公益机构的文章、有代表性的规章制度。

第六卷　传记　责任人：主编、地市级总编、各宗族协编者

卷序

根据收集资料，分两类记录：一是传记；二是表记。

传记

各地入传人物先后顺序：按迁入浙江朝（年）代先后，再按照先宗后支，后不知迁出地的宗支。即不完全按照行政地区，也不按人物事迹分类，以体现通谱特色。各朝代人物按照出生顺序（同生年者以卒年区分先后）；已去世的著名人物，传略后载录墓志铭或行状等。当代已逝世的人物，要有照片和证书

照片。

入谱人物标准、条件宜专门制定。以旧志人物、当地新编镇乡及以上史志人物为主要依据，包括进士、举人（仅载家谱，要备注）、近现代知名工商人物、慈善公益乡贤、知名知识分子、“非遗”传人、文学艺术家、运动员等、中校及以上军官，部分参见《当代浙江杜氏人物录》。影响力很大的政治类反面人物，酌情处理；刑事类不予考虑。写出人物小传内容要点和样稿，供各地参考。

附表：浙江杜氏科举录

对象为进士及类进士、举人及类举人，以各地方志、进士录为准；仅见家谱的，附备注。项目：朝代、姓名、籍贯（县及以下）、科举类目、中式时间、主要官衔。

附表：当代浙江杜氏人物录

在世有一定名望人物，对象包括英雄烈士、正县（处）级及以上领导、年销售上亿企业家、正高职称专家、正团及以上军官、二等军功获得者、省级及以上学会会员、省级党代表、人大代表、政协委员（地市政协常委）、省级“非遗”传承人，新农村建设、慈善公益、保护文物、见义勇为、自强不息、教子有方、孝子贤孙，创造发明、科技农业、商贸服务、体育竞技、艺术专长等方面品行、专长、事迹突出者，荣获省级及以上表彰、省级媒体专门报道者，当地乡村乡贤。按地区、县市区，各地填表，各地协编者核实各种证书复印件。

附表项目：姓名、生卒年月、籍贯（县及以下）、主要及最后工作单位、职务职称、主要成果或荣誉。

第七卷　宗祠　责任人：主编、各地编纂者、各宗族协编者

卷序

浙江各地杜氏宗祠简介

概述地点、建筑布局、建筑特色、堂名、主要匾额、主要楹联（反映源流、族望的必录），200 字以内，供统稿。

浙江各地杜氏宗祠记选

一祠一记，旧谱记录为主，望族或现存的祠堂记，必录。

提供黑白照片两张：正面为全景和正堂。

第八卷　艺文　责任人：各地编纂者、各宗族协编者

卷序

浙江杜氏诗文选

按照不同朝代、不同作者生卒顺序。收录能反映当地人事物景、风情，有相当历史文献价值和文采，适当平衡浙江各地，以古旧诗词、竹枝词等为主，包括学校记、别集序等。当代诗词先提交复印件，征求专家意见后酌情录入。浙籍杜氏文学史上有名的，收录代表作，并收录与家族、家乡乃至浙江相关的篇目。

附录：浙江杜氏相关诗文选

有相当知名度的非杜氏作者，直接写浙籍杜氏、世居地的诗文，宜收录。先提交微信拍摄图片或复印件，经编委、专家议定后，再打印为妥。

附表：浙江各地杜氏著作名录

一、古代。二、近现代（1840—1949）。三、当代，包括人文、社科、科技等。事项：朝代、作者、籍贯、著作及印发、出版单位、出版时间。

卷末　责任人：主编（统稿者）、出版社编辑

参考引用文献资料（各位撰稿者提供）

索引

浙江杜氏家谱索引

浙江杜氏人物索引

编后记　责任人：主编

通谱编写的过程、大事要事，感谢了通谱编写出版做出各种贡献的人物。

资助鸣谢

封二：可突出对资助出版者（企业和法人代表）鸣谢，有图有简介（视情况而定）。

（二）工作步骤、成果及建议

通谱修编的工作步骤及成果，要发挥各地杜氏文化研究者的积极性和专长，可分为三步推进，每个阶段形成不同家谱成果，最后编成联宗谱。

第一步，形成《浙江杜氏家谱集》电子版U盘。各地提供宗支、房谱电子版，扫描全部浙江杜氏宗谱、房谱，单独设计书盒，内嵌入《浙江杜氏家谱集》

电子版U盘，有目录和编辑前言。

第二步，各地区编写杜氏家谱、家族、祠堂等专辑。各地调查区域性杜氏家族源流及迁徙、字辈、家谱、祠堂、名人和乡贤等情况，写成诸如《宁波市境内杜氏调查概述》等文章。区域杜氏宗谱遗存较多，旧谱保存完好，所记内容丰富的，可单独成册。杜氏家族较少的地区，也可以合并成册。

第三步，编纂《浙江杜氏通谱》。编辑室借助各地各杜氏家谱和区域调查概述，按照纲目，各自分工落实，编纂成通谱。宗谱文献有依据，宗支迁徙脉络清楚的，则按宗支迁徙、发族先后，突破行政区划，在原宗地名目下统宗。其他宗支旧谱记载不清的，按迁入年代先后载入。

第四步，组建浙江杜氏文化研究会。建议浙江杜氏研究、联谊团体，可协调成为浙江百姓家谱文化研究会的二级团体，每年或半年一期编辑印发《浙江杜氏文化》，或者在期刊《浙江家谱文化》上发专栏、专版。

具体工作建议：

1. 由于沟通不便，组稿难度大，内容丰富，整个过程需三年至四年。因为通谱字数、印发数量、活动规模现在难以预见，筹资数量难以明确，建议分三个阶段筹资，分三个阶段财务公开，所以编委会还需内设监事3名。第一阶段是初稿形成之前，主要用于联络、编辑统筹事务、家谱资料收集整理；第二阶段是成稿至出版，编写、印刷经费、浙江杜氏家谱电子版U盘制作；第三阶段是家谱发行、圆谱庆祝及浙江杜氏文化研究会成立的活动费，可多可少。浙江杜氏文化研究会，需有微信公众号，积累一定数量、质量的文章、图片后，以书代刊，结集出版，故需成立浙江杜氏文化研究基金，最好能挂靠一家慈善会，或成为定向慈善基金，利于捐赠者抵税。

2. 编纂组，以各自家谱为重点。源流、世系以本地宗族、派支的始迁祖为核心。始迁祖以上有文献、文物的，向上追溯，但都要写清出处，必要时请黄力平等研究过杜氏的专家梳理、审稿。有分歧或矛盾的多种说法和只有本家谱一种说法的，需予以说明或者存疑，或说明是传说。

3. 各宗族参与者，以提供家谱、图像，提供本家族知名人物名单事迹等为主。无家谱的，写清原家谱的修编、毁失情况，整理始迁祖及传说、排行字、外迁族居情况、祠堂、碑文、对联等内容。书中予以简介、表彰，也会有积极性。

备注：2022年，本人为《浙江杜氏通谱》编写会议提交该交流材料。

◎ 第二届宁波新家谱编修研讨会合影

◎ 浙江省第四届百姓家谱编修研讨会合影

第四章 家谱修编的变革性

当今家谱编纂如何与时俱进

家谱

新旧转型时期的当代家谱究竟怎样编纂？当今修谱实践，尽管已经开始根本性变革，但思想认识上还是众说纷纭，比较混乱模糊，缺乏梳理、总结和理论概括。

家谱文化专家、象山张则火先生在《象山宗谱概述》里曾说："（当代）新修的部分宗谱，有的改变传统的苏欧形式，有的抛弃显示尊卑的行第，有的全民入谱（连有名望的异姓女婿、外孙皆入谱），有的改变家族渊源，有的改变祖宗名讳，有的任意删节旧谱，有的全谱世系有脱节。这种种现象不是个别的。这些'改革'，由于缺乏宗谱知识，几年辛苦编出来的是'书'，不是'谱'。许多家族重修过的宗谱，将民国时期留下的精品宗谱给修改了。这是非常可惜的。"

当代家谱的现代性转型，关键在于修谱理事会和编纂者应遵循"守本应时"原则，重视并妥善解决如下十大因素、问题，统筹考虑，对体例及内容做出适应性变革：一是始祖源流、迁徙和世祖世系，如何实事求是辨析，同时尊重家族的愿望、需求；二是女儿及后人或女性如何入谱，乡贤事迹和普通族人事略如何充分入谱；三是家谱形式、版式和内容如何保持家谱的特质，"修谱如旧"有"谱味"，版式设计保持必要的敬讳和尊崇性；四是家谱出现不同形态，宗谱、支谱、房谱及村谱、亲戚谱等，编写如何同中有异；五是若有旧谱，体例及内容是否有继承地域性特点；六是家谱递修，接续旧谱，是否因袭"信以传信，疑以传疑"，旧谱文、旧家训家规如何妥善处理；七是白话文读写时代，与旧谱文言文的语体如何统一或有序衔接，是否需要文白"翻译"；八是家谱如何发挥编纂者特长，引志入谱，引史入谱，图文并茂，借鉴史志体裁，丰富存史、教化价值；九是如何综合利用当代修谱技术工具，让修谱高效，保障品质；十是家谱行文规范，如何基本遵守现代图书编辑规范要求。

需要特别指出的是，传统宗谱递修，虽有皇权更迭影响，但社会、文言语体相对稳定，所以可以因循守旧续修。但当代思想、社会、语体彻底变革，家谱若简单续修，其他不变，会导致思想观点、体例、内容新旧相间和文风不一。根据后宗谱时代的指导思想、入谱条件、不同家谱形态，当今修谱要调适体例内容，采用白话文语体，或改写旧文为今文，使家谱各卷文章、条目的记述风格保持基本一致。保持传统版式不变，旧文不弃，置于“文献”卷。

同时，家谱修编系一族一谱、一事一议，如中医门诊因人因时因地而异，具体、特殊情况还得辩证应对，灵活应变。

绝大多数家族修谱已经超过五六十年一大修的时限，为适应时代变化，故当今修谱宜以重修为主。

第一节　当今家谱体例及内容的编法

当代体例完整的家谱，一般包括下面所述内容项，分门别类记录，但要注意古今有异同，既要借鉴、继承传统，又要适应当今时代、社会和家族变化。下面按体例及内容顺序，简述当今修编应注意的事项。

1. 谱名。传统谱名，通常是原籍地名（甚至该项无）+ 姓氏 + 家（宗）谱。

当今编法说明：现今人口流动性强，则宜更加明确、规范，有区分度。县（区）行政区划名称 + 原籍地名 + 姓氏 + 家（宗）谱，但不宜出现乡镇、村的行政层级名称“镇”“村”，因为或有若干支派已从该村外迁，且镇村名称往往有调整变动。另，谱名在封衣（面），宜端正，不宜篆体、草书，书法家署名在此页也不宜。

2. 版次页。传统家谱一般无此页，当今可仿照现代书籍版权页新增。

当今编法说明：书衣背页，宜写明家谱编印基本要素。谱名，□□家族修（续）谱理事会、氏族堂号，修谱类型（续修、重修、创修）及次数（重修一般指逾五六十年大修时限再修，或旧谱已经毁失或仅有残本、小房谱再修），入谱（登记）截止期、至第几世及字辈，卷次、册数、页码数量，印制单位、年月、印数。

3. 扉页。谱名页，此页谱名允许篆体、书法家题名。此处，不宜参照现代书籍，出现理事会主修、编纂者名单，以示敬讳，避免压祖抑族。

4. 卷首图像。传统宗谱一般有四种图，且有图题、注记。（1）始祖画像及像赞，尤重始迁祖画像，须置于正页，像赞背页。（2）祖墓图，有墓穴图。（3）祠堂图，有立体结构图。（4）地域图，系手绘示意图，有四至及交通道路、山川地形和祠堂、祖墓、学校等公共设施、地标建筑物。

当今编法说明：卷首图像、照片类型，参照旧谱，要与家族直接相关、比较重要的，以避免压祖不敬或喧宾夺主。可选用高清影像地图，有条件的可采用无人机拍摄村落全景照，并注明公共设施、地标建筑物。卷首图照，不宜参照志书，出现村牌楼、办公楼等行政村公共建筑物，佛寺、道观、教堂、古桥等文物史迹及重要人物与族人合影、名人访村留影、村集体荣誉证书，修谱理事会合影、主要修谱捐资者留影等。

5. 序言。传统宗谱序言包括谱论，氏族源流及迁徙，修谱主要参与者、起因、过程和目的、方法。家谱旧序位置，续修或重修的，置于新序后。

当今编法说明：详见本章第二节“家谱修编如何规范撰写序跋”。

6. 修谱者名录。主修，即统筹负责修谱所有环节的主持人，旧为（宗）族长，当今通常为家族修谱理事会理事长。编纂，即主持家谱文本编修的执笔者。其他尚有采访者、协编者，当今一般有财务管理者、监督者等。修谱者列名于序言后，历修者名目在前，以示新的修编者对家族、家谱和修谱先辈的尊崇。

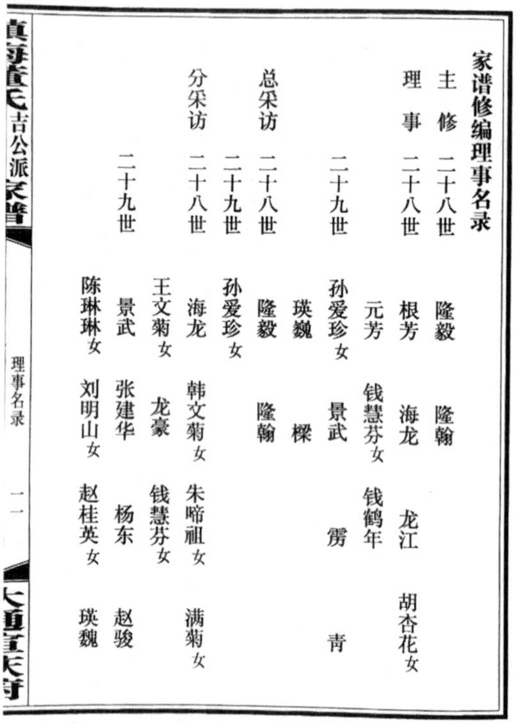
家谱修编理事名录

主修 二十八世 隆毅 隆翰

理事 二十八世 根芳 海龙 龙江 胡杏花女

元芳 钱慧芬女 钱鹤年

二十九世 孙爱珍女 景武 雳 青

瑛巍 樑

总采访 二十八世 隆毅 隆翰

二十九世 孙爱珍女

分采访 二十八世 海龙 韩文菊女 朱啼祖女 满菊女

王文菊女 龙豪 钱慧芬女

二十九世 景武 张建华 杨东 赵骏

陈琳琳女 刘明山女 赵桂英女 瑛巍

理事名录 一一

◎ 镇海董氏修谱理事会名录页照

当今编法说明：遵循传统，不宜仿照现代书籍，把编著者姓名单独置于序言之前。因为家谱作品是编纂，非独创，著作权一般属于家族。

7. 凡例。又称谱例，是修谱章程，家谱编纂的细则规定，详细阐述体例、修谱原则、记录方法和规则，涉及编修家谱的指导思想、谱名说明、入谱范围、入谱标准、选材来源、体例结构、篇目设置、图表编排、世系和世录等要素，规定版式设计（仿古籍或现代书籍）和家传入录原则、入录方法、入谱起讫断限、行文规范、卷次、分册、藏谱等，一项一条，细则明确。

当今编法说明：围绕修谱法则，与传统相仿。尤其要对家谱续修或重修或创修做出说明，交代当今家谱资料来源，入谱收集途径，有关资料考证、鉴别。特别要说明当代入谱标准的变革，记述入谱者信息来源，明确自主、自愿入谱原则。对不愿入谱或提供信息模糊、缺失的，予以客观说明。

8. 源流、迁徙、考辨。旧谱重郡望、堂号，如氏族源流有不清，则有考证、辨析。族人外迁定居或发族，则按世次记录第几世某某世祖迁至何地。

当今编法说明：除记录迁徙情况外，宜综合旧文、谱序等梳理氏族源流，独立成篇。若有“攀附”“杜撰”，考辨清楚成文后，则尊重家族传统，存其“据传、待考”所说，不得全盘否定。当今人口自由流动，往往与户籍、居所分离，族人迁徙与否，宜以户籍是否外迁为准。户籍迁出地，乡村写明镇名或村名，本区（县）城区写明街道名称，外区（县）一般写明区县名，宜粗不宜细。为保隐私，也为居所多变，不能写清住宅具体地址。

9. 辈行。分两种：阳行，又称名行、字辈，以别世代辈分之尊卑，通常用于取谱名；阴行，又称字行、行第，以分同代之昭穆，按族内出生顺序计数编号，通常用作同辈出生先后排序。

当今编法说明：当今是否续增辈行字，根据实际需要，要符合时代变化，有教化价值。续增辈行字者，须族内外有名望且文化极高者。现今宗族男丁是否要同辈依照出生时间排序，共议决定。现今未按字辈取谱名，尊重个人意愿，或世系、世录写上其字辈，以今名为“字”。

10. 家训、家规。传统家训是家族对子孙立身处世、持家治业的教诲，注重品行教育。家规，是家族对各成员、家庭行为准则的要求，侧重于“礼”和“法”，有的具有家族性、区域性特点，有些体现宗法管理的制度。

当今编法说明：根据社会时代发展，可重新拟订新家训家规。旧家训家规中当今已不适用的部分条款，作为历史文献共同保存至“文献”卷。详见本章第三节“新修家谱如何订立家训家规”。

11. 世系图。世系是家谱的核心和最基本的内容，以图表形式直观反映家族成员的血缘关系，通常分外纪、内纪，即源流世系图、本宗世系图。传统世系图主要有四种：欧式图谱、苏式图谱、宝塔式图谱、牒记式图谱。欧式和苏式世系图，俱反映上下五服之亲、九族之系的血缘伦理关系。

当今编法说明：“五服”“九族”等家族伦理关系，古今尚无质变，故“五世一图，第五世一提（注明‘启后’或后接页码），九世两图，依此类推”的欧苏式世系图宜因循不变。当今，女儿应列名世系图，下注婚育情况；其他领养、随母姓，凡改为本宗姓氏的，原则上平等入谱，也可注明此种特殊的家庭关系。

12. 世次传。古今家谱根据内容可分为三种层次。（1）合格家谱记录基本要素：父名、长幼次序、性别、己名、生卒、婚（配偶姓名）、葬、育等。（2）优质家谱记录扩展要素：字、号、房派、迁居、学历、职业（职务职称、重要荣誉）、配偶生卒、学历、职业以及其父亲姓名、籍贯、职衔等。（3）特色家谱记录特殊要素。

当今编法说明：对德行有“片长小善”，或特殊、可嘉者，宜在该人的“世次传”下另起一节，简介其宗教信仰、良好德行（传统如守节、上寿等），身心特点、读书、从业、从军和对家族、社会贡献以及技能特长等碎片化事略。有条件的，可增贴族人头像照。世次载录信息要素，尽量齐全，但详略与否，由提供个人、家庭信息者自主决定。对离婚、再婚或领养、过继、随母姓等姓氏改动、非婚生子女等复杂情况，也可以以委婉方式逐一具体说明记录方法。

13. 传记。近代家谱引入的方志体裁。旧谱有“行状、行述、行实、志略、墓志、祭文”等体裁，或抄录国史、方志人物传。立传对象，家族成员品行卓著，“方行可书”，或事迹全面。一般分为三类：列传，家族男性；内传，家庭媳妇；外传，外嫁女。宜参照方志编纂规范“生不立传”。

当今编法说明：旧谱传记，原则照录。立传者名单须理事会通过。其他照旧。

14. 事迹志。旧谱通过寿序、贺序、事状、自述等体裁，记录在世者事略。

当今编法说明：要记录年高德劭在世者，或年轻有为，或有大功于家族者具体事迹，但通常不写其家庭成员情况。传统家谱对族之恶人甚至通过空格、小字注、符号或缺笔等特殊形式委婉表达，以示惩戒，通常在凡例中逐一详细说明。当代被法院判刑的族之知名人物宜区别对待，除犯有强奸、遗弃老幼等违反道德人伦方面法律、法规者外，其他曾被判刑之知名人物对家族或为社会有过贡献的，可入事迹志，但述而不论，不做评价，如实载录其生平、履历、事略。尚在服刑者，则不宜入事迹志。

15. 人物表。传统有儒士、科举、仕宦、耆老、烈女等名录，通常置于卷首突出位置。

当今编法说明：可按照一定标准、条件，分类为大中专学生、高级职称专家、科处级以上干部、工商企业经营管理人才、服役退役军人、高寿者等设计一览表，予以简介。子、女、媳妇均可列入。

16. 艺文录。旧谱专指家族类文学作品。传统宗谱普遍精选、收录族人所写诗文佳作、咏村景诗和祠堂对联等，以传承家族文脉。或有异姓文化乡贤、名人为族人、族事、族居地所写诗文。

当今编法说明：当代家族类作品，从文学扩大到新闻报道、书画、歌曲、著述等文化艺术领域，宜分类附录族人创造性文化成果，或载录代表性作品目录、著作提要。

17. 文献录。旧宗谱通常只有“艺文”或“记”，以及契约、规约、族产等文献，无“文献”专卷。

当今编法说明：旧谱文载录的旧序、族规、族产、契约、风俗或朝廷诰敕之类谱文，有些不合时宜而有历史价值的，或与重修家谱白话文语体不一致，宜旧文不弃，设“文献”卷。如近现代媒体对该族人、族事、族居地新闻报道相当丰富，该卷可做目录索引。

18. 世居地。旧谱偶有谱志一体，设“外编”各卷次，分类记录族人世居地，重在记录沿革、地名、地理、交通、人物、经济物产、古树名木、祠堂等文物史迹、学校等，公共性、地标性、历史性、文化性的条目，语言简明扼要。

当今编法说明：家谱记述世居地，不能面面俱到，篇幅比例与正编要详略得当，避免喧宾夺主。可随文插入村方位图、影像地图等示意地图，村牌楼、办公楼等行政村公共建筑物，佛寺、道观、教堂、古桥等文物史迹和著名乡贤等照片。

19. 大事记。旧谱一般没有家族大事记，或有祠堂记、修谱记，义庄、火龙会、私塾或私立学校创办记等。

当今编法说明：引入史志体裁，记录家族内源流、迁徙及修谱、修祠、修祖墓等家族类，办学、造桥等慈善公益类，文物保护、“非遗”传承等文化遗产类，和族居地五大文明建设方面的大事、要事、新事、特事（也记灾事），以及集体、个人荣誉。可随文插入重要人物与族人合影、名人访村留影、村集体荣誉证书，修谱理事会合影。

20. 功德录。旧谱一般按丁口或按房收取修谱费用，近代或有族人之工商业主资助修谱，家谱序跋或族人传记、事迹志记录修谱主要资助者的贡献。

当今编法说明：通常专设“功德录”，逐行或表列捐资人姓名及数额，一般按捐款额多少分先后。其下总计收支结果。适当表彰重大修谱捐资者，如个人或企业留影、简介。

凡例

一、本谱系鄞东咸祥朱氏池头派球东书道房谱。池头派祖，系震修公幼子回传公；书房祖，系始迁球东外塘外六份的行光公第五子学厚公；道房祖，系学厚公次子允萃公。此后三代单丁，至今繁衍七世，瓜瓞绵延。详见卷首之辨说、同里胡纪祥所撰《球东外六份朱氏源流考辨》文。为尊祖敬先，铭记根脉，敦睦亲情，弘扬家风，新创是房谱，名之以《咸祥球东朱氏书道房谱》。祖堂名沿袭池头支祠曰：敦本。

二、谱之扉页题词，管江杜镛文谨撰，书法家张忠良题署，一为家训，二赞韶卿公，三述家史，总而论之，可谓家风概要。

三、谱之首要为敬祖，以不忘所自。故本房谱卷首，恭陈旧谱遗存的迁鄞一世祖夔公肖像，及新发现的志刚公画像，韶卿公旧照，并新绘制韶卿公标准像；恭摄、印制善璋公、志刚公、韶卿公墓，和祠照镇域图，并新撰先世诸公像赞；而卷末复印韶卿公之手迹，以睹墨念祖。承先启后，

咸祥球东朱氏书道房谱 卷首 凡例 二 敦本堂

于卷末印制韶卿公后人之像照、合影。

四、系图，起自一世祖夔公，至于廿七世。五代一图，九代二图，以明亲疏。名讳下备注字号、性别、迁居地、功名、是否有后有传介等血脉及主要信息。

五、世传，较传统宗谱所载字号、功名、房派或迁居，生卒、婚姻、墓葬、生育外，尤详主要工作职业、职务、职称和荣誉等。族之优秀者，视其生卒，说明详见家传或家传卷之简介。

六、鉴于现今男女平等，自韶卿公后子女，按出生先后顺序排序，无论男女，先长后幼。朱氏女儿，载入世系、世传，注明性别；所适配偶写明籍贯、父名、本名；离异者，以曾适、曾配表示；所生育子女，即外甥、外甥女，注明姓氏，以示区别，且不独立载于系图、世传。亲家、女婿和外甥辈异于常人者，括注其高等学历、主要职务职称或荣誉等。外甥辈及以下不录，可见其姓氏家谱。

七、入继、出继，原则上标注明确，既以载明于继父下书入继，于本生父下书出继。旧宗规子已出继，本生父派下不再分房。第十九世祖行光公次子学坚公，乐房，后出继叔行祥公，应另有房名，但据地名，似继续同居于外塘外六份。

八、生卒年月日标记方法，清朝及以前朝代的，用历代皇帝年号、农历时间。从学厚公起，生卒括注阳历年份。中华民国起至今朝，用公元纪年月日。

九、进谱者及其世传信息，自愿提供，经填表登记、采访后录入，止于二〇二一年八月底。因社会剧变、文化断层、族人迁居流动、家庭关系复杂，且对合房修谱，房亲理念异同、文化参差，故修编者尽心尽力，但不免有的不愿入谱，有些世传信息故意缺省，虽屡经动员解释，但终须遂其所愿。或有错讹，有心者读谱后，可暂自行标注明确，或补充不详，续修时再予完整、改正。

咸祥球东朱氏书道房谱 卷首 凡例 三 敦本堂

十、本房起自一世祖下至绣字辈之德行优秀者，无论男女，均系房亲榜样，据提供资料之事略，经编修者共议公允，整理后载入卷三家传，逝者传略，生者简介，以弘扬家风美德。

十一、卷首之辨说、宗祠、家谱和卷四文献，尽载本宗本族本房和本土直接相关的人事物景等序文、诗文；卷三世传，备述房亲的学业和先世办学、业儒事略，且于卷四文献附检索所知韶卿公、文龙公中医论文目录，亦以传族之文脉。

十二、当代后人流动、迁居频繁，散居各地，但咸祥镇及池头、球东系书道房裔孙之原乡，特于卷首附镇域图，设卷五世居，概叙镇村、街市、寺殿、学校、桥亭闸、特产等，以载乡愁、地脉。

十三、按旧例，家谱小修二三十年，大修五六十年，期间族人生育、嫁娶、卒葬、学习、就业诸新生事项，各房各家可于卷末余庆录及时记录。

十四、当代家庭女方一系长期抚养血亲，非血缘却厚助深交之情形频

◎《咸祥球东朱氏书道房谱》凡例 页照（有删节）

21. 领谱志。旧宗谱有领谱字号，以千字文、天干、地支、自编诗、数字等编号，登记造册，以便保管核对，以免污损、伪造、出卖。或有读谱、晒谱、藏谱等具体规定。当今可循旧例。

22. 余庆录。旧宗谱封底前留空白页若干，以记圆谱后出现的新生人事，如新添丁口、新婚嫁娶等。当今可循旧例。

23. 编后记。即“跋”，古今同例。记述编修始末，包括起因发起、组织实施、方法步骤，感谢修谱理事、编纂、捐助、印制者，修谱体会及对后代期望等。署名宜修谱理事会或主修、主编，视实际情况而定。

上述体例及内容，修编者应根据旧谱是否遗存，续修、重修还是创修，编成宗谱还是支谱、房谱、亲戚谱等各种情况，修编者条件、能力特长，做出恰当选择。

传统宗谱尚有其他体例，其内容大多与当代相去甚远，宜按照“旧文不弃”原则，分类妥善对待、处置。

1. 谱论。旧宗谱大多专门辟有“谱论”目，专收先贤谱说、谱论、谱议。如北宋欧阳修的谱论：“族有谱牒，则人之所出；知所出，则知尊其祖；知尊其祖，则知爱其身；知爱其身，则慎行修身。自不容以不懂，非徒以昭姓氏，序昭穆，别亲疏，同异而已也。”家谱收录谱论，属于知识性的辑录，有些观点也不合时宜，但有价值。当今修谱，一般谱论网上检索方便，可不再列专目，旧谱谱论留存于“文献”卷。

2. 恩荣录。历代皇帝对修谱家族的官员、烈女及家谱的敕书、诏命、赐字、赐匾、赐府、赐诗、赐联、御谥文、御制碑文及地方官府赠谕文字等，反映该家族及其成员的社会地位和身份，炫耀家族祖先的光荣历史，教育后代不忘君恩，一般置于家谱显要位置，或卷首，或专卷。皇权社会，恩荣录是家族及其成员的荣耀，当代社会强调平权，重视人权、民权，故修谱时宜编入“文献”卷。

3. 五服图、家礼图、大宗小宗图和天干地支、皇朝纪年等。旧谱常见这些与家族伦理、家谱有关的知识性载录。当今网络搜索便捷，有些也不合时宜，可删除。

4. 风俗志。旧谱有全面记录当时乡土风情风俗的谱文或专卷，宜置于“文献”卷。新修家谱也可考虑设专卷，记录当今当地风俗。

5. 祭祀。如祠堂世祖神位、配享、附享，祭祀仪轨、祀田、祭文等。祖宗祭祀活动，已经消亡的，可把相关旧文置于“文献”卷。

6. 族产。旧谱或有记载宗族义田、义山、义冢地、祠田、祀田和会社公田等，或族之土地、山林、房屋、宗祠等财产权属争讼的内容，属于家族历史资料，宜置于“文献”卷。

入谱截止时间的确定，旧时一般比较方便，就是按照公告或定点、集中登记时间后结束。但当今因为族人在外流动频繁，入谱意愿有强有弱，入谱信息登记情况比较复杂，入谱截止时间就不能简单了事，是否合理妥当，事关家谱中的家族成员信息是否准确与完整，也会影响到一些家族成员的归属感。入谱截止时间的确定，一要根据是宗谱还是房谱，即家谱规模而论，人数多且分散，定时宜早；二要考虑家谱的编修进度，顺畅能及时完成的，定时宜早；三要听取理事特别是采访者的建议，具体情况灵活对待。一般情况下，入谱截止时间，宗谱宜在第一次校对结束时，房谱则在第二次校对结束时，以确保所有入谱家族成员的基本信息收集齐全，避免截止期后新生的信息不能及时入谱的情况。具体时间约在圆谱发行前半年以上（需预留校对、印制及发行时间）。要提前把确定的入谱截止时间正式通知所有家族成员，并在家谱凡例中写明。但家谱修编过程因各种原因拖延数年的，应该补录新生信息，或者家谱卷末内设余庆录等，请各自随时补录。

家谱内容的校对，要特别重视每个族人普遍关注的个人、家庭信息常见差错：一是入谱者名字的同音别字；二是族人生卒时间的阳历、阴历纪年；三是当代学校名称的变换；四是电脑字体快捷转化后，为防止世祖名字等字义变化而须保留的繁体字、异体字。前三者的校对，可考虑以祖父下的房族为单位，汇编形成每房世次录，并增发其祖父以上直系世祖至始迁祖的世次录，类似旧时的“小房谱”，请各户再次核实个人信息，既减少差错率，也会有积极性。

谱书的结构，即组合形式，也是体例的重要内容。从体例内容上，分为谱头（体例 1—10，主要有图像、序言、凡例、源流、辈行等）、谱身（也称“谱堂”，家谱主体部分。体例 11—17，主要有世系、世录、传记等）、谱尾（体例 18—23，包括外编、卷末，主要有世居、功德榜、藏谱志、跋等）。从每一卷次上，家谱主体基本上是以分族、分类记人记事为主，分为类目、条目等层次，或有编年、纪传、纪事本末等体式。印制时，一般谱头、谱尾各 1 册，或视篇幅情况，谱头、谱身的传记、艺文、文献部分与谱尾合为 1 册，家谱主体的世系、世录各自成册。

也可按照家谱体例，谱头1册，家谱主体分为世系1册、世传1册，传记、艺文、文献合为1册，谱尾1册。具体要看各种体例的内容篇幅，适当平衡谱书厚薄，装订成册。

家谱修编流程。（1）前期准备工作，寻找旧谱，召开修谱筹备会，明确理事会成员人选及分工计划、筹资办法，确定采访、主编、协编人员，统一入谱细则。（2）召开户主代表会议，通过理事会名单及分工，宣读修谱告族人书，介绍修谱工作计划、入谱细则，发动捐款。（3）理事会成员、采访人员首次集中进行采访填表培训，先行填表；编纂者逐一指正，案例培训。（4）固定地点（如村办公区、老年协会活动室等）、时间，入谱家庭、人员前来填表，负责录入者逐一问询、指导填表。（5）采访人员分组入户填表，编纂者审核指正，再次培训录入者或采访员。（6）家庭、个人信息征集基本完毕，世系图、世传初稿形成，再以祖孙三代为单位，形成各房简谱，请其校核，保留小房谱审核稿，并再次动员观望者入谱。（7）第二次征集资料，或检索收集各种文献资料，为人物立传，或编纂事迹志、人物表。（8）接续旧谱，梳理源流，撰写序跋，辑录文献，汇编艺文，概述世居地，拍摄插入图像等，形成文本稿。（9）请专业家谱公司印制，理事会校正，正式印制，定制谱箱（谱套）。（10）举办请谱、圆谱仪式活动。有条件也可开展转化应用工作，如家谱联谊会、家族公益基金，读谱、晒谱活动等。

第二节 家谱修编如何规范撰写序跋

当今家谱修编，在序跋撰写方面也比较混乱，如作者的选定及篇数，文白语体和谦敬辞的使用，白话文是否精练，序跋内容、每篇字数是否适当，包括作者及写作时间的落款，都需要引起修谱理事会的高度重视。

家谱的序跋，相当于一本谱书的提要说明和总结，两者在位置、内容、作用、体裁等方面都有不同之处。序跋形式、语言、文体、作者等也有其特殊的规范要求。

谱序，一般包括修谱的缘由，如谱学基本观点、家谱价值作用和修编的时代社会背景；概述宗族、家族发展历史，包含源流与始居、重大事件与重要先贤，当代在地方的特点、影响；旧谱历次编修情况及简要评价；本次修谱目的，现存家谱来源，本次创修或重修或续修的情况及主要参与、支持、编纂者的贡献；谱序结尾，说明修谱起讫，点明修谱的重要性，告诫要善自珍藏。篇幅适中，字数一般在1000—2000字。家谱历经数修后，谱序篇数不断增多，新的居首，旧的在其后，或者为统一文风，旧序全数置于“文献”卷。

谱跋，即修谱总结，按修谱时间顺序写作，对修谱情况进行记录，提出表扬和批评，介绍经验和存在问题。具体包括：说明本次修谱缘起；回顾修谱过程，如理事会成立运作，经费筹集，收集旧谱，征集入谱材料，重要凡例、体例决策等；对本家族历史、始迁祖等做出考证、评判和定论等的说明。

当代序跋语体，一般使用白话文，能用文言文撰写也无妨，以示对传统的继承与尊崇。风格要简洁、精练而流畅，言之有物。叙述、说明、议论结合，序言侧重叙述、说明，跋（后记）侧重说明、议论。序跋要避免大量空泛的抒情议论，并适当运用敬辞、谦辞，以示对先祖的缅怀与敬仰以及对家族的敬意。

撰写家谱序跋，也是家族赋予的一种荣誉，作者要有一定名望和文化学识。当代通常由家谱修编理事长（主修）、编纂者或族内有名望之人写“自序”；理事会邀请与家族有一定关系且比较知名、学识较高的族外人士写“客序”。新序数量一般2—3篇，作者因身份地位、修谱职责不同，撰写的角度相应而异，避免过多重复。谱跋，一般由编纂者或主修执笔，或理事会署名。作者为本族的，署名时不用写姓氏，前面加“世孙”等。“客序”，介绍作者的重要职务、职称、主要荣誉+籍贯+姓名。

本人应修谱家族之邀，为主编过的家谱，或他族所自编的家谱写过如下序跋，以今日视之，有些谱学观点、写法还不够成熟，作为案例，仅供读者参考、指正。

《余姚三七市项氏宗谱》（稿）序

自己丑年（1949）鼎革以降，迄今七十有年，宗法分崩离析，宗谱成“四旧”之一，既清扫而百姓罕有能见之者，至今已如“盘中之菜”，好之鄙之漠然置之者兼而有之，而新修续编者乱象丛生。乙巳年（1978）始，实行改革开放，经济市场，社会剧变，百姓多离土离乡，流动迁居几近常态，从业多元，阶层分化，婚姻关系复杂，生育意愿下降，而国民文化认知普遍跃升，且国家治理依法，倡导人权、民主，政府保障民生，民间互有救济，数智科技发达，社会、生活观念形态转型，社会呈千年未有之大变局，俾宗支形同陌路，房派难以维系，家庭核心二代，遂使修谱由血亲唯一、男子至上而以血亲为本、家庭为主；由敬宗尊祖、敦睦互助、显亲扬名而凝聚亲情、传承家风，关注家族历史。现代家谱本质属性改变，价值功能转型，而方法、技术亦趋多元矣。

现代家谱欲成传家之宝，则需凸显“三脉一风”，即以世系、世传明血脉，以世居、地情明地脉，以学历、艺文传文脉，以家训、贤俊传家风。而新编家训，既承谱家崇仰道德教化之初心，更需顺应现代市场经济和法治社会、公民社会、学习型社会之风。故现代修谱切忌墨守成规，泥古不化，以成孤芳，甚或遭民众之遗弃。谱事须直面时代，面向未来，促进多元知识论、方法论之交叉融合，吐故纳新，以开家谱知识、方法之新境，而育谱人崇本、创新之群英，使当代家谱既能守正，亦能应时，且具家风传承之特色，俾旧式家谱新生于当代，如此则现代修谱能广获民意，蔚成新俗，复能风行于世耳。

今余姚三七市项氏欲修其谱，理事会于续谱新编及上述之愚见共允响应。余遂研读其旧谱，引以为传统宗谱之典范，故悉存其原有所志，而新设凡例，重新卷次结构，新立谱名，续之以民国成谱后新生人事，考订源流、迁徙，增删传记、诗文，于进谱者依法、自由、平等、民主，实录人事现状，以希冀契合现代伦理，尽显时代气象。

原慈溪金川，易名为余姚三七市，已逾六十年。项氏自晚清至今，游业侨寓乃至外迁者甚多，大多家兴业旺，代有人才，而蛰居金川者谋生不易，然项氏游业为富而仁者相继，若太仓茜泾祥林、祥华两公，敬宗睦族，回馈桑梓；若义乌尚经宗璇公支，寻访祖居，始创宗谱；若十一世祥豹公支，积赀财而返乡谋公益。而祥豹公曾孙建中尊兄，出生于沪上，儒商之后，徜徉官场数十载，素重文化教育，历有政声，而后畅游商海，营谋有方，又屡有善举，虽久居沪杭，然未忘根本，既新葺旧居，又感念于曾祖九十年前总理修谱，有“后有继二君（祥林、祥华）之志而续修之者”之叹，决意不负先世之深望，毅然主修宗谱且出资助印。

丙申年（2016）秋，经由项咏康尊兄、堂弟杜建法牵线，尊兄建中虽素昧平生，屈尊枉驾于鄞南鄞城院（区委党校），于谱事相谈甚欢。余以为盛世当修谱，此亦积德行善一桩，己有余力，遂欣然应允不辞。其间，项氏宗亲因散处各方而采访困难，尊兄商务繁忙，而余亦兼以修志撰稿，事务繁多，故编纂时断时续。然终有尊兄咏康襄助，其殷湾宗亲项志卫贤兄时有垂教，余因此不敢稍懈，益自慎微探究，于庚子春节因病毒肆虐而禁足之际，闭户笔耕，初稿编毕，迄今即将告竣，现爰缀数语，述其大略，以序其端也。

庚子年春月　鄞州管江杜锺文撰于梅熟堂

《管江杜氏忠房谱》序、后记

序

寻根认祖，慎终追远，乃人之本性。盛世修志，小康续谱。21世纪以降，各地宗（族）谱续修或新修之举纷呈。管江杜氏立村迄今近千年（一说六七百年），世代重视修谱，虽屡经劫难，赖天一阁珍藏的民国时续修《管江杜氏宗谱》十八卷和本村残存宗谱，杜氏今人方能得以追溯源流，新修谱牒。改革开放已逾三十年，地理依旧，世事巨变。经济多元，由农耕转为亦农亦工亦商。社会开放，人员不囿于一地，因就学、创业和婚姻不断流动迁徙。生活渐趋小康富裕，人口急剧膨胀。教育事业发达，人才俊杰提升渠道广阔，由单一的读书为官而呈多层次、多样化。故要编修宗谱，已属浩大工程，若非人、财、物诸多因素有力综合，几近奢望，实属不易。

三十一世培铣公，属管江杜氏御三房派教房系忠房下（信房出继），忠实敦厚，勤劳俭朴，重教崇学，爱亲睦邻，其德行为乡邻所称颂，并蔚为家风，福泽后代。子孙繁衍，秉承公之遗风，学业、创业和工作多有所成，且合族团结，人心凝聚，乡里公论。故三十三世兄弟姐妹共同发愿，合力新修忠房派谱。

家谱修编于变革时代，既要继承，又需创新，客观存录丰富信息，如男女平等的时代精神，因计划生育国策而致的血缘关系，人口迁徙流动的常态化，及学习、就业方式多元化，人才结构的多样性等。文本形式，既要满足对谱牒的怀旧心态，又要符合当下的阅读习惯和趣味。为此，本谱对今编世系、世次按男女平等的原则，先男后女，一并收录，且对女儿一脉以附录方式介绍。世次据旧谱外，对谱主主要学习、工作经历和职业、现居地等翔实记录，以益于存志、修身、教化，激励后辈努力学习进取，不断奋发有为。本谱录入若干有关管江诗文，以助我辈全面了解生养自己的家园，增进爱乡之情。

我有幸主持本谱的新修，梳理家族的血缘、家风和地脉、文脉，研读文献资料，采访编写之际，不断提升自己对家族精神和乡风民俗的认知境界，对幸福人生的理解和感悟。此乃责无旁贷的奉献和义务，亦可谓丰厚的回报。

培铣公孙钟文字建海

二〇一一年十二月

后记

20世纪80年代中期，我受党支部、村委会之邀，经采访，参考残存于村的《管江杜氏宗谱》，编印了《管江村简志》，由是对地方文化和杜氏宗族源流产生了浓郁的兴趣。21世纪初以来，我搜集到珍藏于天一阁藏书楼民国初期纂修的《管江杜氏宗谱》，洞悉了自己家族的世系；通过宁波大学张如安教授，了解到宋末元初我们管江杜氏的世祖、诗人杜国英著有《东洲诗集》，并收录于《永乐大典》；阅读全祖望文集，知晓明末清初管江“三烈士”惊天地、泣鬼神的忠义壮举。于是业余开始编写《管江志》，至今该志基本编就，由于在职事务和文史编研较繁杂，仍在继续补充完善。有人提议续修杜氏宗谱，基于此事纷繁复杂，非在职人士所能承担，故决计编印我们德高望重、福泽后代的爷爷培铣公忠房谱，旨在自溯血缘根本，凝聚同族人心，弘扬家风美德，热爱家乡故土，传承人文精神。

谱牒的修编，须抱以客观公正之心，让修编过程公开化，族亲共同参与其事，不然是对家风的亵渎，也有悖于谱牒修编的旨意。本谱的修编集思广益，第三十二世忠房在世的长辈们，十分肯定这项继往开来的工作，一致认可本谱所体现的体例和内容。第三十三世孙建定、建春、建法等予以积极协编，共同参与采访、拍摄照片和讨论完善，大力支持本谱的印制。各位族亲等根据纲目及编纂的要求，踊跃提供各自的世次资料。顺利问世的本谱，可谓我管江杜氏忠房一脉同心勠力的结晶。

本谱分发给忠房下第三十三世。请予珍藏，勿轻易外借。

培铣公孙钟文字建海

二〇一一年十二月

《鄞南横溪王氏江房谱》序

盛世修谱。但时世之盛，至今尚限于经济、财富的崛起，于文化复兴言，则仍渺然远矣，修谱亦如此。当下修谱热渐兴，各家族不乏出资相助者，但主事者多属“文革”青少年，热诚高而学养多不济，于修谱缺常识，或难以卒读旧谱，甚而连旧谱也未曾所见，故遑论承继传统，与时俱进。于是世上新谱因袭旧谱，或任意胡编，或盲目创新者，俯拾皆是，乏善可陈。谱事乱象丛生，究其原因，乃是家谱自产生以来，经由传家之宝到一度弃之如敝履，至今还只像是“盘中之菜”，各有所选，好之鄙之漠然置之，兼而有之。现代修谱还属于自发的民间行为，理论、技术、规范的研究和提炼以及培训、推广，严重滞后于生动广泛的实践。

现代社会修谱须先研究现代社会之变迁。就现代社会论，如社群空间，由封闭转而开放、流动，离土离乡习以为常；民生保障，由家庭、宗族转而家庭、社会并重；社会治理，由国法之下宗法、家规为主转而以国家法律、法规和地方政府政策、条例为主；社会阶层，由贫贱、富贵二元转而分化多元，且提升、沉沦，起伏多变；文化层次，由文盲、低下居多转而普遍提高，大多能自由读写；社交关系，由亲友为主转转而有亲不如邻，或有恩有缘结交转而亲于血缘者。就现代家庭论，家庭结构，由几世同堂转而二代同室；家庭成员，由子孙满堂、多子多福转而独生子女，女孩居多，乃至丁克、单身；婚姻生育，数量、关系由相对稳固转而复杂多样；儿女关系，由有尊卑、优先、内外转而渐趋平等、无异；老幼抚养，由男儿为主转而儿女兼养；家庭伦理，由惟长是瞻、家长专制转而更加平等、民主；家庭信息，由基本透明转而需保护隐私。就现代修谱论，若家谱根本，由血缘唯一转而以血缘为基本、家庭为主体；家谱功能，由敬宗尊祖、敦睦互助、显亲扬名转而凝聚亲情、传承家风，关注家族历史；入谱意愿，由积极依附转而自愿选择；进谱方式，由方便准确的集中采录为主转而以上门采访、分散采集为主，谱之信息不完整、不齐全、错讹者普遍。我国当今社会正经历“千年未有之大变局”，家谱修编还能守株待兔、因循守旧吗？现代修谱需要革故鼎新的大反思、与时俱进的新实践。

如谱牒类型的变革。旧时宗族谱一统天下，甚至联小宗为大宗，但现今家族人口流动、家庭关系复杂、隐私保护意识增强，宗族谱修编已经不易，而适应家庭结构、家庭伦理变化的房派谱渐行于世，有后来居上之势。现代房派谱结构、内容如同宗谱，比较完整，信息可更详，尤详于记录亲情关系和家族历史文化，家风更凸显，图文并茂，因此不同于仅记录本支系图和世传基本信息的传统小家谱。房派谱的入谱对象可更灵活，儿女关系可更平等，房派内女儿及其所生育子女关系紧密的，经本房理事会合议，凡例写明，完全可自愿自主进谱。而笔者也在探索一种完全新颖的家庭谱，采用树状或可称之为倒三角的结构，以百年五代为主要范围、对象，以父母与子女两代核心家庭为主体，向上追溯三代内各自父母的血缘亲情、人生历史，成为家庭历史、家庭教育、家藏档案的文本。家庭谱在两代核心家庭基点以上，载录三代双方配偶的各自父母信息，让家庭历史信息更加完整，家庭关系也会更加平等，适应现代家庭伦理关系的变化，适应现代家谱功能属性的转变。当然，图示及图注、文字记录的方式，可适当区分明确。

现代社会修谱要依法依规，有合法性合情理。要因族因家制宜修谱，充分预判、了解不同家族家谱现存、残缺、新修等状况，不同家族内部关系亲疏程度和组织号召、筹资动员能力、家庭婚姻关系状况，以及董事者群体文化程度和印制、收藏需求等，由此考量纂修家谱的基本结构、内容，妥善改正、处置落后于时代的谱例、文献，适应不同宗族、房派、家庭的特点，适应印刷技术和网络技术的发展。家谱的本质属性、传家功能和基本形式，要坚持、继承好。以血缘为纽带、家庭为基础不能变，世次长幼之伦理、五世同亲和九世同族的亲疏传统不会变，世传信息基本要素不能少、精练准确的语言风格不能变，等等。尤其是现代家谱作为家族、家庭内部档案、家藏文献的基本属性不能变。不然，家谱将混同于村志、家族史志或纪念册。家谱可送公藏机构，但不等同于普通史志资料，不能即期公开，须约定解密期限，一般以家谱五六十年大修一次的习俗为宜。

现代家谱要成为传家之宝，我主张要凸显“三脉一风”，即以世系、世传明血脉；以世居、地情明地脉；以学历、艺文传文脉，以家训、贤俊传家风。新编家训，既要传承中华传统道德、礼仪，又要赋予当代市场经济、法治社会、学习型社会的新要求。公民生而平等，家谱记录族中贤俊，不惟名望、富贵，凡德行、事迹异于常人者，均扼要予以记录，不能让家谱成为家族成员间名利攀比的载体。如此，现代家谱才能应时合法、同脉共情。

横溪王氏江房是宁波教育世家，近百年来，乡贤才俊辈出，于乡邦、社会造福、贡献良多，堪称现代望族。十二世王汝源先生主持，十三世诸位积极参与、合力新修的江房谱，以横溪乡贤、王家十一世江房长祥潞公及以下百年五世为主体，是江房派历史文化、人物事迹的家风实录，又成为亲情志、家族史。祥潞公下传人，则无论男女、夫妇、孙甥，尽数收录，且凡本家族义子、义女或过继、领养的传人，法定手续齐全，已易姓为王，入谱自愿，一视同仁，但编辑技术上适当有别，以不同颜色、注明性别、增加姓氏相区分。谱之卷首，印存人物、活动、史迹的大量照片，展现血缘亲情；设“世居”卷，以丰富史料，让走出家乡的子孙后代记住乡愁，知晓共同的根源和故乡，特别是与本房派紧密相关的王家大屋、正始中学及亭、塔等；“文献”卷，收录第十一至十三世房长、已故长辈的人物传或回忆录、追悼词，以传颂事迹，且表思念之情，既有详细故事，又有具体生动细节，有家风、美德熏陶之效。该谱不仅记录血缘亲人，且在卷末附有亲恩录，以便让藏谱者记录对本家庭成员有恩有缘而特别亲近之人，符合传统价值观和现代社会社交的现实。江房谱可谓坚持传承传统，合乎时代潮流，颇有家族特色，且信息资料丰富，与上述本人近十年对现代家谱编纂理念的思考基本吻合。

2001 年 10 月，我到横溪任职，主政五年，作为联村干部联系王家所在的上街村，帮助建成护圣公园，耳闻目睹咏沧先生及其后人的史迹和感人事迹，在编纂《横溪文化大观》丛书《千年横溪》卷之“横溪俊杰”编时，收录其一门三杰——横溪的正始中学创办人王兴邦先生、宁波教育家王兴廉先生、卓越的科技专家王维源先生，而当年从《正始通讯》选录钱聿棠先生关于王兴邦先生一文，诚然出于对这位人格高尚乡贤的至诚敬仰。丛书出版后，遵王兴廉先生之嘱，我上门赠予多套。《怀溪集》印毕，先生偕夫人亲自来我居室惠赠。正始中学 80 周年校庆，我受邀参加，由同学、前任校长许卫平和正始学校文化建设功臣俞光透先生牵线，有缘结识王氏江房部分后人，依稀能看到这个家族成员们虽遭受长期压抑，但自立自强的持重和刚毅。前几年，王兴廉先生公子无锋、跃先尊兄告诉我，正启动修编房谱，我即热心回应以示支持。本月初，初稿甫成，负责编纂的无锋尊兄即发邮件，继而来我办公室商讨房谱之修改完善，于我所提建议多有采纳。尽管江房谱之信息、稿源众手采集，同中有异，于谱例特质的呈现表达方式，尚有些许不尽遵循之处，但从家谱根本、基本的守正创新和“三脉一风”传家观之，仍不失为现代上佳之房谱。无锋尊兄与我同是教师出身，退休后长期帮助北仑区委职能部门编纂党史和地方史志，而我于 2016 年底于鄞州区委党校调任区委党史办（区政府方志办）工作，成了同道。他命我序其首，我亦乐为之前缀数言，以此向当代鄞南望族——横溪王氏江房派致敬。

鄞东管江杜建海

二〇一九年秋写于梅熟堂

《嵩江虾爬袋朱氏松房谱》序

传统家谱主要功能在于尊祖敬宗，收族护亲，约束教化。而当代民众因为人生之路有了多元选择，有些崇尚个性，向往自由，有的注重活在当下，则尊祖敬先观念日渐淡薄。当代民众不论性别普遍就业，又有各类社会保障覆盖，大多能自立自强，则宗族凝聚力自然涣散。当代社会法治体系愈加齐全，义务教育普及，诸多媒体传播宣教，则宗规不再有约束力，宗训功能基本丧失。家乡成了社区，宗亲成了居民，宗谱不再是民众之必需，甚至也不再神圣。这种现象，是社会由传统向现代转型之必然，况且今人大多对谱牒非常陌生。尽管如此，人们对精神文化生活的追求总是永恒的，家谱便是其中之一。于是当今一些地区民间递修、新修宗谱之俗点状复燃、参差复兴，而现代家谱的主要功能也因此发生偏移，呈现出多样性，更偏重于寻根、睦亲以及教化育人，有的甚至衍变为家族、家庭的档案册和亲情志。

当宗族不再成为维系社会治理的基石，家庭成为现代社会的细胞，昭示传统宗族谱将会逐渐衰落，而现代房派谱、家庭谱必然崛起，与之鼎立。瞻岐镇虾爬袋三份头朱氏，百多年来自咸祥镇后宅迁至大嵩江口，迄今已六代，土地少、水源短、灾害多，谋生艰难，但借改革开放之风，生活逐渐小康或富裕，对精神文化方面的追求尤为热烈。去年（2019）起，发动族人新修房谱。阅一年，房谱即将告竣，总结一下，我想收获有三。其一，寻到了根，厘清了源流。虾爬袋三份头朱氏终于明确，自己属于咸祥朱氏后宅派承恩堂人房下的松房支，松房之祖就是第十七世行躬的之楫公，而始迁祖善福公，晚清时因为生计由咸祥后宅迁至虾爬袋创业安家。同时根据历史文献，也为村名正了本——旧称虾蟆袋。其二，存录了史，注重了教化。松房谱虽是房支谱，但结构、内容注重完整、翔实，一如宗谱，尽行辑录咸祥现存各朱氏支谱直接相关的历史文献，设“世居”卷载录地脉、乡愁之记忆，亦以沿袭民国咸祥朱骧先生谱志合一的传统。家风赖人传，松房谱存录四明本宗一世祖夔公以下属于本族本支者原有之列传；始迁祖善福公及“积、锦”两辈，则无论男女、生死，皆入列传或于世传下述其品行大略。而松房下九世孙、现任宁波市教育局局长朱达，于家庭教育颇有心得，其演讲词、家书等足称家训，故予以摘录。如此，希冀让松房积善传家、孝悌敦睦、吃苦耐劳、豪爽善交、崇学向上之家风尽行显现并传承下去。其三，修成了谱，敦睦了族亲。房谱是载体，修谱是手段，过程很重要。

因为松房修谱理事会统筹周到有力，分工协作得当，族众理念统一，步调一致，行动迅速，修谱过程让族人增进了相互了解，血缘亲情得以更加凝聚，也将更加促进族人互携互助互进。此外，房谱录入的世传信息详尽，让女儿有区别入谱，增设亲恩录页等，尽可能与现代社会转型相适应。所以松房谱的圆谱，宣告嵩江虾爬袋三份头朱氏首修谱的隆重诞生，大嵩地区历史文化又增添了向荣一族的家族文献，而当代家谱文化复兴则多了一种现代房派谱。

嵩江虾爬袋朱氏松房谱的修编，理事会诸位成员居功厥伟，顾问既顾又问，不吝垂询指导。文史专家胡纪祥先生则参究咸祥朱氏各支谱，精心采访，梳理考辨，贡献良多。我有幸应邀主持编纂，提出现代房派谱修编的理念和方法，得到热烈响应，与胡纪祥先生信心倍增。房谱编纂近一年，我们心情舒畅，与理事会成员沟通顺畅，进展顺利，对松房世孙办大事同心合力，家风鲜明优良，印象十分深刻。嵩江虾爬袋朱氏松房支派虽小，但至今已不同凡响，大有希望，我们以能参与修谱为荣。

管江杜锺文字建海

二〇二〇年六月

《鄞东咸祥球东朱氏书道房谱》序

现代家谱之于传统家谱，其根本性质、主要功能都因现代社会剧变而相应变化。作为家族档案资料，现代家谱更多承载记载先世生平事略，传承家风美德的功能。现代公民的隐私意识较强，家人生平传略或简介详尽于宗谱，有些宗亲不免敏感，也易反感。现代房谱则不然，体量虽小，但结构体例完整，一如宗谱，于人事记载可更详，皆因房亲关系大多紧密，彼此知根知底，只要私藏得当，多乐见家人小传、先世事迹尽情披露，垂之于世。因此，现代社会结构“原子化”、家庭两代核心化，小房谱则更能大教化，其流行以逾宗谱之趋势，我以为毋庸置疑，故近几年参与编谱多热衷于此。

咸祥球东朱氏，亦称外塘外六份朱家，属咸祥朱氏四大派之一池头派下。清中晚期，第十九世行光公因外塘筑成始迁于此，围垦拓荒，艰辛创业，六子兴旺，遂以儒家“礼、乐、射、御、书、数”六艺分房。纵览《咸祥池头朱氏重修支谱》，近两百年，外六份朱家繁衍成族，建有祖堂，而书道房犹以家风显明著称。

第廿世书房学厚公次子讳充萃，系道房祖，晚清时人，年仅十九而卒，所配蔡氏，守节二十七载，养育儿孙两代孤儿，蕙兰比节，松柏励贞，乡里咸称节妇。第二十三世积贤公，幼孤贫苦，成人艰难，但奋力自强，好学上进。自学成才后，兴办外塘学堂，教书育人，又热心公益，两次参与家族修谱，颇具声望。他抓住机遇，好学上进，让自己命运彻底改变，也改变后世命运。可谓书道房中兴之祖。倘若没有支谱记载蔡孺人守节抚孤和积贤公换运改命的事迹，后人茫然而不知，受其教益和影响将为之衰微，而先人们的毕生付出和品行形象，如仅能口耳相传，越几世即致于烟消云散。

第二十四世锦沧公，笃学精进，残而自强，初为小学教员，急公好义，发动领导了20世纪二三十年代咸祥大嵩地区农民和盐民的反抗斗争，泽被乡农，惠及盐民。他除昧拆庙，扩校兴学，而立学医，最终成为当地名医，在咸祥老街西口开设广益诊所，被周边百姓称为“救命菩萨，送子观音”。公之两子六女，虽遇时局长期动荡，大多学历不高，但都继承祖风，颇能自立自强，好学上进，或爱岗敬业，崇教爱生，或贤惠相夫，或孝贤处亲，且不乏正义，乐于益民为公。书道房及以下裔孙，至今已有八代，继往开来，家风蔚然，鄞东、甬上皆卓然有声。

道房下松房后人朱雪松、晓茸姐弟，言行性格，为人处世，亦继先世遗风，学业、事业皆有大成。去年，获叔朱文浩、姑朱文伟等长辈响应与支持，毅然决定修编房谱，邀我担纲主编，咸祥文化乡贤胡纪祥老师具体编纂，欲承前启后，让先辈人事尽载于谱，记家风美德弘传于后。而今书道房谱编就付印，终得以悉遂其心愿矣。

时二〇二一年孟秋

杜锺文撰于梅熟堂

《鄞南荷花桥王氏金才公支谱》序跋

序

宁波一地风俗：女当家，男为主，妇女地位较受尊崇，甚至宗祠还增建有女祠。究其原因，旧时江南农耕经济，主要从事稻作种植收割，采桑养蚕，纺纱织布，畜养鸡猪牛羊以及经营店铺等，女性无一不可为。特别是近代以来男子耕读传家外，往往外出奔波，赴沪、汉、杭、津等学徒经商者蔚然成风，而妇女在家恪守妇道，勤俭持家，尊老育幼，地位益显重要，且宁波女子贫寒者亦多识字“开眼”，富贵之家识文断字者则更多，自幼就受儒家文化熏陶。

鄞南甲村王氏，系名门望族，有明一代有王阳明弟子、一代名臣王应鹏，近现代有著名慈善家王庭赓兄弟等族望；荷花桥王氏金才公支，短短百五十年，即有果艺专家兴安公、优秀校长少亭公和军工科学家国芳公、文史档案学家国华公等才俊，与良母、淑妻不无关系。古今甲村王氏懿德者辈出，著者如王应鹏母亲、太淑夫人金氏文贞，教子有方，嗜书工诗，德高望重，在浙东地区声名卓著，被誉为闺中典范、母亲楷模。

我应内家拳师弟卫杰兄诚邀，参与修编其支谱，沉浸其中，对其女性贤淑流芳体会良多。卫杰兄自幼由外婆抚育成人，事业困顿时曾获岳父襄助，爱妻信任。其北京二姑，在职时为技术专家，虽为他妇，但对本姓支谱新修态度积极，回忆祖父遗像，委托孙媳模拟成金才公肖像，且欣然命笔，作序于谱首，撰文回忆家史，外嫁女如此主动全面预谱，为古今谱事所罕见。其锦州五姑千方百计牵头联络，征集各地相关信息资料，使为数众多的锦州族人纷纷联动，其文化虽低犹提笔撰文，可谓不辞劳苦，功莫大焉。王玉华伉俪，文化不高但育女有方，遐迩闻名，名噪一时。如此闺秀，支派族人中不胜枚举。因此女性入谱、参与修谱，记载女性懿德，既是当代女性治国齐家“半边天”之所然，也是当代法律赋予女性的平等权利，理当成为现代家谱与时俱进的题中应有之义。同时当代家谱正由传统向现代转型，其基本功能“叙世次，辨房派”没变，但“收族亲”的经济、社会保障功能已失却现实基础，凝同族亲情，记家族历史，传家风美德，已成主旨。金才公后人根深叶茂，开枝散叶，分居各地，但新中国成立以来至改革开放初期，因种种原因互动走访极少，亲人不够亲近，形同路人，因此我建议支谱定位于以血缘为基础的亲戚谱，让王氏女性及后人自愿入谱，即获主修卫杰兄和长辈们的首肯。经汇集个人、家庭信息，稍作挖掘、整理，金才公后人阴阳俱盛、立德立功立言者为数不少的事实已显而易见，并蔚成鲜明家风，即予以实事求是记录。同时着重引导挖掘支祖及子孙三代故事，简介第四代 20 世纪 60 年代及以前出生的事略，甲村荷花桥王氏金才公支敢于开拓创业、务求精诚专业的家风特点跃然纸上，亦以弥补荷花桥旧宗谱和续谱叙述人物事略单薄之欠缺。此外本支谱内容完全，结构完整，一如宗谱，并尝试以现代书籍方式仿旧谱印制，让今人阅支谱、明旧谱，对传统谱牒文化不至于茫然无知，又图文并茂，藏携简便，便于传家。

望族之盛在于重视传统、放眼未来，当下则须家教有方、好学上进和创业创新、自强不息，鄞南甲村王氏金才公支便是例证。而卫杰兄作为青年企业家主修支谱，不是仅出资出力了事，而是全面统筹，撰文写稿，实地寻访，直接而深入，如此恢宏先绪，必定克振家声，垂裕后昆。1976年，甲村荷花桥附近石秃山出土的两千多年前文物“羽人竞渡”纹铜钺，象征着“龙舟文化之乡”云龙甲村人不畏艰难、团结协作、奋力拼搏的精神，本支谱编写过程，也正是此种精神之具体写照。

鄞东管江杜锺文

二〇二一年十一月于梅熟堂

跋

我曾在1999年夏调任鄞县云龙镇镇长，两年后又调任毗邻的横溪镇党委书记。地处甲村的荷花桥村属于云龙镇。改革开放初期，横溪区原甲村乡，包括荷花桥村的个私民营经济起步早，后来鄞南许多知名企业由荷花桥人创办，譬如今日上市公司博威集团等。但当时附近古村甲村和“全球环保五百佳”的上李家村名气更大，荷花桥工业经济勃发的原因至今也不为人所熟知。

这次因内家拳拳友王卫杰兄之请编纂其支谱，屡次阅读其原谱序跋和新修宗谱，实地走访村境文化遗存，特别是研读金才公孙辈的回忆、自述等文章，才渐知现今该村振兴如荷花绽放，除了时代因缘际会，还有诸多人文地理的历史背景。

其一，重视精神信仰。该村光绪年间建有都神殿，百姓虔诚祭拜诸神，现在改建为普光佛庵，还有慈善豁达的弥勒佛殿。有了精神信仰，既求消灾护佑，更会心存敬畏，行讲诚信，以德为本，踏实肯干，这也是近现代以来宁波商帮事业兴旺发达的精神基础，当然也是荷花桥人尤其是金才公及其后人们敢于创业、图强不息的精神基因。

其二，重视家风传承。甲村以及荷花桥王氏，素有修谱传统，2012年又续修了宗谱。卫杰兄以年轻时未积极预修宗谱为憾，去年起命我创修支谱。的确，人生在世几十年，过去七十称古稀，现今虽可长至九十，但父母之于子女，其人生是事迹，知其大概；祖辈之于孙辈，其人生即便属于浓墨重彩，可能已成故事；曾祖辈之于曾孙辈，有的时空几经转移，倘无文本记录仅凭口耳相传，则往往已成传说。修谱以尊宗敬祖为第一要义。祖宗崇拜作为中华民族传统习俗，其实质是牢记血缘根脉，向先世学做人做事做学问。修谱的第二宗旨是敦亲睦族。家谱是血亲的纽带和凭证，宗族能以此保障护族，又提携扶亲，让更多族亲繁衍发达起来。如果家谱不记载普通族人的事迹，仅有少数富贵者光宗耀祖的功名炫耀，则往往沦为家族攀比的名利场，与家谱的本质功能背道而驰。不仅如此，如才庆公续修宗谱序中指出，荷花桥人无论王氏还是他姓，非常团结，和睦共处，续修宗谱目录称“续修荷花桥宗祠谱”，新修王氏宗祠更名为“荷花桥宗祠”。我初觉荒诞，细读宗谱附录“众姓世系录”，则恍然大悟，尤为敬佩，荷花桥人敦睦之风由一族兼及一地，深谙“团结才有力量”。

其三，重视教育培养。荷花桥村不大，也很普通，但居然在清光绪十八年就建了文昌阁，这在近现代鄞县乡村也不多见。古时文昌阁集祭祀与义塾于一体，如同府县之孔庙、文庙，重在于“学”。这一建筑的存在，表明荷花桥人对教育、对知识充满向往。金才公在锦县也协办耕余学院，一如宗族之既往创办义塾。创修的支谱，几乎所有新写的文章，都提到读书，除了“文革”年代深受荒废的这一代，金才公家族称得上是读书人家。良好的文化知识是事业开拓进取的通行证。

其四，重视女性自强。诚如我在谱首所言，宁波地区古今妇女地位相对受尊崇，鄞南甲村便是例证。回顾支谱修编全过程，女性的自强作用发挥得淋漓尽致。除了宁波的卫杰兄和北京的王宁兄，主力军居然是族之女性，修谱理事方面，如拍板决策的、顾问统筹的、联络采访的、支祖画像的，谱文撰纂方面如填写信息的、挥笔作序的、回忆自述的、汇集照片的，其中以卫杰兄的北京二姑王丽华和以锦州五姑王艳华为最。尤其是锦州重英公的女儿们，饱受“文革”失父、失学之苦，有的仅小学文化，也毅然提笔，纷纷写下自己的个人史和家史，其篇幅之多、分量之重，为我编纂过的若干房支谱所仅有。这一代人起伏的命运堪称地方史和国史的一个缩影，这就让支谱的价值有了更高层次的提升：不仅是载录血缘的亲情志，传承家风美德的家族档案，也是客观记录时代的历史文本。

其五，敢于创业创新。清末民初，支祖金才公敢于随李公云书远走东北锦县，执事垦务，拓荒谋利，同时自行开荒千余亩，为锦、鄞两地兴建家宅；继而追随李公善祥先生创办星星果园，为本支繁衍发达打下基础，也为锦县现代农业发展做出了贡献。尔后至今，诸多后人因为学业、事业、婚配而开枝散叶，遍布国内外；有下岗失业者，也敢于奋起，自谋生路。譬如主修卫杰兄，搏击商海，屡败屡战，后来调整主攻外贸产品及市场，终获成功。这种勇于创业的精神可谓一脉相承。

传统家谱仅记载子嗣，金才公支后人中现今男丁寥寥，也许有人会问为何还要创修支谱，岂非多此一举？此言大谬！随着当代社会的大变革，现代家谱的性质和功能其实也已大变。家谱既记录血缘关系，更注重凝聚亲情，记录家史和家族文化。因为以血缘为根本护族扶亲的宗族凭证这一社会基础和保障功能不复存在，家谱更多地承载了记录以血缘为基础和纽带的家族历史文化的作用。当然，作为家族成员档案文献的性质未变，传承家风美德的功能未变。房支谱因为能更详尽记载家史及人物事迹，其现代功能可发挥得更加淋漓尽致。家谱翔实记载所呈现的家族历史人文精神，是该家族对血缘关系家庭及社会的文化贡献和精神遗产。子嗣繁衍，仅仅是生物基因的机械复制与延长，一个家族缺乏精神和文化的传承，即使枝繁叶茂，代代相传，也是衰弱不堪的。一个家族拥有了独特而厚重的历史文化，他们的人文基因则会更加广大持久，其精神谱系比家族谱系更会生生不息。支谱祖纂毕付印在即，研读几许，感慨良多，聊缀数言，以为谱跋。

鄞东管江杜锺文敬撰

二〇二一年十一月

《镇海大通宣庆府董氏吉公派声□公家谱》序

宁波东北、甬江出海口的海天雄镇有著名的招宝山，以其命名的街道，曾长期居住着董氏望族。南宋淳熙年间，董公洪、浩兄弟俩，从奉化金溪迁居定海（今镇海区）坊隅，建南北两宅。南宋理宗年间，董氏族人户部侍郎董公仁广和工部员外郎董公浚发起始修宗谱，而后明代嘉靖三十四年重修，明末崇祯七年三修，清康熙四十八年四修。旅沪宁波帮族人董公诗墅及三子前赴后继，则于清同治年间完成宗谱第五次续修，汇为四集，遗存至今。今董氏一族繁衍已逾数百年。

盛世修志亦修谱。世居镇海平水桥头的董氏后人，仅三房吉公派下声字辈一支，百余年间已有镇海、舟山(金塘)、上海和武汉、天津等分支。2007年3月，裔孙元龙、海龙、伟龙等隆字辈同宗兄弟合议筹备修谱，千方百计从上海图书馆、宁波天一阁博物馆查获《镇海大通宣庆府董氏宗谱》，而后多次隆重召开修谱会议，明确分工职责，同心协力，各负其责，推进修谱。定居上海的董元龙，担当主笔，奔走于沪甬，研究宗谱，梳理史料，征集信息，罔顾病多体衰，前后长达十年，以致肾脏衰弱而透析治疗，犹瞒着同宗兄弟，抱病修谱，笔耕不止，临终托付族弟伟龙完成修谱大业。其间，参与修纂的海龙、元芳也不幸相继去世。伟龙乃独自担起家谱主修重任，继续未尽事宜。他聘请《镇海年鉴》副主编王宝康先生具体编纂，请外甥女孙爱珍汇编世系、世传。旧宗谱文言文今人难以卒读，恳请镇海中学朱道初先生选录、注译，并予以句读。他多次实地祭拜宁波海曙董孝子祠庙，踏勘大通宣庆府旧址，请专业人士绘制出祠庙立面图；按照宗谱考迹描述，又请人精心绘制大通宣庆府祖基方位图和立面图、平面示意图，详细注明格局；拍摄祖基今貌，且多次至支祖吉公发祥地迎周村丁董支祠认祖祭祖，走访与本支世祖直接相关的北仑瑞岩寺、阿育王寺。

他们隆字辈等俱为歧世青少年，传统文化底子薄，通读旧谱也有难度，家谱修编章法不甚了了，就凭着尊祖崇本、敦亲睦族之心，不厌其烦地自行摸索。至 2020 年 2 月，终于形成《重修董氏家谱》稿本，即将付印。

2020 年底，经宁波市文物保护管理所所长、内家拳师兄徐炯明兄推介，董兄伟龙率王宝康先生、孙爱珍女士到访，请我为其家谱付印前把关。我恭听介绍，拜读稿本，随后结合家谱通识，与其深入交流，即达成共识。该稿本，按家谱修编规范和现代家谱理念重新整理编纂，继续充实完善，分为两种：一是重印、整理旧宗谱，留存旧谱记忆，但全谱标点，夹附朱道初先生语体选译；二是创修本支家谱，凝聚族人亲情。此后梳理考辨，建议他们客观认定本支房祖声字辈某公，名讳失记就以缺字留空位标识。请孙爱珍女士联系征集第二十七、二十八世两辈个人事迹，比较完整的，整理编写后入家传、简介；零星的则于世传下简述，以弘传家风美德。当代人口流动迁居频繁，为让董氏后人记住原乡之“乡愁”，特设“世居”卷，并于卷首载镇海董氏世居史迹图等。收录朱道初先生所拟新家箴，且在“世传”备述族亲学业和好学上进事略，以传族之文脉。家谱重新整理、规范编纂工作，继续由董兄伟龙统筹，本人主编，并负责具体编纂，孙爱珍女士全力协编、校对，充分吸收王宝康、朱道初先生前期工作成果，一丝不苟，精益求精。逾二年，现今即将告竣圆谱。

21 世纪以来至今，本人编纂宗谱、房支谱若干，参与研讨宁波各地家族修谱不下几十种。现今各族修谱、圆谱整个时长，通常短则年余，长则四五年。但镇海董氏大通宣庆府吉公派下、第二十八世隆字辈修编家谱，尽管伟龙兄全资保障，从发心筹备至今即将告竣，竟历时十五年。其间，三位编纂骨干相继仙逝，而后主修亲自出马襄编，外甥女接手协编，反复考辨名讳失记房祖，曾虔诚拜佛以求确认，虽其法不可取，但敬祖崇本之心可嘉。拟付印时，为守本合规，毅然重整宗谱，新编家谱。如此丰富感人的修谱情状、编纂逸事，恐为当今宁波各地家族亦所罕见。

镇海董氏第二十八世孙隆字辈及后人，如此前赴后继、执着地寻谱、读谱、修谱、编谱，皆因为他们非常清醒：崇先报本，佑启后昆，慎终追远，克绍箕裘，自己身上有着先祖的血脉和基因，家谱和家风对于自己及后代的成长发展至关重要。

我有幸参与其谱事，屡屡深受感动。面对信任、委托，不敢敷衍塞责，不揣浅陋，尽心尽力编成家谱。如今即将排版付印，聊撰数语以为序言，亦借此向镇海董氏家族表达由衷的敬意。

鄞东管江杜锺文谨撰

二〇二二年冬于梅熟堂

《鄞邑管江杜氏宗谱》重印前言

管江杜氏始迁祖安公，称尚德公，唐诗人杜甫九世孙，世居姑苏。据宗谱，相传唐宋之际五代时（907—960）或宋熙宁五年（1072），为避乱至鄞东，爱山水之胜，遂定居，原址在管江花田，旧名杜家井潭处，名其地曰花溪，筑室花溪草堂，后因袭为宗族堂名，并建花溪书院，境内导引四溪而仿四川，以示不忘根本，有属艺等百人随之，近邻散居。

管江，寓意祈求管住江水，不让成灾。其名，现今所见最早文献为（宋）四明宗晓和尚所纂《法华经显应录》卷下之“信男”条：有管江杜信，居鄞之翔凤乡，地名管江。该书成书于宋庆元戊午年（1198）仲春初，楼钥序于同年中秋日。迄今，杜氏迁居管江已约千年，古籍方志文献犹谓管江为馆江坊和管江寨。杜氏族居管江，按宗法管理，包括前后溪头、坊前和东岙杜氏诸房，裔孙迁居遍布四明，如宁波市辖境慈溪、奉化、北仑、象山、江东区福明，邑内横街、集士港、咸祥、东钱湖、云龙，镇内有洪岙等。

杜氏系鄞邑望族，代有名人。据文献可考，仅管江一地，宋有乡贡进士景牧公，元有国瑞、国宝、国英、国华四公任海运武职，为漕运之家。国英公著《东洲诗集》，《永乐大典》收录其诗。明嘉靖年间杜鏊公，与天一阁主范钦为同科举人、进士。清初兆茝公、懋俊公叔侄与后堡施邦玠（其父施翰系武进士）反清复明，方志称“管江三烈士”。民国有慈善家清水先生，被评为鄞邑三大乡贤之一。当代有科学家钟泽、钟焕兄弟，国画家英信、舞蹈家红玲兄妹，翻译家兼大使钟瀛，活菩萨乡贤朝宝，渔业经济学家英豪，以及现湖南省省长杜家毫等。是可谓：

文进士、武进士、三烈士、大善士，自古花溪多高士；

科学家、艺术家、翻译家、政治家，而今管江出名家。

管江杜氏素有修谱之习，宋时六世祖信，始创《花溪世谱》，以收族。明时十二世祖仲云编《杜氏续谱》，十七世绪公复创《崇仁录》，记述先祖遗事。其后犹有九次纂修。清咸丰辛酉年（1861）邀王信德六修时，管江杜氏与坊前、明堂田、甬东诸派汇联为一，且录横街林村派传赞、集士港罂湖派遗谱，改小宗为大宗。今存《鄞邑管江杜氏宗谱》两种：民国二年（1913）三十世祖恒焕编纂本，和民国二十一年（1932）蔡和铿编纂本，均凡十八册，藏于天一阁博物馆，为民国《鄞县通志》编纂时征集而去，终由我千方百计搜得，其间经历曲折，恕不赘言；亦有残本若干，收藏于管江村村委会。虽经"文革"劫难，而旧谱犹存，实乃先世之福荫，我管江杜氏之幸事。

我业余探究地方文史，主编横溪、塘溪两镇史，重各家谱之搜集，以为乡村地情文献至要。辛卯年（2011），应堂兄弟之请，新修祖父培铣公忠房《管江杜氏忠房谱》。同年起始，历时四载，编著成《鄞邑现存家谱总目提要》，浙江古籍出版社出版，旨在为鄞邑诸氏族寻祖归宗、续接旧谱者提供工具检索。甲午年（2014）孟秋，管江前溪头寅年、坊前宏成相访，商议筹资重印民国蔡和铿纂之宗谱。此为积德善事，亦裔孙应尽之责，即予应允，并落实编印事务。现今管江杜氏人口膨胀，家庭、人员流动迁居频繁，宗谱续修何其难矣，故先予重印，让族众一睹八十多年前之旧谱，有意者可自溯源流，爬梳荟萃孙支，以俟以后续修。为便于收藏、携带和查阅，据内容和字数，原十八册合而为四：一册至三册为文汇，四册至七册为世系，八册至十二册和十三册至十八册均系世次传。

付印在即，聊撰数言，以为宗谱重印之说明。

甲午年孟秋

管江杜氏三十三世孙钟文记

第三节　新修家谱如何订立家训家规

当今修编家谱的最大难题，莫过于订立家训家规。时代、社会变化了，家谱是否还要订立新的训规，应该有哪些创新条目，怎样对待旧的训规，如何让家族及家庭、家长和后辈乃至后人能够接受、遵循？通过新的内涵和形式、方法，激活传统家训家规文化，实现它的现代性转化，这是当今家谱文化研究者以及修谱家族和修谱师们需要探究和解答的重要课题。

体例完备的传统家谱一般都有家训家规。家训是家族前辈订立者对后世立身处世、持家治业的教诲，向后代传达人生的智慧和价值观，注重道德、精神层面的影响和教育。家规，通常是家族对其成员制定的行为规范，重点在于约束和规范族人、家庭成员的言行，促进家族、家庭的秩序与和谐。两者通过教育和约束，让世代族人逐渐养成良好习惯，构成优良家风。一个家族或家庭形成好的家风，主要有三种基本途径：一是以长辈言传身教及事迹传颂为主要的行为样式；二是以家族、家庭祭祖撰谱、生育丧葬、成人婚嫁、节庆贺寿等为主的民俗风情活动仪式；三是以家训、家规为主要的文本形式。一部优良的家谱，往往对这些方面都有记载，成为逐代积累、发扬优良家风的重要载体。

因为当代思想观念、时代社会、语言文字、家庭关系的剧烈变革和多元复杂，修谱家族理事会和编纂者对订立新的家训家规往往无所适从：有的原封不动，完全保留旧训规，有的则摘录部分了事；有的新起炉灶，但内容取舍、文白语体处理莫衷一是；也有的干脆取消该项条目。

当代实际生活中，世人普遍认同“国有国法，家有家规”“没有规矩不成方圆”，无不重视前两种途径的家庭教育，特别是品德、行为习惯的养成教育，强调语言教导、榜样引导、风俗熏陶，对子女、后辈进行各种训诫、约束甚至奖惩。当代家训家规主要解决的是现代性转化不够顺畅的系列问题。

指导思想的转化。家训、家规历来是思想意识形态、政治制度、经济发展的时代产物，指导思想上也必须与时俱进。

传统家训家规长期以儒家思想及礼教为主导，以宗族、家族、家庭伦理为主体，具体反映中华传统道德伦理关系和规范，以及应该遵守的行为准则，如“三纲”（君为臣纲、父为子纲、夫为妻纲）、“四维”（礼、义、廉、耻）、五伦（忠、孝、悌、忍、善）、“五常”（仁、义、礼、智、信）、“八德”（孝、悌、忠、信、礼、义、廉、耻）、“十义”（父慈、子孝、夫和、妇从、兄友、弟恭、朋谊、友信、君敬、臣忠）和“中庸”（中正平和）等，对于女性则会有“三从四德”（男女、夫妻内外有别，男外女内，未嫁从父，既嫁从夫，夫死从子；妇德、妇言、妇容、妇功）、不犯休妻“七出”之条（不顺父母、无子、淫乱、嫉妒、有恶疾、多言、窃盗）的要求，主要内容包括“尊祖宗、孝父母、敦手足、严夫妇、训子弟、睦宗族、厚邻里、慎交友、急输将、劝勤读、崇勤俭、尚廉洁、戒争讼”等方面，也因为民国及以前的政治、经济、社会结构和形态比较稳定，宗族、家庭关系相对稳固，所以诸多家族的家训家规雷同，甚至完全移用。

鸦片战争以来，近代工商经济兴起，两千多年帝王专制逐渐走到尽头，科举制废止，西风东渐，尤其“五四运动”前后各种思潮冲击，包括国难当头时的抗日救国，使得国人思想意识发生重大的变化，给家训家规修订带来巨大冲击和影响。因此近代以来不少家族的家训家规从遵守纯粹的儒家伦理，开始与新时代的政治、经济、社会伦理结合起来。

中华人民共和国成立后，尤其是改革开放后，家国一体的政治结构、自然农耕的经济结构、忠孝节义的文化结构、数世同堂的家庭结构、封闭独立的空间结构、缓慢安逸的生活方式走向彻底解体，传统家训家规的思想、社会、经济以及家庭基础不复存在，造成当今不少家族、家庭对家谱以及传统家训、家规茫然无知，认为家训、家规无用，甚至视其为糟粕。

订立家训家规的现实意义不言而喻，但在指导思想上要摒弃落后于时代、与当今社会格格不入的条目，如“三纲”、“忠君”、女性的“三从四德”等，家谱凡例中削谱除族籍“六不书”的部分宗规（弃祖、叛党、犯刑、败伦、背义、杂贱者不得入谱）。有些新修谱甚至照抄“圣谕十六条”，无异于刻舟求剑。因此，旧家训家规宜后置于新设立的“文献”卷，也可全部置于新订立条目之后，但注明有些条目已不适用，目的是让后人得以知晓家族文化传统。

新订立的家训家规，要适应当代社会的发展现状和变化，体现现代思想、现代文明、现代科技的价值和趋势，反映当今宗族、家族关系和家庭结构以及血缘、亲疏关系的变化现状，并且要把遵守国法置于首位，也告诫族人在处世、行事、就业等方面要遵纪、按章、循规。现阶段，正在大力扭转社会道德普遍滑坡，克服不良社会风气蔓延，家训家规就更要注重社会公德和职业伦理道德的条目。总之，当代家训家规的培育目标，大而言之，从培养圣人、传统君子转移到培养合格的公民；小而言之，从养成敦睦有礼的族人群体到养成亲爱、平等和自立自强的家庭成员。

内容条目的转变。家训家规具有帮助家庭存续与发展的功能。传统家训家规为传统家庭的生产、生活提供了比较全面的经验指导和行为规范。但当代家庭生产、生活急剧变化，不稳定是常态，所以家族订立家训、家规，只能为入谱家庭提供普遍、适用的根本价值、基本观念、基本规范，并且需要续修时修订。

现阶段家训家规内容面临适当转换、辩证取舍、利于大众接受的问题，就要解决“变与不变”的关系，主要处理好传统与现代的关系，如新风尚与旧传统、外来文明与本土传统、家庭新风与家族传统等。

订立新的家训家规条目，一般可按照如下三个原则处理。其一，传统家训家规的大部分，属于儒家礼教中为人处世的基本道德准则，具有超越时代和普遍性价值的，完全可以沿用。其二，传统家训家规中的一些儒家礼教观念，结合现代文明社会的特点，予以与时俱进的创造性诠释，赋予其现代意义，让今人及后世继续发扬光大，如“忠、孝”观念和家乡、故乡观念（叶落归根与落地生根），婚姻选择及夫妻关系处理等。其三，要深入研究时代社会的发展变化，有针对性地编撰出与时俱进的新生条目，如入谱自主自愿，提供入谱信息自主决定，男女平等入谱；尊重与包容；保持终身学习，鼓励创业创新；重视财务规划和理财教育；积极面对竞争，保持身心健康；履行社会责任，参加志愿公益，保护环境；传承家庭历史文化等。此外还要强调、细化一些新情况，如青少年适度使用电子产品，预防艾滋病，远离各种毒品，平稳度过青春期，乃至注意饮食、出行安全，养成良好的生活作息习惯等。

如同不少旧谱一样，新订立的家训家规的内容可面面俱到，兼顾个人、家庭、家族、宗族关系，学校、单位、社会和祖国乃至普世方面；正确处理代际、夫妻、亲子、婆媳、同胞、亲戚和姻亲关系，同宗、同乡、邻里和同学、同事、同行关系，上下、协作、志愿和趣友、志友关系；也可细化到行立坐卧、衣食住行、待人接物、言笑沟通。当然，也可以突出一些重点，如读书、婚姻、从业、社交等方面。

入谱对象的接受。家训家规的订立要为家族内部家庭及其成员普遍接受和遵循。家谱毕竟是家族民间文献，因为每个家族生存、发展的情况不一样，编修者条件和能力不同，家训家规记载的形式也可多种多样，制定的条目内容应有所侧重，体现家族特点，使得绝大多数入谱家庭普遍能够接受。民国时修编的《鄞县姚氏宗谱》，载录了这个近代宁波儒商家族告诫族人、工商学徒从业须知的多篇规约。笔者编纂的《镇海大通宣庆府董氏吉公派声□公家谱》，家训由主编执笔、理事会通过，另有镇海中学语文特级教师编纂的家箴；《嵩江虾爬袋朱氏松房谱》，以时任宁波市教育局局长的家族修谱顾问在鄞州中学家长会上的讲话稿和写给哈佛大学博士生儿子书信的摘要为教子、读书的家训；《咸祥球东朱氏书道房谱》，则以笔者根据其家族人物事迹、家风特点概括的若干题词为家训。

同样，家族内部各家庭及其成员的关系、生活、生产，也具有多元、差异、个性化的特点。有条件的家庭，可在家族共同的家训家规后另行加夹一页，或在空白处增补自己家庭独特的条目。当然，新修家谱也可在家训家规后增加空白页，供各个家庭自行补充、订立有针对性的一些条目。

传统家训家规的约束、惩戒和遵循，贯穿于所有族人的终身。当今围绕家训家规养成教育的对象，重点在于 18 岁成人之前的儿童、青少年。这一时期的家庭教育相对容易有成效。成年后，则一般以自己习得、修养为主了。

文体表述的处理。传统家训家规用文言文表述，不少家族订立的条目表述严谨、精练，易记易行。但当今人们普遍缺乏文言文表达能力，有的修谱者、读谱者文化程度较低，也难以透彻理解一些条目，导致许多家族对订立新家训家规往往束手无策，并无良法。于是，有的只是节录适应当今社会的部分条目，删除旧时代“糟粕”的条目，缺失了当代新生内容，就削弱了教化价值；或半文半白地补充新生的条目，文风不统一，看得别扭。

笔者建议采取如下办法：新订立家训家规，不能文白夹杂，以比较精练的白话文表述为妥；新修家谱稿本各卷表述的语言文字要十分精练，少数家族若有较高文言文素养者，或能邀请到此类专家，则不妨继续使用文言文予以提炼阐述。

订立主体的转变。传统家训家规的订立者，一般以宗族之长、族老和族之贤达为主，编纂者参与，按当时社会的思想观念和礼俗制定，或参照其他家族订立，或因袭旧谱修订，自上而下，让各房、各个家庭及其成员学习、遵守。

现代社会对于公共事务的处理，一般遵循民主、公开的原则。户主（代表）大会是修编家谱的决策者，修谱理事会和编纂者拟订家训家规后，应当事先公之于众，征求族人的意见和建议，然后提请户主（代表）大会表决通过。这样，既合乎现代公共议事的程序规范，客观上也为族人提供了家训家规学习、宣传的机会。

鉴于新订家训家规也是新生事物，对订立者的权威性有相当要求，也可邀请非本家族的社会贤达、专家学者参与讨论制定。当然，各地家谱研究会或有品牌的修谱公司能提供新家训家规的公共样板，各家族据此调适后制定，则造福于众。

执行主体的考量。传统家训家规的落实，通过宗法管理、家法遵守的激励和责罚，执行力比较强。当代家训家规订立后，如何不流于形式，使之不仅见诸家谱，还能真正贯彻落实于族人、家人，产生教化作用，现在对这方面的深入关注、研究和实践非常缺乏。

当今社会，学校普遍承担了青少年品行、法律、纪律和学习习惯的基础教育，国家和地方制定的法律、法规明确了公共道德伦理和公众行为规范，单位通常负责培训、执行职业道德伦理和岗位行为规范，那么家庭教育则需承担起落实、执行家训家规的责任。

新家训家规属于家族成员共同遵循的教诲和基本规范，但随着家族关系、家庭结构的变化，尽管家长权威弱化，但执行主体责任仍在于父母，包括协助照护的隔代长辈。家长帮助未成年子女形成优良品德、守法观念，养成良好的生活、学习、交往等习惯，要从婴幼儿开始。根据不同年龄段及不同求学时段，言传身教，就事论事，一事一训（约），或朗诵家训家规，通过活泼的肯定、鼓励和严格的批评、惩罚，结合民俗风情的各种仪式活动，可配合学校和社会教育机构进行。

传统社会，父母的地位是天生的、权威的教育者，由于社会各种形态长期比较稳定，教育内容和手段、方法可以沿用，相对单纯，但当今社会情况复杂，变化多端，日新月异，对为人父母者提出更多更高的要求，家训家规宜新增成为新时代称职父母的条目，告诫年轻的、未来的家长要加强自身深入学习，提升自己素质，并向优秀家长学习，以提高家庭教育的成效。父母要培养未成年子女的法律责任，在《中华人民共和国民法典》《中华人民共和国教育法》《中华人民共和国未成年人保护法》和《中华人民共和国家庭教育促进法》中有全面明确规定。

浙江修谱师论坛微信群建立半年有余，讨论过的话题成百上千，但居然从未涉及家训家规这个重要问题。究其原因，在于当代家训家规的现代性转化，始终伴随现代社会的进步，是一个漫长的过程，并且需要广泛、及时总结、提炼当代家庭教育发展变化的实践成果，在此基础上才能改进、推广和落实，做到有成效。这对修谱家族和修谱师而言显然并非一日之功不能一劳永逸。

第四节　当今修谱女儿或女性如何入谱

女儿或女性入谱简史

古代家谱，女儿入谱信息，一直比较简单，大多没有名字。妇女作为丈夫入谱基本信息“名、学、职、衔、迁、生、卒、配、育、葬”等之一的“配”出现。族之德行卓著者，男子入“列传”或“事迹志”，女性配偶或出嫁女，分列入“内传”或“外传”。这是因为家谱的思想文化基础是儒家学说，而家谱作为宗法管理家族成员的人事档案，以父系血缘为根本，本质在于，不愿让相对稀缺的父系宗族资源被血缘非纯正者或出嫁女等所稀释。

近代以后，西风东渐，逐渐文明开化，女性地位有所提高，重男轻女的情况有所改善。宁波地区新建宗祠，往往也增建一进，专门供奉族之阃范，俗称女祠，如潘火的蔡氏宗祠、铜盆闸严康懋所建的严氏宗祠等。家谱里，女性配偶信息除生卒外，甚至有了其父的里籍、功名、姓名；不少也有了女儿名字，有的也有女子所适的女婿的里籍、姓名、学历。

当今修编家谱，不少家族贯彻男女平等的法律规定，女性入谱渐趋平等，个人信息录入也更加丰富，但对女儿如何入谱争议仍很多，处置相当混乱。这个问题具有普遍性，主要根源在于当代我国社会、时代已历经两次剧变，家谱性质、功能随之发生根本性变化，但不少修谱家族仍未从传统父系血缘宗谱及其入谱单一标准的传统定式中摆脱出来。

许多家族基于过去长期实行计划生育国策，独女、双女户普遍，适当放宽了女儿入谱条件。其实这是一个表面因素，主要还是土地改革后宗族没有了公田、族产等资源，当今社会也不容许宗族势力独大，家谱收族护族的功能因此彻底消失。于是修编家谱不是家族之必需，而成了家族成员共同传承的文化事业。女儿入谱的条件当然可以宽松了。正如浙江各地行政村建立了股份经济合作社，只有社员才能享有村集体经济权益、宅基地等经济福利，其他非社员的常住村民，户口是否迁入本村也已无关紧要。

女儿或女性平权入谱的依据

旧时，女儿或女性入谱基本以父系血缘为根本条件，服从族权、父权、夫权、男权。当代修谱则以父系姓氏为准入条件，不同类型家谱区别对待，自主、自愿入谱。这是入谱标准的颠覆性革新，称得上家谱发展史上的重大变革。

人类遗传学表明，每个生命的形成都是由父亲的精子和母亲的卵子结合而成的。人类有 23 对 46 条染色体，其中 22 对 44 条为常染色体，另外一对为性染色体，XY 组合的为男性，XX 组合的为女性。Y 染色体只能父子相传，姓氏与 Y 染色体有着密切关系，所以子随父姓符合遗传学原理。宗谱、支谱作为父系姓氏谱，对女儿入谱作适当区别、限制，也有生物学的依据。

2008 年，上海复旦大学遗传学教授卢大儒则提出女儿也能够“传宗接代”的理念，因为母系 X 染色体基因比父系 Y 染色体基因更多，母系亲属的线粒体 DNA 相同，比如母亲、外婆、姨婆、外孙女等，只要代代都生出女儿，这种相同的线粒体 DNA 会永远传承下去。从这个意义上说，母亲生育女儿同样可以实现“传宗接代”。同样，母亲为儿女贡献的遗传基因也占 50%，对儿女的遗传特性有着和父亲一样的影响力。当代一些学者，通过民族学、民俗学方法，调查研究中国家谱起源，结论是家谱产生于上古时代母系氏族社会，母系家谱先于父系家谱而存在。只不过母系修谱，因为时代、社会巨变而基本终止。

当今时代法律规定男女平等，女性实际地位明显提高，同时婚姻、家庭内亲外戚关系发生了深刻变化，由主次而并重，因此当代女儿或女性入谱的平权问题更值得重视，并且根据实际情况，完全可以在“新家谱”（包括“新宗谱”“新支谱”“新房谱”）外，自主创修不以同宗共祖为前提特征的非宗谱性质的父系、母系或父母双系等家谱。

当代《中华人民共和国宪法》《中华人民共和国民法典》总则编及婚姻家庭编，都强调妇女享有与男子平等的权益，包括在婚姻嫁娶制度、家庭地位以及继承权等方面，为女儿与女性平等入谱，自主创建与女性实际地位与贡献相匹配的新家谱形态提供了法律依据。

女儿或女性入谱的基本方法

女儿或女性入家谱，虽有生物遗传学和当代法律的充分依据，但不能忽视入谱女儿或女性个人、家庭以及修谱家族的特殊性，不能简单地以“平等”名义，对女儿或女性具体信息编入各类家谱搞“一刀切”。理事会对修编家谱要有足够领导能力和一定业务水平，邀请修谱专家或专职修谱师参与指导，或委托修谱，对女儿和女性入谱，因人因户、因房因族而异，综合考量家谱宗支、房派不同类型和亲戚关系的亲疏程度，做出相应的选择和处理。

从父系宗族、支族、房派角度而言，“新家谱”包括宗谱、支谱、房谱三类，都是父系姓氏谱，女儿和其他女性的入谱方法，虽然受旧宗谱的影响，但也有明显区别。

女儿及其他女性入父系宗族谱（当代简称“新宗谱”）。“新宗谱”既然是父系姓氏谱，不应该让女儿的夫姓后人甚至再生后代接续其中，否则就不是宗谱了。当代修谱，许多宗族不再强调父系血缘的纯正，通常按父系姓氏入谱，规定世系图止于女儿，注明“有后”，世次传止于所生子女加夫姓。若夫妇同姓所生子女，或女儿所生子女随母姓，或领养子女随父姓，原则上自愿入谱。同时家谱版式上，夫妇不是传统家谱的主从关系，而是户主与配偶的并重关系。“新宗谱”若竖式排版，世次传中女性配偶与户主丈夫另起一段，姓名置于同一行，记载信息一般同丈夫。不过，当今绝大多数家谱，对夫妇在家谱版式中的平等关系，还没加以关注和体现。媳妇已是本族之人，懿行卓然不群的，沿袭旧谱“内传”。出嫁女有懿行，值得彰扬的，参照旧谱写入“外传”，或不分内外，均列入“传记”目。此外，“新宗谱”也可增页，颁谱后自行记载女方（所适家族尚未修谱）下所育后人、家庭的简要信息。

需要注意的是，女性入谱也要依法合规。非婚生子女应该入谱，但不得记载虽已生育、但婚姻关系不受法律保护女子的个人详细信息，必要时可在其所生子女名字后，注明某地某氏出，一般不能出现重婚、第三者女子的完全姓名。离异的女性配偶，可在凡例说明“曾配”或“曾适”等，一般不直接出现“离异”

等词语。

女儿及其他女性入父系支族谱（当代简称“新支谱”）。支谱是宗族内某些离开原宗地发展的支族，在繁衍若干代后创修的记录原宗地、始祖尤其是支系繁衍情况的图书。支祖外迁，往往因择业、迁徙、守墓等，大多有财力创建分祠、祖堂。“新支谱”也是父系姓氏谱，其女儿或女性入谱方法一般同“新宗谱”。

女儿及其他女性入父系房族谱（当代简称“新房谱”）。旧时房名是儿子成家立户后各自家庭的名称标识。房族通常在五服以内，已逝的称房祖，在世的称房长。房（祖）长的确定，一般根据其对本房派的历史影响力，以及本房内家庭关系的亲疏程度。如有旧谱，则从房祖（长）起向上追溯，记载其直系的每一世世系、世传，但不再记录其子女及以下世系或旁系。“新房谱”也是父系姓氏谱，其女儿或女性入谱方法一般同“新宗（支）谱”。

两个独生子女组建的家庭因“兼祧”可入双方宗谱。两个独生子女组成家庭，成家时、生育后大多受双方父母呵护和支持，对双方父母则年老后照料，逝世后继承遗产，又承担祭祀责任，所生育子女实质上类似于传统宗法制度下的“兼祧子”，只不过“一子顶二房”成了“一人顶两姓”而已。独生子女入谱，适用于当今时代按照父系姓氏入谱的新做法，如修谱登记时愿意为入谱改一次姓（身份证上原来姓氏不变），完全可以入父母双方的宗谱或父系房支谱，满足双方父母家庭血脉传承的愿望。这样做，成人之美，何乐而不为？

女儿或女性入谱方法的创新

家谱具有平等性特质，也是一种独特的家族内聚性文体，应该为女儿或女性，特别是平凡女性进入文本历史创造条件。作为民间文献，在后宗谱时代，不必局限于传统的宗（支）谱或房谱入谱标准，按照家谱的基本体例，从家庭、房派实际情况出发，自主创修父系、母系、父母双系等全新家谱，妥善解决女儿与女性平等入谱问题。

姑辈及后人入父系房派亲戚联谱（以下简称“亲戚谱”）。因为房系的血缘关系不出五服，房（祖）长下，父辈、姑辈及以下依存度较高、联系较密切，则对女儿入谱有了适当灵活处理的可能。此类“亲戚谱”修谱，通常房系有较多资源，而姑辈及以下夫姓家族无旧谱或尚未修谱，并且房族修谱理事会有较强凝聚力、统筹水平，与户主（代表）共议后，可修编父系房派亲戚联谱。姑辈及以下家庭所有成员，无论男女，可自愿入同一房谱，但可在原则上约定姑辈及以下入谱代数，参照传统通常为五代，当然也可三代以下不再收录。如不愿入他姓房谱的，经动员解释后尊重其意愿，在凡例说明之。总的原则是按照亲戚的亲疏程度和自愿态度入谱。

如有旧谱，“亲戚谱”也从房（祖）长起向上记载其直系的每一世世系、世传。“亲戚谱”内记录血缘关系的先后排序：一种按父辈、姑辈兄弟姐妹出生先后并列记载，男女世系图分别用红线、蓝线相区别；另一种父系为内编，姑辈及后人系外戚，为外编，先内后外，以示内外有别。每一世记录姑辈后人信息，也可不分男女、生死，在自愿基础上，更加详细、分类载录房亲的事迹，让兄弟姐妹及后人家庭的人文基因、精神谱系通过血缘相连，多种交织辉映，相互滋养补益。“亲戚谱”也可设置“亲恩录”，不分男女如实记录，如对本房派家庭有重大贡献者。

多女、无男丁户及后代创建父姓或父母双姓“亲戚谱”。一户多女无子，姐妹及后人关系融洽的，可自主修编父姓“亲戚谱”，逐代记录各姐妹家庭及后人的世系和生平事迹。具体方法参照上述“父系房派谱”（“亲戚谱”）。如近代以禁烟闻名的林则徐，育儿三女三，其三个女儿各配刘、沈、郑，自20世纪20年代起后人就经常在北京某公园聚会，人数达一二百人。1991年，该家族表亲们以世系表形式编辑系谱图籍，以林则徐为一世，三个女儿和夫婿为二世，其子女为三世，至第九世，不分男女。《鄞南横溪王氏江房谱》（风雅颂房亲情志），则设卷三房派（上）载录横溪王氏江房先祖第一世至第十一世的世系和世次传，卷四房派（下）则为房派“亲戚谱”，载录：第十一世江房祖王咏沧，第十二世三子分为风雅颂三房，第十三世共有18位，男女各半，第十四世以下至出生的第十六世所有子女和外嫁女及后人，全部按各房及出生年龄先后自愿入谱，其中外嫁女后人姓名、世传以其他色泽相区别。

独生女家庭生育子女两人以上，子女成婚已有所育，可参照“姑辈及后人入父系房派亲戚联谱”的方法，逐代记录独生女家庭及后人的世系和生平事迹。

与之类似，当今社会不乏因丈夫早逝或离异而未再婚者，单身母亲养育子女成人，单亲家庭蔚成一族，也不妨以母亲为首修成母系家谱。

上述两种“亲戚谱”的创建，是因为姐妹、独生女家庭及其后人有血缘之亲，母系基因传承也有生物遗传学的依据。

这类家庭是否修谱，主要取决于家庭之间相互关系的亲疏情况和对记载、建构家族、家庭文化的重视程度，以及主事者思想观念上能否摆脱传统父系家谱入谱条件的观念束缚，对现代家谱文化功能属性有清醒认识。

创建父母双系的家庭谱（母系并列入谱）。当今家庭关系呈原子式裂变，三世同堂已不太现实，四世、五世同堂已成传说。一般是两代核心家庭同居一室，也就是父母与未成年、未婚子女组成家庭，家庭子女因为长期计划生育政策，数量普遍在1—2人。家族世代纵横的血缘交往关系，在经济发达地区，随着家族成员流动迁徙、婚龄延迟、价值性与血缘性社交并行等原因，五服关系表面上仍存在，但紧密程度实质上已压缩至祖孙三代范围内。同时，家庭之父系与母系各自亲戚之间的亲疏交往，不再一味重于父系的堂兄妹、从兄妹关系，不少更亲近母系的外戚关系，即表亲们，或者较多受外公、外婆的养育。孩子，特别是婴幼儿、少年期行为习惯、品德精神的成长，更有条件获得父母双系的文化滋养。当今家谱的修编，必然要尊重现实，反映当今普遍、客观存在的人伦关系，因此也可创修父母双系的家庭谱。

该家庭谱一般可编成百年五世谱，以两代核心家庭为编纂基础单元，以未成年、未婚子女为起点，父母并列。以五六十岁的祖父母（爷爷、奶奶）、外祖父母（外公、外婆）为中心（因为实际承担养育第三代的重大贡献，一般也有条件担当父母双系家庭谱主修、主编的角色），上下世代编排，夫妻双方各自向上追溯直系两代，即曾祖父母、高祖父母和外曾祖父母、高曾祖父母的世系、简历、事略，但一般仅录其本身；同时下录子女、孙辈两代世系、简历、事略。是否记载祖父母、外祖父母与曾祖辈、高祖辈的兄弟姐妹以及后人和父系、母系（外）曾祖辈、（外）高祖辈的联姻家庭情况，应该视交往亲疏关系和能搜集的家族资料而定，也可另外设“亲恩录”逐代予以载录。

因为不涉及隐私保护问题，可图文并茂，详记身心、学习、工作、交友、公益等特点、事迹。这样以两代核心家庭为中心的近百年五代世系、世录及事迹尽在谱中。高祖辈及以上有谱则记，无谱则记其已知信息或故事传说。谱名《户主、配偶姓名+家（庭）谱》，由父母辈或（外）祖辈某一二人负责编纂。子女长大成人、婚育后，可另行续增，或新编成谱。

这种方式创修家谱，尤其适合无旧家谱、有相当文化层次的核心家庭。如此家谱，可让子女知道自己生命基因的诸多源流，明了“我从哪里来”“我是谁”这两个重要的世俗人生之问。

第五节 当今家谱版式的“敬讳”与尊崇

从商周起，我国一直有文字避讳制度，“为尊者讳、为亲者讳、为贤者讳”。清康雍乾时期最为严格，因而大兴“文字狱”，其中还有谱禁，主要规定：祖先名字如犯了庙号、帝王名或孔子名讳的，一律改用同音字。不准妄自攀附祖先，只能以五世祖为始祖，或以始迁至当地的祖先为始祖。不准出现“世表”名目，一律改成“世谱”；传赞名目取消，以符合庶民身份。不准刊载祖先画像。行文遇到清代年号，要换行抬一格写，或在本行空一格再写，以示尊崇。严格审查家谱艺文，有违碍文字，一律抽改，故彼时新修家谱，有的不要艺文。家谱修成后，送交地方官员审查，以保无虞。

修编家谱，子孙给祖先改名字，本身就不符合传统道德；家谱里序、传、艺文，是修谱家族历史荣耀所在；先人画像，崇祀祖宗，也是家谱特色、家族之首要。因此，即使谱禁最严厉时期，除了一些较为谨慎，或有在朝做官的家族严格遵守外，一般家族大多没有严格遵守。清嘉庆、道光后，统治者逐渐放松对思想文化的控制，新修家谱数量激增，谱禁也就自然结束了。

在古代，避讳与谱禁，直接反映了宋明理学的儒家思想文化，维护着宗法等级观念和专制制度。近代谱禁被废，反映了时代文明进步，但避讳并未从此完全消失。那么，家谱作为传统文化遗产，当代修谱是否需要适当避讳呢？

现代源于传统，是对传统的“守本应时”。避讳以示敬重，“敬讳”最为常见。敬重祖先，尊敬长辈，一直是中华民族传统美德，今人重视清明节、重阳节，就是文化传承的明证。古代社交，不直呼其谱名，多用“字”相称，或称其号，甚至以地名代之，年老后则连“字”也不称，而以排行相称。当今社交，往往也不会直呼人名，官场、职场称“姓氏＋职务”等，遇到长辈则喊辈分，有相当资历、思想文化的称“姓氏＋老”，甚至不分男女，称为“先生”等。家族内部有家讳或族讳，不能直呼父、祖等长辈之名，孩子起名忌与长辈名字重合，甚至音同。台湾地区有些撰文著述，至今仍有在贤者、亲者名字前加空格以示敬重等习惯。我国对公开、正式出版物，也有不能出现一些字词或内容的严格规定，一经发现，编辑即予以删除或加双引号或以其他字词替代。

当今家谱作为中华历史文化的民间承载体，是中华民族祖宗信仰的集中表现，其价值功能之根本也在于敬祖尊先，对族人具有强烈的教化功能。因此，当今修编家谱必须以扬弃观念妥善对待避讳问题，依法按规修谱，特别是对祖宗"敬讳"，版式安排上一定要体现出足够的尊崇，这是非常必要的。

当今家谱修编处于传统向现代的转型期，诸多家族续修家谱普遍在两个周期（50—60 年）以上，由于过去对家谱文化的长期割裂，也因为多数修谱者对家谱文化深入了解不多，故对家谱版式、内容在"敬讳"方面考量不够，普遍存在三种情况：一是因循守旧，完全沿袭旧谱，仍把皇帝诰敕置之于前，文中出现皇帝年号等另行置顶格；女儿不让入宗谱，女性作为配偶成了父系世传基本信息之一。二是盲目创新，与村（社区）史志不加区分，在正文前彩页中大量插入各种图照，如各类方位图、村办公楼与文化礼堂，古树名木、文物史迹、理事会和作者合影等，或仿效现代书籍，把书名与作者页置于目录之前。三是排版无章法，没有"正页表敬"观念，有的谱局按页面计价，有些家族为节省纸张、节约印制费用，不管是否涉及祖宗或是否隔代，隔一行后，即续排余下正文，或直接背页起始。

当代家谱"敬讳"，既要承继传统，突出对祖宗的尊崇，避免"压祖"现象，也要贯彻现代公民社会的文明观念，如官民、男女、夫妻平等，在内容和版式上宜注意如下事项。

一是敬重祖先方面。封面书签，书法家特别是裔孙题写谱名，一般不署名，可在后记说明；编委会及编纂者名单，宜在序言之后，凡例、目录之前；扉页图像，一般插入 4 种图照：先祖像特别是始迁祖像、宗祠画图或照片、祖宗坟茔图或祖墓照、里域图，不宜出现其他地理、经济、政治、文化类图照，尤其是村办公楼、佛寺、道观、教堂，甚至主要修谱捐赠者照片、厂房等。该类图照如置之于祖宗像前，属于"压祖"，对家族祖宗信仰而言显然"大不敬"了。如家谱中有"世居"卷，宜分类插入其中，而编委会及编纂者合影、相关修编会议照片包括各房合影等，宜在"修谱纪事"或"家族纪事"中插入，如家族图照文献比较丰富的，可在"文献""艺文"卷前专设"图像"卷。

二是观念平等方面。当代家谱敬祖但不尊君，皇帝及年号不必隔行另起，或空格，皇帝诰敕宜后置，与不符合法治社会的部分"家规"等置于增设的旧谱"文献”卷；古今族之贤达，可前置，但不唯达官名流，宜全面记录族之当地乡贤，或分类列表记录族之学子、专技人员、耆老等对社会、对家族有功或有声誉之人，以教化族人；女儿入谱，原则上其子女按本族姓氏进入谱之世传；世传以父系为主，但女性作为配偶另起一行单列，版式位置上其姓名与男性并列，世传信息在自愿基础上与男性基本相同。序跋等提及父祖等名讳是否空格，自主决定，但世传里的祖父辈及以上，其名字后宜写上“公”或“婆”。

三是版式正页方面。始迁祖像、各卷卷首、不同辈分世传等，不管空白余页多少，俱另起一页，其中始迁祖像可背面像赞，宗祠画图或照片、祖宗坟茔图或祖墓照背面可有简介。同样，对家族杰出人物，家谱可另开一页记载。

第六节　当今修谱要保留传统“谱味”

文物修缮要“修旧如旧”，当代新家谱也需要坚持“修谱如旧”原则，多一些传统“谱味”。因为当代家谱文化有过三四十年断裂期，少则几十年多则上百年未曾修谱，大多数公众、族人对传统家谱不甚了了，未曾目睹。当今处于家谱文化的复兴期，修谱家谱还肩负着传承、弘扬家谱传统文化的使命。

新修谱宜“修谱如旧”

对待旧谱，不能沿袭传统惯例“喜新厌旧”。旧谱宜扫描后重印，或重新依原文、原版式打字、印制，加标点，让旧谱再生。有了续修新谱，旧谱收回，除留存一部外，集中焚毁。

对待旧文，要坚持家谱“旧文不弃”的原则，有些确实不合时宜的，如族规、皇帝圣谕、诰敕之类，可编入“文献”卷。也因为当今修谱质量参差不齐，有些续修、重修后如果舍弃了一些旧文，后人就没有了修正的依据。对待谱序、始祖源流等伪造、编造或移用的，如有文献资料确实有稽，宜增写考辨，但因家族历史文献本身就少，此类谱文也有一些教化价值，尽量“旧文不弃”，还是编入“文献”卷为妥。

家谱形式，一如旧谱，用纸为宣纸、线装、竖排；谱名、卷次名目、版式参照旧谱，有谱套，或有谱箱等。

家谱编成后，有条件的要举行隆重、庄严的请谱、圆谱及祭祖仪式，装饰活动场地，请户主代表参加，发言者除了理事会主要成员、编纂者及顾问等，还应特别请族人中年轻一代的丁望代表1—2人发言，以示传承家风、后继有人。此外，也可每年举行读谱、晒谱等活动。

这样，就能让公众、族人了解传统家谱文本载体，认识家谱文化的意义、价值和功能，也是优秀家谱文化得以继承、弘扬的有效方式之一。

新谱不必“翻译”旧谱文言文

当代续修家谱时，许多族人因看不懂文言文，提出对序言、家族源流、人物传等予以注释、翻译，甚至要求左右页文白对照。此举甚为不妥，原因如下。

一是家谱序文等从来都为族之有一定文化者所阅读，世系传承和个人、家庭世传信息，是家谱的主要内容，能识文断字者都看得懂，当代义务教育已经普及，一般人没有阅读障碍。

二是新家谱对旧谱序文、人物传、祠堂记等文章进行注释，逐字逐句互译，大大增加了家谱印制的文字数量、编印成本，也增大了家谱保管的难度，不是明智之举。

三是新家谱的文白“翻译”，还彻底暴露家族成员文化底子的普遍欠缺，与家谱修编要达到的传统初衷——文脉传承相悖。逐字逐句，多阅读旧谱文，可成为族人感知传统家谱文化的有效方式，也有助于提升族人对中华传统文化的认知。

当然，对旧谱文章，也应做些处理，以弥补文言文深奥，并且旧文卷次分散等阅读难题，如对谱文标点，除特定人名、地名等外的繁简转换，尤其是要请专家全面梳理旧谱内容，以精练的语言，系统介绍家族源流、迁徙、修谱、建祠堂和族之人物、慈善公益、诗文等情况，让一般族人知晓家族发展史及特点。

新修宗谱不必编制人名检索

宗谱是所有族人的人事档案，一族之人少则几百人，多则成千上万人，所以当今续修、新修家谱，有些参照志书、年鉴，于卷末附录族人名字索引，以方便查找。

人名检索的编写，方便外人、寻根问祖者，尤其为历史文化研究者和公藏者所喜欢，但对族人而言，似乎多此一举。

一是家谱属于特殊的家族历史图书，一直需要秘藏、定期阅读，有的还有尊崇的读谱习俗，也就不必为外人包括研究者提供检索方便。何况当今续修、新修的家谱，新入谱的族人大多在世，基于隐私保护尚不能公之于世，遑论检索了。

二是家谱结构、体例，对族人入谱有次序、有规律可循，带有模糊检索的功效，如世系，按世次逐代排列，或先房支再世次，五世一图，九世两图；每一世，先长房后小房；每一户，先长后幼。家谱独有的版式设计，虽然没有志书、年鉴等人名检索直接、方便，但也井然分明。

三是族人看谱的动机由家谱功能价值引发，读谱的目的是了解、敦睦血缘亲情，了解家族人文历史，敬宗尊祖，从所载录的先人信息里获取做人、做事、做学问的精神谱系和文化影响，首先看的是自己家庭的信息，譬如生卒日期，重温并牢记父母和兄弟姐妹的生日、忌日，以庆祝或追念、缅怀，其次看本房长辈、亲人和先人的信息，再根据亲疏、近远关系不断向上追溯、横向浏览，不会直接了解某人的信息。

四是失记、失联族人前来寻根问祖，前述模糊检索的确不便，尤其是先房支后世次的，但传统家谱卷首一般记录历代“迁徙”情况，可以查找；若先世信息在谱，查阅者如有敬重之心、细致态度，大多还是找得到的。即使家谱失志，也可顺便了解同族成员世系、世传，了解家族的历史文化和血缘亲情。况且为失记、失联族人提供方便，也不是修谱的主要出发点。

第七节　当今修谱要综合利用新的技术工具

当今已经进入互联网、数字化和人工智能时代，各种应用性研发成果不断出现，家谱修编领域相关的各项新平台、新载体、新技术、新工具日新月异，层出不穷，修谱者要善于学习、利用，以提高规范性，提高修谱效率，提升修谱质量和水平。要养成文化消费的习惯，有些通过支付适当资费、利用专业力量能解决的，就不需自己煞费苦心，甚至劳而无功了。

当今修谱技术的不断创新，贯穿家谱修编的各个环节，按修谱流程，分类介绍如下。

一是旧谱查找阶段。家谱修编，除了创编新谱，大多是续修、重修，前提是有旧谱。

首先要查找旧谱遗存所藏。传统方法，就是查找各级各类家谱目录、姓氏志等书籍，如《中国家谱总目提要》《浙江家谱总目提要》等工具书，或两轮修志县区志编辑部普查登记的家谱目录。其次是搜寻家族宗支、家庭、家谱收藏家等私藏的旧谱、房谱等线索。最后是普查当地图书馆、档案馆、文管会等公藏单位家谱。

简便的方法，则是上网检索。主要通过上海图书馆查找家谱，流程如下：（1）进入上海图书馆 IPAC 书目查询系统，检索“家谱”类别。（2）访问上海图书馆的家谱电子版本，可以通过以下步骤操作：第一步，登录《中国家谱总目》电子检索平台，利用题名、姓氏字辈、家族名人、始迁祖、聚居地等信息关键字进行搜索，获取相关家谱条目。第二步，根据检索结果，可到上海图书馆内借阅家谱，或联系条目所标明的图书馆、家谱研究机构以及私人收藏家借阅。第三步，使用家谱知识服务平台，在线阅览、抄录全文影像，或联系购买家谱电子（打印）版。上海图书馆《中国家谱总目》电子索引是全球最大的中国家谱电子索引之一，《中国家谱总目》由上海图书馆 2009 年编纂，收录超过 5 万册家谱，包括国内外的馆藏和民间收藏的中文图书馆家谱资料，且有当代新修赠藏的家谱，是目前最全的家谱目录。

目前有些修谱公司、家谱网站，也往往搜集了大量家谱电子版，独立建成电子数据库或家谱文字目录提要，以增值服务方式，免费提供给委托其修谱的家族。

宁波市各家族则另有渠道：除了向中国私藏家谱（量）第一人、慈溪市思绥草堂堂主励双杰先生咨询或查阅外，还可访问天一阁博物院、宁波市图书馆、鄞州区图书馆、族谱网等网站，检索馆藏家谱信息。

二是编谱学习阶段。当代家族修谱，大多数修编者为初次修谱，对传统家谱并不熟悉，需要通过各种途径全面、系统学习家谱基础知识和相关社会科学知识。

家谱修编知识和技能的习得，除了参加修谱知识和技术培训，还可选择上网学习。如百度等浏览器搜索，网上选购实用修谱指南之类的工具书，浏览河南省姓氏文化研究会家谱委员会等姓氏、家谱文化社团网站，或登录河南省家谱文化研究院等专业家谱文化研究机构、族谱网等大型修谱公司网站，或关注

“公众史学”等家谱修编相关的微信公众号、视频号。这些专业性家谱网站和手机 APP、微信小程序，通常有大量靠谱的修谱知识和技术介绍，但对传统宗谱碎片化解读居多，要根据时代、地域、家族等特点予以取舍、借鉴。

三是家谱修编阶段。要主动学习并掌握新颖的技术工具，或者出资借力借脑，高效、规范地完成编谱工作。

扫描旧谱技术。有些新修谱，要完整保存旧谱，可采用扫描技术，并去掉原藏单位的“水印”。目前常见的是平板、高速滚筒扫描仪产品。比较先进的是非接触式案卷古籍扫描系统，这种采用矩阵式 CCD 技术的新型扫描仪产品，可轻松高效地扫描、装订成册家谱，方便修谱家族。

旧谱文字识别。旧谱为文言文繁体字竖排，新谱打印录入效率低、差错率高，一般 OCR 技术，包括微信图片识别文字，只对简化字、横排版式有效。目前，已有古籍编辑专业的高校老师协助开发的旧谱文字识别应用软件，能解决大多数编印者的难题。如浙江大学教授、博士生导师徐永明，系浙大数字人文研究中心主任，建有智慧古籍平台，成立杭州云四库科技有限公司，开展古籍、家谱扫描、OCR 识别和文本校对等业务，用智慧古籍平台的众包系统进行人工校对，按字数付费。

旧照片修复技术。先辈遗照或家庭旧照片，因岁月侵蚀或保管不慎而泛黄模糊，可上网搜索老照片修复的网站或下载相关 APP，或查询专业修复师，把历史照片修复成高清照片。这些工具能去除瑕疵，增强色彩，重塑细节，让旧照片、先人形象重现光彩。

编谱专业软件。现在各种修谱应用软件较多，专业修谱公司或职业修谱师应用比较普遍，如河南省家谱文化研究院开发的智能家谱网络编修排版系统。线上各种修谱软件工具，一般有家谱修编电脑版、手机 APP 或各专业网站修谱软件，根据使用情况，有些功能限制或权限开放，基本都要支付多少不一的购置费。家族修谱理事长和编纂者要耐心搜索，比较应用功能及价格，选择合适的软件编谱，或者上门咨询了解，也可委托专业修谱公司利用其修谱软件编谱。主要比较如下功能特点：是否全面、专业，方便入门；样式是否古朴、典雅，世系图是否简约、清晰；版式设计是否与本家族旧谱格式相仿，适合本家族人数和入谱族人间的关系；是否适宜插入大量照片，有相册功能；是否有增值功能，如新出生、新婚人员续补功能，记录族人事迹，开展家族社交，被邀请后能查阅家谱和聊天交流等。

无人机拍摄。利用无人机高空拍摄村域地形、祠堂、祖墓，以及世居地的宅第、公墓、学校等较大公共建筑区，视野开阔，全景俯视，拍摄效果相当高清，有些令人震撼。

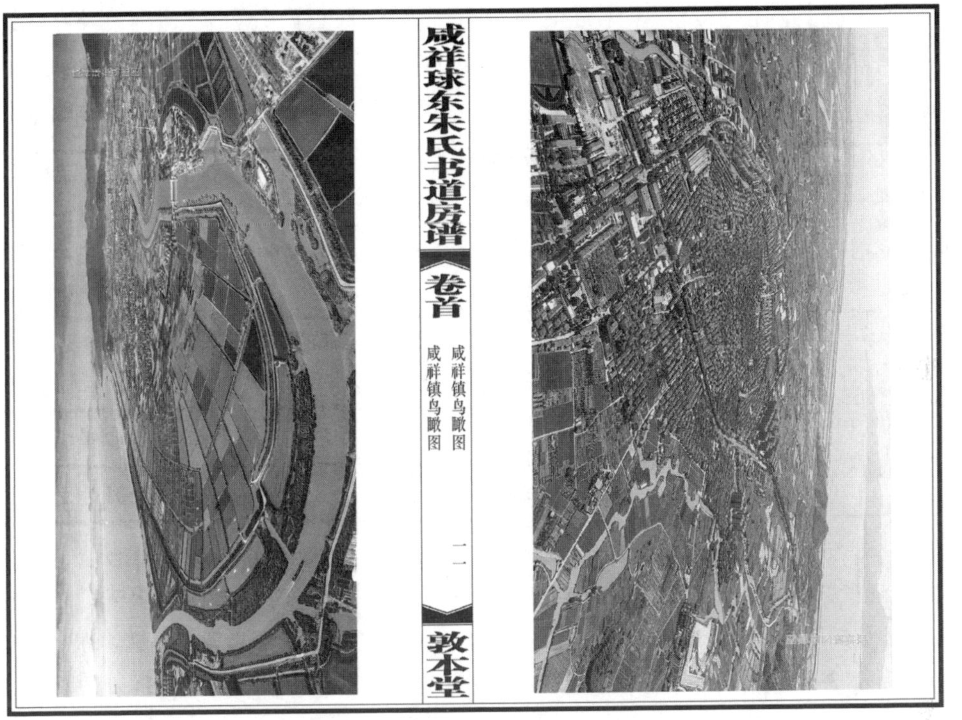

◎宁波市鄞州区咸祥镇及球东村航拍图

文史数据库检索。要考证始祖源流、始祖迁徙或序跋、世祖、史事真伪，需要检索各种文献资料数据库进行考证。有些图书馆有《永乐大典》（残本）、《四库全书》、《文献集成》等大型古籍电子版，也有“国学大师”等古籍网站，都可以无偿或付费进行检索。此外，国家图书馆、上海图书馆、浙江网络图书馆、宁波网络图书馆等各级各类公共图书馆，购买了一些历史文献数据库，供读者电子阅读，并可复制粘贴，或下载文件，如瀚堂典藏数据库、读秀学术搜索、申报、瀚堂近代报刊、近代报纸全文数据库、中国近代报纸全文数据库等，以及中国知网等，举不胜举，可关注检索。

生物基因检测。有兴趣、有条件的个人、家庭或家族代表不妨一试。分子人类学已发现Y染色体具有祖源溯源功能，由此可考证宗族始祖源流、迁徙，个人与宗族、宗亲的共祖血缘关系。复旦大学生命科学院教授、分子人类学家李辉，也是历史人类学家，主要科研方向，是用DNA技术来探索人类起源与文明肇始，尤其关注东亚人群的起源，核心技术是以Y-DNA染色体鉴定为基础的男性检测，也就是大众熟知的亲子鉴定技术。

某祖源基因检测公司，据称能检测血统，其数据库可检测几十个族群成分；姓氏溯源，探索2300—18000年的姓氏家族历史；基因寻亲，百万人基因库高效匹配寻亲线索。检测流程：购买基因公司祖源标准版服务——用公司邮寄来的唾液检测盒——唾液取样，将检测盒寄回公司——获取基因数据，再利用基因公司APP的寻宗功能，发现自己及宗亲共祖的家族是否攀附等情况。但这种基因检测服务，需要大数据积累，现在宗族和个人样本还相对较少。

附录

《浙江省家谱编修与制作标准》（稿）之我见

近两年，由浙江省百姓家谱文化研究会发起，请宁波大学钱茂伟教授主持制定了《浙江省家谱编修与制作标准》，本人提出若干修订意见如下。

1.当今制定《浙江省家谱编修与制作标准》很有必要。一是社会转型后，由传统向现代的剧变，使家谱本质属性和功能发生很大变化，也使得入谱对象及其意愿多元，入谱内容相应需要变化；二是家谱修编的语言环境和技术手段的变化和多元，由文言文转为白话文，编纂成果形式多样化；三是家谱修编者公众化，由于修谱主力多是家族内部有一定文化的族人，但大多因文化断层对家谱传统（语言和体例）和图书编辑相当陌生，造成不少家谱质量低、价值下降。现在正处于传统家谱向现代家谱转型期，为保证当代家谱修编基本质量，促进修谱专业性和优质家谱的不断涌现，发挥家谱的价值，确实需要研究和规范家谱修编工作。

2.《浙江省家谱编修与制作标准》的名称。因为家谱修编地域性、家族性特点明显，各个家族主修、编纂者素质、认知与水平参差不一，财力有强弱，如申报国家行业质量标准，必须出现“标准”两字，也只能如此，但具体表述上侧重“基本规范”，定位于《现代家谱修编基本规范》。

3.《浙江省家谱编修与制作标准》制定要有层次性。因人因族、因地因财制宜，分层次确定不同品质家谱修编的结构和体制内容。建议分三个层次：一是合格家谱，基本内容包括谱名、序、修编者、目录、凡例、辈行、世系和世传。特点：结构基本完整，重在记载血缘关系、族人生平。二是优质家谱，扩展内容包括图像（地域图、像赞、墓茔、宗祠）、堂号、源流、迁徙、家训、家传、文献录、族产（慈善公益）、契约、功德榜、领谱保管、编后记、余庆录。特点：结构更加完整，内容更加丰富，重在提升家谱的历史文化属性，强化存史、教化的价值。三是特色家谱，内容有特色，如有名人序、题词、家族史梳理和考证、大事记、在世人物事迹志、人物分类表、艺文录、亲恩录、图照录、外编世居地和公藏解密期、引文注释、参考引用资料等。特点：充分体现家族、家谱特色，包括地域性家谱传统，家族人物、历史文化及经费的特点，家谱的学术性等，发挥主修、主编及理事会个性特点及创造性。

需要指出的是，常规软件修谱、家谱公司营利性修谱，一般适合修编“合格家谱”，部分也能编成优质家谱，但真正高质量、有特色的家谱还需要专业修谱人才。

4.“世传”（行传）信息要素的征集与载录也应区分层次。原因在于当代社会入谱族人阶层分化严重，各种差异过大，同时为修谱提供的信息要素详简不一，甚至缺失，为争取所有族人响应入谱，建议采访、记录的族人信息要素，与上述三种不同品质家谱相适应，也分为三个层次：一是基本要素：父名、长幼次序、性别、己名、生卒、婚（配偶姓名）、葬、育；血缘方面的易姓、继嗣、领养和子嗣方面的失记、无后等。二是扩展要素：字、号、房派、迁居、学历、职业（职务职称、重要荣誉）、年龄，配偶出生时间、学历、职业、年龄及其父亲姓名、籍贯、职衔。三是特殊要素：对德行有特殊可嘉者，应另起一节，简志其宗教信仰、良好德行（传统如守节、上寿等，读书、经营、从军和对家族、社会贡献，即慈善公益）、技能特长等碎片化事略。

通常，合格家谱编列族人生平的基本要素，优质家谱会增加族人信息的拓展要素，而特色家谱则需要通过第二次征集，记载族之卓然不群者的事迹。

5.家谱编修内容与形式、质量总体要求的认识。《标准》初稿提出“观点正确，记述准确，资料翔实，文风端正；体例严谨，门类齐全”，修改稿提出“符合时代的人生价值观，观点正确，记述准确，资料翔实，表达通顺，文风端正；体例严谨，门类齐全，印制规范，差错率低”。包括行文规范中提到的“慎用评价词语；不用模糊、空泛词句”。这种表述参考了志书、年鉴的体例规范，不是家谱的体例特点。

家谱修编内容和形式的总体要求，应该从传统家谱“凡例”中提炼，并与时俱进地完善。本人试图提炼如下“（内容）依法修谱，扬善隐恶；详略得当，保护隐私；（形式）守正创新，与时俱进；合乎体例，因地制宜（宗族、家谱地域性）；表达通顺，语言精当；（表达）记录客观，特色显明”。形式上提倡“专业编印，家族特色”。“专业”是指专业修谱师、专业印制企业，或者经过适当培训或自学研究，能编纂、印制出优质家谱的兼职修谱师，所以浙江百姓家谱文化研究会作为民间家谱团体，可继续推动试行修谱师专业证书颁发工作，以引导促进修谱专业化。工作规程上则还需坚持“民主理事，公开公正；廉正节约，和谐庄重”原则。

6. **加强对现代家谱性质和功能的研究**。家谱毕竟是民间家族、家庭文献，《标准》中有些提法似乎不太合理。如关于“藏谱”问题：“公藏是家谱收藏的一大进步，值得肯定。对老谱的保存，某些家族有‘新谱一立，老谱必毁’习俗。究其根本，不外乎两个原因，一是家族害怕新老家谱混淆；二是顺便隐去或者修改掉那些不想为人所知的历史。”“某些家族仍有控制家谱印量、秘藏不传之习。从当下隐私保护的角度来说，有一定的道理。从长远利益来说，这是不值得提倡的恶习。”因为家谱毕竟是家族历史、个人信息的档案实录，不能等同于一般的家族历史著作，上述不是“恶习”，原则上需要保持。关于“党领导修谱”问题：“根据党领导一切工作的原则，也要加强党对修谱工作的宏观领导，解决各地修谱的失衡问题。村（社区）党组织要主导村谱编修活动，既体现权威性，也可防止单姓修谱弊端，更可解决修谱的人力与财力问题。”党的领导主要是意识形态的领导，推动各地家谱修编工作，可以强调党委倡导，行政推动，村（社区）支持，家族自主，依法修谱。

此外，现在正处于传统家谱向现代家谱的转型期，对传统家谱文献不宜任意删节，可专设“文献录”，对完全不合时代的资料，予以保存，如诰敕、族规。

备注：2021 年，浙江省百姓家谱文化研究会主持编纂《浙江省家谱编修与制作标准》，该研究会指导、专家委员会历经两轮研讨与审核。本人就此形成建议稿，在天一阁举办的第二次研讨会上发言。9 月 18 日，在杭州莲花酒店举行专家、学者研讨会，予以认真审议。根据国家标准化管理委员会《关于进一步加强行业标准管理的指导意见》等文件，对《家谱编修标准（草案）》进行修改，几易其稿，最终审定《浙江省百姓家谱编修标准（试行）》。

◎ 浙江省家谱编修标准讨论会合影

当代家谱文本编纂质量综合评判表（参考）

评判类目	质量要求	次品家谱	合格家谱	优质家谱	特色家谱
指导思想	思想观念是否既遵循传统，又适应时代变化	修谱观念食古不化，仍盲目抄袭儒家礼教	守本应时有变，重视贤达，并重乡贤	守本应时出新，重视入谱者平等、普惠	谱论有新见，接轨现代思想
	修谱是否依法	修谱引起诉讼且败诉	依法按规则入谱	同左	/
	旧谱内容是否处理妥当	悉尊旧例，或旧文任意删改	旧文不弃，但区别对待、调整	同左	/
家谱体例	谱名是否规范	谱名不明确	谱名完整、明确	同左	谱名名家题署
	凡例是否全面、逐一详明，合法合理	凡例未说明是否公议，入谱法则不全面、不明确	凡例订立经共议公允，入谱法则全面、逐一规定，与谱文对应	凡例有反映现代修谱理念的细化法则	/
	家族关系、宗支总分组合是否恰当	宗支、房派关系混乱，亲疏远近关系紊乱	宗支、房系关系清晰，亲疏远近关系明晰	同左	/

续表

评判类目	质量要求	次品家谱	合格家谱	优质家谱	特色家谱
家谱内容	体例内容是否完备，与指导思想是否一致，其存史、教化价值，是否有违公序良俗	体例内容仅有序言和血缘关系记录，其他缺失，与指导思想脱节，明显有违公序良俗	体例内容基本完全，合乎指导思想，合法合理，有一定存史、教化价值	且有拓展的体例内容，谱文存史、教化价值普遍较高	且有特色的体例内容，体裁多样
	源流、迁徙是否清晰、梳理	无源流梳理、迁徙记录，或新编却有攀附异宗、冒认始祖内容	有源流梳理、迁徙记录，客观承认、存疑旧谱文化认祖现象	有源流梳理、迁徙记录，所做的叙述、考辨客观、清晰	旁征博引，论证严谨充分，源流、始祖考证有学术性
	世系（表）是否清楚，名讳旁是否注有族人重要信息	新旧世系（表）只有名讳，或接续紊乱不清，又未作详细说明	世系清楚，名讳旁注明血缘、迁居信息	有名讳且旁注高学历、重要职衔、是否有传等信息	/
	世录信息诸要素全面、完整、准确	部分入谱者基本信息要素不全，又未说明；姓名、生卒、纪年和校名、学历差错较多	个人基本信息要素记录有较多缺项，或比较模糊，但入谱者基本信息差错少，或有勘误	个人基本信息要素记录比较全面、准确，且有拓展信息要素	有特殊信息要素
	图像是否适当、丰富，史料价值和清晰度高低	卷首彩页无图像或仿照方志插图，不符合家谱特点，或都是艺术照，史料价值甚低	卷首彩页有四种图像，正页表敬，图照缺失做出说明，写实拍摄，清晰可辨	且有族人、理事会、世居地的图像，清晰度较高	图文并茂
编辑规范	文言、白话语体是否统一或衔接合理	文白语体夹杂，是否标点、繁简不统一，或标点、繁简转换错误多	语体区别处理，衔接适当，文言标点和人名繁简转换错误少	用精练的白话文，利用旧文全面梳理出家族简史	全谱以文言文编撰
	字词差错率是否低	错别字较多	谱书有校对、审查制度，字词差错率少	文字差错率接近公开出版物要求	/

续表

评判类目	质量要求	次品家谱	合格家谱	优质家谱	特色家谱
编辑规范	用语参照方志编辑规范	用语随意、口语化，表达泛泛、空洞	用语基本参照方志编辑规范	语言精练、准确达意	/
	行文是否参照国家出版物标准	行文随意，标点、数字、度量衡、地名不规范	行文基本参照国家出版物标准	同左	参考、引用文献资料符合学术规范
版式设计	谱书内外版式，反映传统家族和现代家庭伦理关系是否适当	谱书内外版式设计印制随意，视若普通图书资料	谱书内外版式反映传统伦理关系的敬讳、尊崇特点	谱书内外版式且反映现代家庭的伦理关系特点	/
	标题条目分级是否清楚，前后是否统一	标题条目字号、字体、间距未做分级区别	标题条目分级清楚，前后统一	同左	/
	版式内页设计是否合乎规范、美观	天头、地脚，版心、边框，字体、字号、行距等随便设计	内页版式设计规整，参照传统规范	内页版式设计古朴、美观	谱式守正且有所创新
家谱印制	纸张、墨色是否合适	纸张过薄，着墨过浓或过淡	纸张合适、用墨恰当	纸张坚韧、油墨质量高，能长久保存	书法家端正抄录谱书
	装订是否牢固	不够牢固	牢固	同左	/
	谱衣色彩、谱套（谱箱）是否牢靠、古朴、典雅	谱衣色彩庸俗、谱套（谱箱）不够牢靠，不合适	谱衣色彩古朴、和谐，谱套（谱箱）牢靠、合适	谱衣色彩典雅，谱套（谱箱）牢靠、古朴、合适	/
附加项	家谱有地域、家族特点，体现编纂者技能特长，如摄影、诗词、对联写作等				

续谱新编：让旧谱新生于当代的尝试

——《余姚三七市项氏宗谱》（稿）凡例解读

当代宗族修谱，倘若有完整旧谱而续修的，对旧谱的处理一般是递修，即对原有内容结构予以增补，甚至将原谱内容照旧打印，不加句读。这种处理，尊重传统，俾今人以窥谱牒旧貌，也不失为一策。然而旧谱大多修编于民国及以前，20世纪50年代至今，我国正遭逢“千年未有之大变局”，“今夫世异则事变，事变则时移，时移则俗易”。（汉·刘向《说苑·杂言》），修谱之“俗”——传统宗谱之内容、结构和修编方法的剧变，也不会例外。倘一味因循守旧，恐遭民众之遗弃。

今余姚市有三七市镇三七市村，旧属慈溪县，因农贸集市得名，旧称金川。三七市村有项家，旧谱载宋祥符、宣和年间修编《辽西家乘》，项公诜于嘉熙年间编成。明代项公前峰，以遗谱增补、续修，于嘉靖癸丑年（1553）本编成《鸣皋项氏续谱》，又称《项氏家乘》。清乾隆辛巳二十六年（1761），金川派七世孙茂礼藉鸣鹤残谱、各房祭簿，询知父老，或索之木主，汇编行列，抄旧谱列前卷，编成《金川项氏宗谱》钞本，共两册，总目列十二。民国十七年（1928）十二月，金川派十一世孙祥豹主修，同里、清廪贡生董章瑞主纂，太仓县支祥林、祥华出资刊印，同里董秉逊题署谱名的《慈谿金川项氏宗谱》，凡六册，有卷首、卷末，凡四卷。

前几年，余姚三七市项氏发起续修怀德堂宗谱，笔者应邀参与其事，屡与理事会诸位共议，定性于续谱新编，获得响应，遂研读旧谱，以为民国《金川项氏宗谱》结构完整，尽合旧例，内容翔实，尽显家风，排版精心，印制精致，虽有瑕疵，但不足以掩瑜，当属传统宗谱之典范。况且旧谱仅数位族人得以今睹，旧谱所志，实属项氏一族珍贵历史文献，其内容应基本予以保留，但于部分接续、新增中，卷次结构及内容等均有调整、增删。现宗谱初稿已就，兹将新旧两谱对比介绍如下。

一、新编谱名更改。鉴于行政区划调整，自1954年10月金川乡划归余姚县至今，且1961年6月金川改称三七市至今，所以民国谱《慈谿金川项氏宗谱》易名为《余姚三七市项氏宗谱》。况且民国谱地名之原县名“慈谿”已易字不复。

唐开元二十六年（738），设立慈溪县，因汉董仲舒六世孙董黯现孝行的大隐溪后改称慈溪而得名，县治在今慈城镇，现治所迁至浒山。明永乐十六年(1418)，慈溪县衙丢失县印，因惧为歹人所得，故奏请朝廷改成“慈谿”。1956年，推行简化字，则把“慈谿”改回“慈溪”。

二、因为是续修新编，于卷首，保留民国编谱凡例30条，另新设凡例14条，以叙新编体例。

三、续谱新编的内容须遵守法律，而不是旧宗法。一是当今宪法规定男女平等，女儿入谱几成共识，是修无论男女，同按出生先后为次，但宗谱也须有区别，系图止于女儿本身，旁注性别，但无行次；行传止于所育子女，写明姓氏；外甥、女婿出众者，姓名后夹注较高学历或出众事项。二是非法同居者配偶不入谱，非婚生子女入谱，但仅夹注其生母于后。三是保护隐私，不出现身份证号、居址；若公藏，则须要约解密期，一般为此后大修之五六十年。四是修编、印制、圆谱之财务收支规范、公开。

四、结构、内容和编修流程、方法适当调整，以贯彻现代价值观和精神。一是公民社会生而平等，现代家谱记录族中贤俊，不再惟官衔、名望、财富，故把“诰敕、衣冠盛事”等置于卷四“文献上”后。二是入列传者，旧谱仍旧，新入传者，理事会据其事迹众议酌定。凡慈孝、慈善、公益、侠义与好学、精研、创造诸事迹出众异于常人者，均扼要予以敬录，不能让家谱成为家族成员间名利攀比的载体，如此，现代家谱才能应时、同脉、共情。三是诸理事义务共襄，众议共允；族之男女或寓居、分迁者均自愿进谱，自行填写进谱登记表，或委托采访者录入。如此进谱，依法、自由、平等、民主，实录人事现状，以希冀契合现代伦理，尽显时代气象。

五、所志内容个别有考订、增删。一是民国谱凡例、行次不变，但卷首个别序文、像赞，据稽考确系改写移用，予以删除，但注明原文题目，以备查。二是新增题词二、地图二，以及考订的项氏本宗源流，包括姓源、郡望、典故、宗支、宗祠、堂名。家谱图像，一般体现尊祖、敬宗、收族，有村庄舆地图、先祖画像或遗照（或有像赞）、宗祠图和宗支祖墓图四类。现今所编的一些新谱，卷首图照，或有村办公楼、编委会，资助者、文物古迹甚至庙宇等，岂止喧宾夺主，均为“压主、压祖”之举，如此把宗谱与村志、普通书籍相等同，实在是对祖宗、先世之大不敬。考订源流，要查阅历史文献，参究旁宗近支之谱，予以梳理，或一时难为，可注明仍循旧谱，切忌抄袭、改写“度娘”所言。沪上有研究四明项氏专家项君志卫，已有论文多篇，其观点为项氏研究学者所共识，是编则援引其说。三是项氏历朝迁徙图，参据世系、行次，新增安世、元善、槐、敏安、克传诸公；克传公系迁金川一世祖，据续谱信息，新列“金川派迁徙图”，至十四世。当代迁居已成常态，故下不列载。四是卷首新增历代旧谱和《义乌尚经项氏宗谱》简介。义乌尚经支，自金川迁居义乌，迄今凡八世，裔孙于丁酉年（2017）另修宗谱。是谱则照录或增补至民国谱原所载十三世行传，即尚经谱第五世；十四世行忠及以下本谱未录，可见其谱新修。五是新增家训。旧谱多有宗规、家训，宗规已不合时宜，但可作为家族历史文献留存于新谱，家训则是家族对子孙立身处世、持家治业的教诲和约束。新编家训，既要传承中华传统道德、礼仪，又要赋予当代市场经济、法治社会、公民社会、学习型社会的新要求。项氏旧谱素无家训，故提议新增之。

六、系图和行传格式沿袭欧苏式，合体相兼，有新增和疑缺；列传下系续增。一是金川乡本支系图，仍按旧谱房份续增至十七世。为篇幅平衡计，行传卷内稍作调整：卷二上为一世至九世，卷二下为十世至十七世。二是行传所书及次序、规范，已录照旧，此后新生事项，补充齐全；续增者行传，仍以出生先后为次，新增文化、职业等，置于房支及迁居地址前。侨居者住地，为现户口所在地街道或村。个别经检索有零碎事迹的，另行叙述。新编行传，既用标点，则不复若旧谱于生卒、婚配、生育、墓葬等逐条分列。三是系图、行传续录，据其自行提供之信息，不齐全事项经联系后补充；失联者，据采访者所知录入；无可考察者，不得已注出外无考或不详。故采访者虽热忱主动，然行传仍多有信息不齐全者，不得已注“余不详”等。四是卷三列传上，照录民国谱；列传下，续增旧谱尚未载录及近现代族之贤俊，计有宗璇诸公凡十二，内传记录族之配氏有感人事迹者二，当代族之贤俊行实凡四。

七、新设卷四“文献”。上编尽录民国谱卷首、卷末之文献，但删除《项羽本纪》，因当代史书常见；下编据旧谱卷四录入子迁公诗选、题项氏贞节妇诗和文 2 篇，新选录平父公诗及诸诗友酬和诗词。三七市乃中华杨梅之乡，则选录咏慈溪杨梅诗 6 首。

八、鉴于当代离乡外居者普遍，为记“乡愁”，新增卷五世居，介绍建置、地名、地理、交通、物产、学校、医院和史迹等，相当于个别旧谱的谱志一体。

九、是谱语体，原谱文言照录，后续新编，近代白话，或文白相间，以求简练、准确。除个别地名人名，均采用简体字。竖排、宣纸印制，俾族亲领悟民国宗谱之状貌。

十、新设余庆录、亲恩录和参考引用文献资料。按旧例，宗谱小修二三十年，大修五六十年，其间族人生育、嫁娶、卒葬、学习、就业等新生事项，各房可于卷末余庆录中及时记录。当代家庭女方一系抚养血亲、厚助深交之情状频繁；其他有教育、提携、救助之恩者，或因近邻、业缘、趣缘而成世交、良友者，凡其人其事均可于卷末亲恩录记之。卷末且详列参考引用文献资料，以示致谢且不敢掠美，同时也是现代著作的规范。

十一、新谱为查阅便利，渐有姓名索引之风，窃大不以为然。其一，宗谱，系宗族档案文献，而今旧谱虽已成为公藏的历史文献，但新谱无须为非族人提供检索方便，因为其具有宗族私有、内容私密的性质，自古而今没有改变。所以本人提出当代所修宗谱可公藏，但要与公藏机构约定解密期，据谱牒大修时间惯例和最后进谱人物退休时间，一般可约定五六十年后解密。其二，宗谱以尊祖、敬宗、睦族为宗旨，保管、阅读宗谱，须以恭敬谨慎之心，耐心细致拜读，逐页、逐一了解先祖、长辈和兄弟姐妹生平及族之贤俊事迹等，让读谱者复生尊敬、孝悌、和睦之意，渐有弘扬家风之举。它并非普通书籍，无须囫囵吞枣，直奔主题。况且谱牒还有目录、行第字、系图、房派、出生行次、页码，分卷分册，新编时再注明每卷条目下的页码，则足以便捷。

余姚三七市项氏庚子年本宗谱，虽然续谱，但尝试新编，期冀能既“守本”——坚持宗谱的基本体例，又“应时”——宗谱的结构、内容，特别是个人信息记录，包括修编流程和方式方法，尽量与当今时代相适应，同时努力凸显项氏开拓进取、积善效仁的家风。这一尝试是编纂者对变革传统宗谱，构建现代宗谱的一种努力。

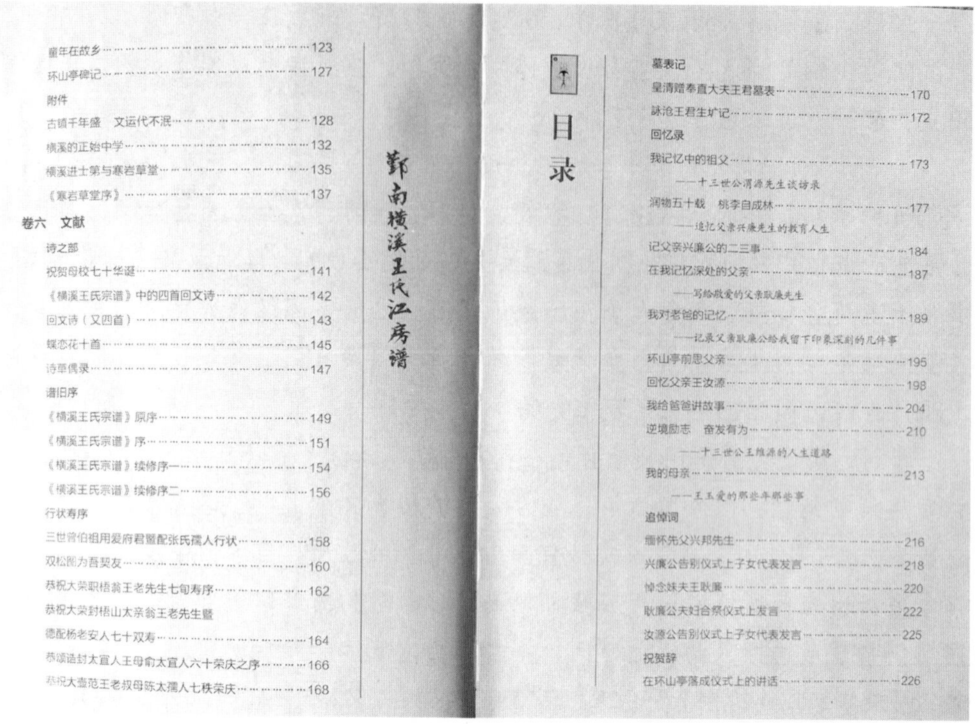

童年在故乡……123
环山亭碑记……127
附件
古镇千年盛　文运代不泯……128
横溪的正始中学……132
横溪进士第与寒岩草堂……135
《寒岩草堂序》……137
卷六　文献
诗之部
祝贺母校七十华诞……141
《横溪王氏宗谱》中的四首回文诗……142
回文诗（又四首）……143
蝶恋花十首……145
诗草偶录……147
谱旧序
《横溪王氏宗谱》原序……149
《横溪王氏宗谱》序……151
《横溪王氏宗谱》续修序一……154
《横溪王氏宗谱》续修序二……156
行状寿序
三世曾伯祖用爱府君暨配张氏孺人行状……158
双松图为吾契友……160
恭祝大荣职梧翁王老先生七旬寿序……162
恭祝大荣封梧山太亲翁王老先生暨
德配杨老安人七十双寿……164
恭颂诰封太宜人王母俞太宜人六十荣庆之序……166
恭祝大壶范王老叔母陈太孺人七秩荣庆……168

鄞南横溪王氏江房谱

目录

墓表记
皇清赠奉直大夫王君墓表……170
詠沧王君生圹记……172
回忆录
我记忆中的祖父……173
——十三世公渭源先生谈访录
润物五十载　桃李自成林……177
——追忆父亲兴廉先生的教育人生
记父亲兴廉公的二三事……184
在我记忆深处的父亲……187
——写给敬爱的父亲耿廉先生
我对老爸的记忆……189
——记录父亲耿廉公给我留下印象深刻的几件事
环山亭前思父亲……195
回忆父亲王汝源……198
我给爸爸讲故事……204
逆境励志　奋发有为……210
——十三世公王维源的人生道路
我的母亲……213
——王玉爱的那些年那些事
追悼词
缅怀先父兴邦先生……216
兴廉公告别仪式上子女代表发言……218
悼念妹夫王耿廉……220
耿廉公夫妇合祭仪式上发言……222
汝源公告别仪式上子女代表发言……225
祝贺辞
在环山亭落成仪式上的讲话……226

◎《鄞南横溪王氏江房谱》部分目录页

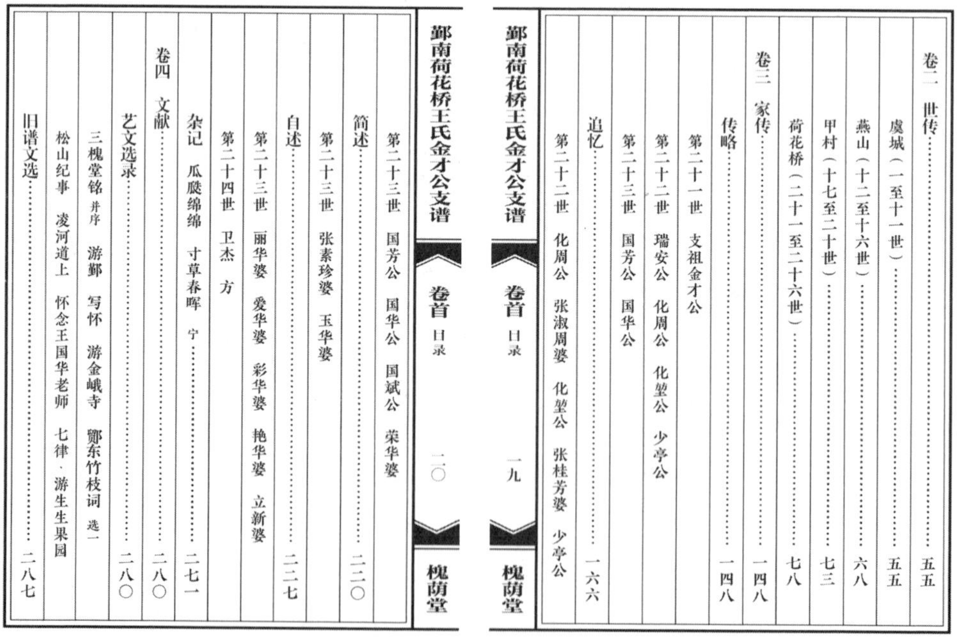

卷二　世传……五五
虞城（一至十一世）……五五
燕山（十二至十六世）……六八
甲村（十七至二十世）……七三
荷花桥（二十一至二十六世）……七八
卷三　家传……一四八
传略……一四八
第二十一世　支祖金才公
第二十二世　瑞安公　化周公　化堃公　少亭公
第二十三世　国芳公　国华公
追忆……一六六
第二十二世　化周公　张淑周婆　化堃公　张桂芳婆　少亭公

鄞南荷花桥王氏金才公支谱　卷首　目录　一九　槐荫堂

鄞南荷花桥王氏金才公支谱　卷首　目录　二〇　槐荫堂

第二十三世　国芳公　国华公　国斌公　荣华婆
简述……二三〇
第二十三世　张素珍婆　玉华婆
自述……二三七
第二十三世　丽华婆　爱华婆　彩华婆　艳华婆　立新婆
第二十四世　卫杰　方
杂记　瓜瓞绵绵　寸草春晖　宁……二七一
卷四　文献……二八〇
艺文选录……二八〇
三槐堂铭 并序　游鄞　写怀　游金峨寺　鄮东竹枝词 选一
松山纪事　凌河道上　怀念王国华老师　七律·游生生果园
旧谱文选……二八七

◎《鄞南荷花桥王氏金才公支谱》部分目录页

第五章　家谱修编的创新性

不少人总以为，修家谱总是少数有头有脸族人的事，与普通族众关系不大，至多是配合一下了事；新修家谱还是要突出族望、族之精英，普通族人载录个体基本信息就够了；家谱修好圆谱后就万事大吉，束之高阁，且待二三十年后再续修。

时代在变，社会日趋平等、平权，上述观念、想法已经落伍，因为当今家谱已经成为家族公众历史作品。

旧宗谱虽然人人入谱，家家在谱，有入谱权，但它是旧社会权力、等级制产物，指导思想上体现的是君权、族权、父权、夫权、男权，缺乏民权，没有平权；谱文、版式上，虽然尊敬共同的祖宗，但十分突出对皇朝的避讳，多角度记载族之精英。编纂过程，一般族人、家庭仅负责提供基本信息，各环节完全由族之精英们包揽，族长、房长统筹，有文化的族人参与。家谱成果，虽然家族祠堂公藏，但能享用的毕竟还是少数族人，大多数族人看不懂文言文，甚至是文盲。

公众史学是一种全新的史学理论和实践方式，提倡“书写公众，公众参与，公众消费”。公众史是公众的历史，为公众而写，能让公众理解，而且由公众参与编写。与传统史学相比，公众史学站在底层、基层和微观主体的立场，更加强调史学知识和历史记录的普及，鼓励大众参与，注重史学的应用和传播。

公众史学理论的倡导和运用，让文化权利下沉，普惠普通民众，彻底摆脱了唯有“高大上”的人物和宏大叙事才能写入历史文本著作的刻板和积习。这与基层公共文化普惠乡村、社区一样，也是当代社会以民为本、文化平权的必然趋势。

家谱属于历史学范畴，因为它记录家族公众历史，无疑符合公众历史作品的本质特征。家谱让普通人、平凡家庭都能参与编写，进入家族历史，成为微观历史记录的一分子，而不是成为族之少数富贵者的名利攀比场。

因此，随着时代社会的变革，思想观念的变化，民众生活水平、文化程度普遍提高，需要以公众史学理念改造传统家谱——改变家谱修编的指导思想，改进家谱体例内容，丰富家谱编纂体裁，完善家谱修编主要环节，促进家谱成果的转化应用，尤其要积极发动族之所有房支、家庭认真、全程参与其中，通过“引志入谱”“引史入谱”和“谱志合一”加强普通人、平凡家庭的事迹和世居地“乡愁”的记录，让当代家谱成为所有族人共同参与、共同享用、共同传承的家族历史文化作品。

第一节　家谱属于家族公众历史作品

◎钱茂伟著《中共公众史学通论》书影

公众史学家、宁波大学教授钱茂伟博士认为，公众史学是非官方民史书写的专门化，它让史学走向公众；提倡人人参与，写自己的历史，写自己认知的时代历史；让历史在公众面中得以普及和转化、应用，解决史学的公众本位问题。

香港中文大学教授马木池博士认为，公众史学就是要让从前那些没有发声权的人，重新得到注意，让他们也进入历史。公众史是公众的历史，为公众而写，能让公众理解，并且由公众参与编写。

公众历史作品，包括民间、大众、基层的个人史、家庭（族）史、社团史、机构史等，表现形式有文本、口述、影视、档案、图像、音频视频、文化遗产、官史通俗普及等。专门编写这些著作的人，可称为公众历史作者，有成就的则称为公众历史作家。

国人素有编家谱、传记、方志的传统，公众史学理论的实践应用，突出普通大众立场，从底层、基层和微观主体出发，自己或他人直接叙写如“亲历、亲见、亲闻”（如政协系统“三亲”文史资料）的历史，从而平等地进入文本历史。

修编家谱是家族公众参与的族内公共文化活动。家谱是家族血缘关系成员的人事档案，记载族之个人、家庭世系及生平信息，也可载录家族成员的生动事迹，记录个人、家庭、家族视角下社会历史文化。因为修编各主体的平等性，人人可参与，人人可入谱，人人可分享，家家户户一视同仁，具有鲜明的家族公众历史作品的性质和特征。

百姓公众家谱的写作与传播，要鼓励、引导更多的学生和中年人，特别是退休老人参与进来。经过认真系统自学，或参加有关培训，或接受修谱专家指导，一般有中学以上文化程度的人，就可以承担合格家谱的文本编纂任务。随着恢复高考制度后的“新三届”大学生群体已陆续退休，家谱编修也就能成为大众性、普遍性的家族文化活动。

第二节　入谱人事信息采集要丰富

公众史学强调“书写公众”，它与“大众”“群众”有区别，指的是与一个社会组织发生直接或间接关系，对该组织的生存和发展具有现实的或潜在影响力的个人、群体和社会团体。从家谱角度看，这个组织就是宗族或称家族，个人、群体和社会团体就是指族人、家庭和房系、支系以及民间会社。所以，家谱要记录这些具体信息，以提升历史属性，丰富价值功能。

家谱是家族公众的历史记录。无论地位高低、职业贵贱、财产多寡、性别男女，家谱载录的这些人物越多，事迹越丰富，激励和教化作用就越大。家谱记录的“公众”对象，一般包括五个方面：一是重要、知名族人；二是族之乡贤，品德、才学、能力为乡人推崇敬重，或为乡里、家族有较大贡献者；三是普通族人，其人生功德，看似平凡，实为家族、家庭血脉繁衍和品格、能力传承的基因密码；四是与众不同的特色家庭，如育子有方、子女成才的家庭，教师、中医、武术世家，各种手工艺等“非遗”文化传承家庭等；五是族人为主出资、负责或组成的民间、家族性会社，传统的如宗亲会、消防会、施茶会、马灯会、龙舟会、庙会等，当今则有宗亲联谊会、家族文化研究会、家族基金会以及各种慈善公益、文化娱乐等非营利的志愿者、义工团队。

传统家谱重在记录家族成员的基本要素——父名、谱名、字号、（伯仲）排序、排行和生、卒、配（适）、葬、育，这是由家族所处时代和家谱的本质属性决定的。偶有记录迁居、学历，或职官、衔爵，或慈善公益，是因为农耕社会比较封闭，人口流动外迁极少，且文盲或蒙学识字居多，而县学生或初中以上学历者罕见，出仕为官受封者或有条件为家族、社会慈善公益者更加稀少。

优秀的公众历史作品，记录人物个体的事迹必定比较详细。家谱以记载族人世系为核心，后来逐步发展，引入史志体裁，增加族人“世传”“寿序”“碑铭”“考辨”等内容，让族之精英事迹丰富起来。从当代家谱的历史文化属性看，当今修谱要尽量增加族人，特别是普通族人、平凡家庭的其他信息、事迹。不仅载录个人基本信息要素，还要从谱主所处的时代出发，尽量增加个人、家庭历史文化的拓展信息和特色信息。记录族人品行事迹，要兼顾私德和公德。在记录族人事迹的丰富性方面，房谱能更加有所作为。

当今社会家族成员因为学业、从业、居住而普遍流动，向城镇集聚；九年制义务教育普及，大学入学率逐渐提高，不再属于精英教育；通过自学、读书，工商、创业、从军、技艺、专长、兴趣爱好等，成才渠道不再局限于科举、官途，基层能人、专业人才呈现多层次、多元化，而且许多人即使普通、平凡，人生也普遍历经艰难、坎坷，终见阳光，经历大多丰富多彩，有故事、有生活，就业往往自得其乐。综上，当今修谱，应不吝笔墨，尽可能予以客观实录。

随着社会发展，家族成员事迹往往多姿多彩，层出不穷，这是当今时代进步带来的家族新气象、新风尚，值得家谱载录。如不少人各有所学，老有所乐，掌握器乐、歌舞、表演、绘画、书法、体育等文化娱乐各种技能的族人大量出现；从事慈善公益活动已成社会风尚，除了捐款、捐物，有无偿献血、捐献器官、遗体，或组建公益队伍，平时成为义工、志愿者，或结对扶贫，见义勇为；有些成为农村种养专业户，兴办个私工商企业；有的教子有方，子女成才，或身残志坚，自强不息，或尊老爱幼，家族公认，或发明创造，撰文著书。传统家谱注重记录家族个体，不少家谱对“特色家庭”、家族“会社”记录不多不够，其实这也是从群体角度记录族人事迹。同时，当今社会有各级各类职称评定、荣誉表彰、媒体报道和学会协会，应关注族人是否有此类情况，予以征集、记录。

随着改革开放后的社会巨变，基层能人、人才技能评价标准也在发生变化，如改革开放前后三四十年名声较响的村（大队、生产队）中各级各类干部、电工、驾驶员、拖拉机手等；曾称为“投机倒把分子”，暗地里从事“资本主义尾巴”、地下个体经营的工商能人；被泛称为“五匠”的手工艺者，而今的非遗传人——泥瓦匠、石匠、木匠、漆匠、箍桶匠、竹篾匠、铁匠、铜匠、补锅匠、裁缝、鞋匠，以及擅长陶艺、剪纸、年画、刺绣者等。家族成员的这些经历、特点、特长，也应该记录下来。

个人基本信息征集记录后，编纂者根据了解、掌握的个人和家庭特征、特点、特长等，请修谱理事会再次组织重点征集，补充相关材料——家谱应该记录的五种“公众”对象，特别是普通族人的嘉言懿行、片长小善，或身心特点、良好习惯，或学业、职业、技能等异于常人者。（参见附表：进谱信息登记表）

家谱记录族人的生平事迹，基本原则是扬善隐恶，这是家谱主要功能之一——教化性所决定的。

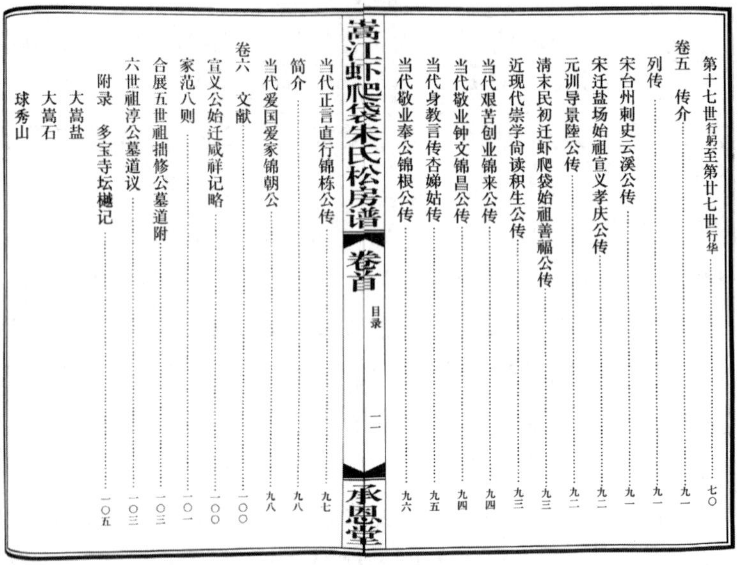

第十七世行躬至第廿七世行华……七〇

卷五　传介……九一

列传……九一

宋台州刺史云溪公传……九一

宋迁盐场始祖宣义孝庆公传……九二

元训导景陛公传……九二

清末民初迁虾爬袋始祖善福公传……九三

近现代崇学尚读积生公传……九三

当代艰苦创业锦来公传……九四

当代敬业钟文锦昌公传……九四

当代身教言传杏娣姑传……九五

当代敬业奉公锦根公传……九六

当代正言直行锦栋公传……九七

简介……九八

当代爱国爱家锦朝公……九八

卷六　文献……一〇〇

宣义公始迁咸祥记略……一〇〇

家范八则……一〇一

合展五世祖抽修公墓道附……一〇三

六世祖淳公墓道议……一〇三

附录　多宝寺坛樾记……一〇五

大嵩盐

大嵩石

球秀山

嵩江虾爬袋朱氏松房谱　卷首　目录　二　承恩堂

◎《嵩江虾爬袋朱氏松房谱》卷五目录

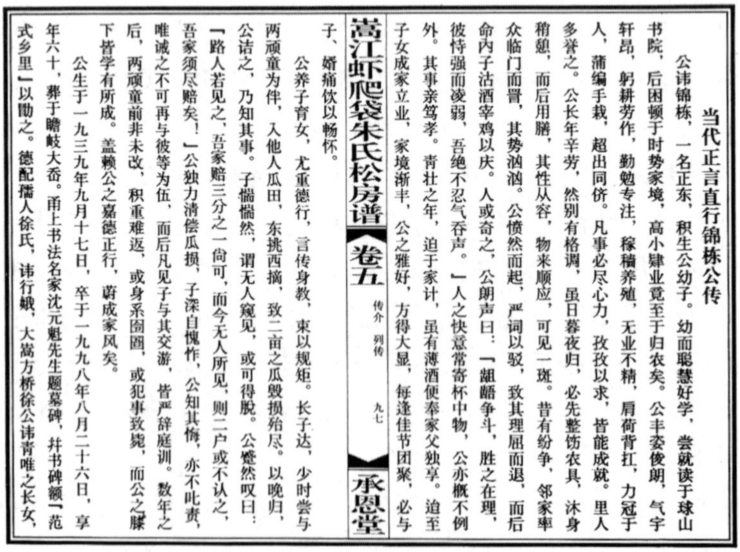

当代正言直行锦栋公传

公讳锦栋，一名正东，积生公幼子。幼而聪慧好学，尝就读于球山书院，后困顿于时势家境，高小肄业竟至于归农矣。公丰姿俊朗，气宇轩昂，躬耕劳作，勤勉专注，稼穑养殖，无业不精，肩荷背扛，力冠于人，蒲编手栽，超出同侪。凡事必尽心力，孜孜以求，皆能成就。里人多誉之。公长年辛劳，然别有格调，虽日暮夜归，必先整饬农具，沐身稍憩，而后用膳，其性从容，物来顺应，可见一斑。昔有纷争，邻家率众临门而詈，其势汹汹。公愤然而起，严词以驳，致其理屈而退，而后命内子沽酒宰鸡以庆。人或奇之，公朗声曰：『龃龉争斗，胜之在理，彼恃强而凌弱，吾绝不忍气吞声。』人之快意常寄杯中物，公亦概不例外。其事亲笃孝。青壮之年，迫于家计，虽有薄酒便奉家父独享。迨至子女成家立业，家境渐丰，公之雅好，方得大显，每逢佳节团聚，必与子、婿痛饮以畅怀。

公养子育女，尤重德行，言传身教，束以规矩。长子达，少时尝与两顽童为伴，入他人瓜田，东挑西摘，致二亩之瓜毁损殆尽。以晚归，公诘之，乃知其事。子惴惴然，谓无人窥见，或可得脱。公蹙然叹曰：『路人若见之，吾家赔三分之一尚可，而今无人所见，则二户或不认之，吾家须尽赔矣！』公独力清偿瓜损，子深自愧怍，公知其悔，亦不叱责，唯诫之不可再与彼等为伍，而后凡见子与其交游，皆严辞庭训。数年之后，两顽童前非未改，积重难返，或身系囹圄，或犯事致毙，而公之膝下皆学有所成。盖赖公之嘉德正行，蔚成家风矣。

公生于一九三九年九月十七日，卒于一九九八年八月二十六日，享年六十，葬于瞻岐大岙。甬上书法名家沈元魁先生题墓碑，并书碑额『范式乡里』以勖之。德配孺人徐氏，讳行娥，大嵩方桥徐公讳青唯之长女，

嵩江虾爬袋朱氏松房谱　卷五　传介　列传　九七　承恩堂

◎咸祥朱氏二十三世孙锦栋公传

第三节　家谱记人体裁宜“引志（史）入谱”

人物是公众历史作品的内容主体，也是家谱的本质体现、主要内容。家谱记录族人，从传统到现今，体裁不断丰富起来，主要是“引志入谱”，增加史料性、客观性，“引史入谱”厘清族史脉络，强化教化观点。综合运用史志的各种体裁，可丰富记述的历史价值：从单纯的血缘世系，到为族人立传纪事；形式上从单一的世系表，到世系图与世次传分设；增加“志”的传记、事迹志、表图，“史”的家族史、大事记。

家谱，特别是房谱，记录人物如果种类较多，有个性特点、碎片化事略和全面完整之别，则可以视其事迹是否全面、名声影响和家族贡献、生卒与否、性别、姻亲关系等分类入谱，以不同体裁分类处之。

具体办法：（1）卷首。理事会名单、分工，如顾问、正副理事长、编纂、校对、调查采访、财务管理、摄影绘图、写序等。（2）世系图（表）。记录房派个人血缘、功名信息；父亲、长幼、名字、迁徙、过继、启后、突出的职务职称荣誉、学历、有传等。（3）世传卷。包括两部分：“世录”，记录个人和配偶的基本信息、扩展信息；世录下“简介”，记录特殊信息。某些特殊可记可嘉者，如生理特征、个性特点、宗教信仰、从业从军、优良德行、好学上进、技能特长、自强不息、修谱贡献、慈善公益、是否入传记等简明事实或评价。（4）传记卷。逝者写“列传、内传、外传”或“行状（行述）”或“追记”；事迹全面或家族影响较大者，在世者可写“事状志”“回忆录”“口述史”；享寿高年，或有一定名望，特别是在世的，可分类列“表格”，如大中专学生、专家学者、企业家、党政军领导、从军者、高寿者等。（5）文献卷。节录知名人物、事件专题新闻报道，著作作者简介。（6）世居卷。列举本村的古今知名人物。（7）卷末。功德榜：“表”列捐资人姓名及捐资额；跋（编后记）：记录修谱协编有贡献者。

第四节 修谱可推广“谱志合一”

传统家谱记录与家族相关的村域公共事略、名物，比较常见。如今宁波市海曙区《光溪朱氏宗谱》（1937），卷一为古今美观，除了载录家族相关内容，也录入“世迹宅里名、名堂、名楼、名轩、名井、名园、名池、建桥、功德寺、牌坊、名墓、坟祠庵名”。卷八有“庵记、镇江桥、百梁桥舍田疏记、惠明桥、高桥”等村境及附近公共建筑物。

谱志一体，则是传统家谱的内容拓展，卷次一般列入“外编”，虽不是传统宗谱常例，但也不乏个案。典型的如鄞州区咸祥镇《四明朱氏支谱》（慎德堂，1936）有正编六卷，首一卷、末一卷，内、外编二十六卷。正编是族人世系、世传，内外编“采凡本系、祠堂、先行续录、星候（并图）、灾异、村域（并图）、山川（并图）、风俗、赋税、乡塾、防兵、社庙、交通、义举、禅庵文辞、遗迹、物产、后序”，就是村域志。这些载录为当代鄞州区咸祥镇志编纂起到重要作用，后编入《近代咸祥文存》。同样，鄞州区瞻岐镇《四明杨氏族谱》（燕喜堂，1946），近代宁波国学教育家杨翰芳编纂“外编”，凡卷九至卷二十六，载录“星候、灾异、村域、山川上下、风俗上下、赋役、乡塾、防兵、社庙、义举、禅庵、文辞上下、遗迹、物产、后序”，可惜该编劫后不存。象山县《关头史氏宗谱》也有“乡土志”；《三门卢氏宗谱》从卷十六起则有教育（附校产）、善举（附茶田庵产）、选举表、出征抗敌军人题名表、祠庙、茔墓、建设、名胜、艺文（外编、内编）、大事记、杂记等内容。

传统家谱谱中有志，运用地方志体裁，史料价值一般宗谱难以企及，不过，这大多是族中文人率性而为。当代，由于党委、政府地方史志部门的有力推动，经过二轮修志，行政村出现村史、村志、村谱三者并列，或互相兼容的状况，特别是谱志合一或志谱一体的作品逐渐增多。这种取舍，因村制宜，萝卜青菜，各有所爱。但“志谱合一”，以社区的志为主体，文本的发行面往往广泛，就要更注意妥善处理好谱中村民家庭成员的隐私信息，以免对簿公堂。因为一些居民同意将个人、家庭部分信息入谱（授权编委会，让渡部分隐私权，仅局限于进谱入志目的），是因为村里、族内互相知根知底，但并不等于他们愿意向全社会公开隐私信息。

当今社会，因为族人广泛流动，大部分人已经迁居、定居外地、城区，有些移居市外、省外甚至国外。如果父母俱逝，除了春节、清明等节假日，也不太会“常回家看看”。为了让裔孙记得“乡愁”，了解家乡，增进对家乡的感情，“外编”记录世居地就显得十分必要。

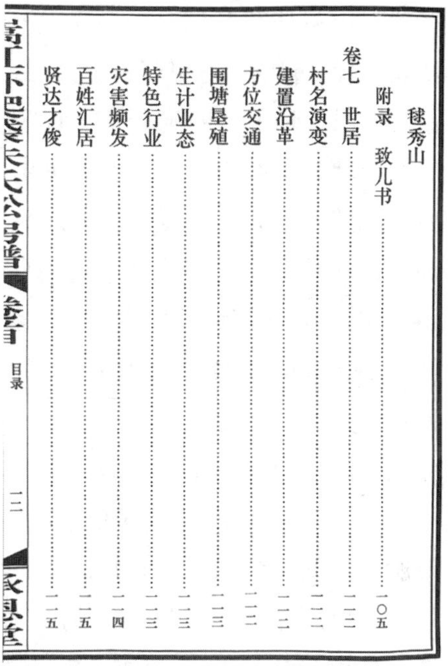

毬秀山

附录 致儿书……一〇五

卷七 世居……一一二

村名演变……一一二

建置沿革……一一二

方位交通……一一二

围塘垦殖……一一三

生计业态……一一三

特色行业……一一三

灾害频发……一一四

百姓汇居……一一五

贤达才俊……一一五

目录 二

◎《嵩江虾爬袋朱氏松房谱》“世居”卷条目页照

“外编”世居，能充实家族的人文地理和历史文化，增强家谱作为公众历史著作的广度、厚度。记录世居，要突出重点，不要面面俱到，重在记录沿革、地名、地理、交通、大事记、人物、经济物产、古树名木、文物史迹、学校、村景诗文等，突出公共性、地标性、历史性、文化性，并且语言要简明扼要，篇幅比例要详略得当，以谱为主，以免喧宾夺主。

第五节 修谱过程要提高家族公众参与度

公众参与度高，是公众历史作品写作的特征之一。当今修谱，有些主事者不懂旧谱，也缺乏人才，为图省事，也往往请职业修谱师全部承担编印任务，自己做甩手掌柜。这种做法，对修编合格家谱可行，但要编成优质的、有特色的家谱则难。

修编家谱过程本身，对族人就有许多意义、作用。如认识传统旧谱，了解先世源流，学习族人事迹，明白血缘关系的亲疏、远近等。参与者从各个方面能逐渐了解家谱文化、家族历史、家族贤达，增进血缘情感，学习美德，明了家风，记得住“乡愁”，会先人一步受到深刻的教益。所以发动、组织阶段，就要引导、鼓励、组织有一定文化、能力的族人，积极参与修谱活动。直到圆谱，各个阶段、环节，明确分工、有序参与的族人越多越好。

家族公众参与，首先是发动族之户主（代表）参与，推选产生理事会成员，通过家谱修编规约。其次是动员每个家庭、所有自愿入谱族人参与，提供完整、确实的个人、家庭信息材料。要鼓励、表彰旧宗谱、房谱珍藏者提供家族原始材料。委托有水平的专家，检索旧谱或家族、世居地等相关文献资料。最后是理事会成员，构成要全面：（1）理事，包括策划、统筹的正副理事长，执行编纂业务者，负责房系或住宅片区（自然村）或城区定点登记、采访、联络等，征集族人信息材料的采访者、联络者，负责筹资、财务收支、资金监管等的财务人员。人数较多，为便于议事决策，可设常务理事。（2）协助修谱的负责校对、摄影、供图、绘像，做好圆谱事务者等。（3）顾问，为提升家谱修编档次，可聘请地位高、有名望、在外地的相关族人或异姓学者或家谱专家，担任荣誉顾问；请在本市（县）工作、间接参与过修谱座谈的族之耆老和主要出资者等担任名誉顾问。（4）家谱编印捐资者，要认识到捐资修谱本身就是表明参与的积极态度，一种家族公益精神普遍化，捐资的面越广越好。理事会通常关心的是捐资数量，其实更要关注捐资的人数是否广泛。修谱与造祠堂同样，一般不要让少数大老板出资了事，尽量要让更多的族人特别是老年人捐助，公告时捐助的起点不妨低些。捐资老年人对后代支持修谱有示范、后续作用。当然，对捐助数额较大者，要赠予家谱，也可谱文专条介绍。广大捐助者列名于谱中，会广泛增强对家谱的认同感，对家族的归属感。

族众参与者多，似乎会人多嘴杂，让修谱复杂，甚至造成混乱。但理事会主要负责人有威望，有公信力，组织统筹能力强，处事公开、公平、公正；编纂者业务技能强；参与者职责、分工明确。理事会组织定期或专题民主集中议事，个别特殊问题有针对性解决，有序修谱。如此，修谱成效就不只是编成一种家谱，而会产生过程效应、综合效果。

第六节 家谱修编成果要重视应用与转化

修谱是为了用谱，旨在促进家族文化的传承和发展。家谱修编成册，举行圆谱庆典后，要重视家谱成果应用与转化。从家庭、家族实际出发，可开展如下活动。

一是结合六月六“晒谱日”、父亲节、母亲节或清明节、春节等相关节日，定期、郑重地开展晒谱、读谱、知谱、讲谱活动；根据各地风俗习惯，举办祭祖、敬老活动，联系、增进亲情，宣传、弘扬家风，熟悉传统家谱文化。

二是建立家族亲情联结的平台载体，建立房支、亲戚联谊微信群，开设家族公众号，有条件的定期组织联谊会，经常交流、发布信息，分享家族、亲人喜事、大事、要事、新事、特事。

三是建立家族公益基金，如家族敬老、助学奖学、济困助残等。总量大的，通过各级慈善总会建立专项基金，发挥家族保障保护作用。

四是深化家族文化建设，成立家族文化研究会，定期汇总宣传族人及亲戚贤达、优秀青少年事迹，组织开展地区性乃至全国性姓氏文化游、表彰宣传积极传承家族文化人士等活动。

五是鼓励有兴趣、有文化的族人，利用宗谱自行编纂房谱、家庭谱、亲戚谱，编写个人史、家庭史、家族史和个人年表、年谱等历史文本，增进家族历史文化底蕴，也为续修家谱积累族众资料。

六是支持所在行政村办好公共祠堂或村文化礼堂，利用家谱编写家训家风故事。支持利用家谱开展地方史志编写、学术研究等，发挥家谱对社会、公众、学术的价值。

家谱印发后，虽然大功告成，但不能束之高阁，无所事事。为增进、维护好家族亲情，修谱理事会还要以本宗为主，与支派、房派互动，探索建设新颖、良好家族关系和促进家族文化的各种途径、方法，也为下一轮修谱打下深厚的情感基础。

附录

镇海大通宣庆府董氏家谱文化建设工程评述

——兼谈以公众史学理念修编董氏亲戚谱

当代家谱，必须“循古应时”，继承传统，又与时俱进，适应时代；必须“守本出新”，根据家谱文本的特点，编出基本保持该族旧谱版式、体例特色，适应修谱家族经济、人文、人际关系特点，反映修谱理事会人力、财力、智力和编纂者人文精神、人文素养能力特点。家谱文本充分体现“三脉一风”（血脉、文脉、地脉，家风），从版式、内容、形式，特别是记人记事等方面，响应公众史学家、宁波大学教授钱茂伟学术观点，以公众史学理念改造传统家谱。近几年，我应邀负责镇海董氏大通宣庆府声字辈公房谱编纂工作，后续参与董氏家谱文化建设诸多工作，全面实践了上述家谱理念。董氏家谱修编工作，从原有一部作品，不断增加、拓展、深入，蔚成家谱文化建设工程，为宁波市内、省内氏族所罕见。

镇海董氏家族有着深刻的、高度的文化自觉。从 2007 年 3 月正式筹备修谱起，至 2024 年 4 月中旬暂告段落，董氏家谱文化系列工程主要历经七个阶段：（1）设法找谱。（2）梳理译注旧谱。（3）总纂成房支简谱。（4）重修房支谱。（5）整理《芝峰集稿》。（6）重印、校对旧宗谱。（7）隆重圆谱。其间，理事会大多数成员先后作古，修谱理事会两位理事长前仆后继；圆谱工作、隆重热烈，两代人接力主事，终于比较圆满地成就董氏家族的文化盛事。但即便董氏家族财力充裕，参与者人力充足，因为人员更迭、不断扩充、精益求精，其编修过程也持续整整 17 年，时间如此之长极为罕见。董氏修谱工作，最终形成家族文化的系列成果，包括旧谱新印、旧谱译注、旧谱校对、房谱创修、《芝峰集稿》笺注等；同时，依照家谱文献，绘制镇海董氏大通宣庆府结构图，实地测绘董孝子庙，复原众多长辈旧照，考察走访大通宣庆府旧址、丁董村吉公派支祠，走访董氏家族相关的瑞岩寺、阿育王寺，直至设立灵位堂，庄重举行安放灵位牌仪式，召开来自全国各地的董氏房亲、外戚圆谱大会。董氏家族不只是修成一部家谱，而且让修谱过程成为亲人们了解家族血缘、历史的过程，成为尊崇先祖，在祖宗旗帜下凝心聚力的过程，成为深入了解、弘扬传统家谱、家族文化的过程。

董氏家族家谱修编过程中，非常敬重历史、文化传统。理事长董伟龙崇仰传统文化，尊崇先祖，对传统有高度的敬畏之心，相信热爱传统文化的家族，必定重视教育文化，重视人和形成合力，就能人丁贤达辈出，就会敢于创业创新，成就专业、事业，过好自己的人生。他接受并坚持“循古应时”“守本出新”的观点，反复强调旧谱虽有差错，但按原有体例版式，可以重新打字排版印制，但要完整保留，让今人全面了解传统家谱，故而把宗谱校对稿作为附件，作为参考。当认识到已准备付印的初修家谱在内容、质量、体例上需要重大改正、提升时，董伟龙果断决定房支谱编纂重新返工，不惜重金，不计时长，唯求质量至上。“前人不修谱，后人寻根苦”，这是镇海董氏这次修谱的真实写照和刻骨铭心的体会。因为没有小家谱记录，仅120年左右的第二十五世、房祖声字辈曾祖父的名讳失记，致使本支族在旧宗谱踪迹难寻。董伟龙理事长和协编孙爱珍女士，包括编者本人，百般求证，仔细考辨，理事长甚至求助于观音菩萨指示。此种做法虽然值得商榷，但敬祖之心赫然在目，令人肃然起敬。得知董氏本宗丁董，清朝有俗名董尔昌出家成为一代高僧，释宗辉著有存世孤本《芝峰集稿》，理事长即请诗集发现者朱道初先生整理笺注，印制发行，放入家谱箱，赠予董氏后人以及相关的镇海瑞岩寺、鄞州阿育王寺。

《镇海大通宣庆府董氏吉公派声□公家谱》系创修的家谱，属于连根养根的亲戚谱，先男丁系后女丁系，双系并重，这在当代还是比较少见的。只有家族关系敦睦、亲近，理事会有较强统筹能力，才有条件同心合力开展亲戚谱修编工作。因为需要外戚后人自愿提供个人、家庭信息，有更复杂的思想认识、隐私保护、婚姻及家庭关系等各种因素，有些亲戚不理解家谱，不愿意入谱尤其是他姓谱，当然也会有内亲反对让他姓编入本姓的家谱。这些情况实属正常。传统家谱是父系血缘谱，为了宗族局部利益注重父系血缘纯洁性，有明确的排他性。但亲戚谱不断出现是基于当今时代经济、社会已发生巨变：一是家庭伦理关系变化，由宗族、家族依附关系，变成宗法关系消亡，家庭关系趋向独立，五世同堂变成两世同堂、三世相对紧密；家庭之间内部关系紧密程度，由以父系兄弟内亲为重，渐变为与母系亲戚、联姻家庭三者关系并重；二是因为失去宗族经济、社会保障的必要性，家谱修编由注重父系生物基因、血缘谱系，转而以父系血缘为基础，重视同族共祖的文化基因、精神谱系，家谱更多记录家族历史文化、家族精神。外戚亲人也为母系内亲一脉提供文化、精神的滋养，反之亦然。内亲外戚互学、互助、互携、互进，将促进关联家族、家庭的兴旺发达。董氏修谱理事会主要成员，完全掌握了这些现代家谱理念，为修编该亲戚谱，殚精竭虑，反复动员、联络、解释，做了大量工作，所以修编工作虽难免会有一些小插曲、小波折，但总体上比较顺畅。

家谱属于公众历史之家族史范畴。镇海董氏声字辈房谱修编过程及其成果、形式，响应了公众史学“书写公众、公众参与、公众消费”的口号，使之成为一部现代家谱。一是家族公众广泛参与，宁波，特别是镇海、上海、武汉、天津等地族人、亲戚自愿提供个人、家族相关信息；理事会组成人员包括各地亲戚，董氏外甥女积极参与具体修编工作，以董氏青年丁望为主承办圆谱系列活动。董氏房支谱“修谱记”记录了修编工作全过程、主要参与者及重大事项。二是大量记录房亲、亲戚等生平和事迹。（1）“系图”包括房支、亲戚及后人，血缘、亲戚关系一目了然。（2）“世传”包括个人、家庭信息10个以上要素：名（父母名、己名）、（字辈、长幼）学、职、衔、誉、迁（房）、生、卒、配（原籍，父名、职衔、长幼、学、职、衔、誉）、葬、育。（3）“事状志一二”“家传录”分层次介绍逝世、在世的重要族人、亲戚贤达及其配偶，比较全面记载贤达者人生事迹，以资效仿。（4）人物“世传”卷下，简志许多房亲、亲戚某些身心特点、美德懿行、职业事业、爱好特长等与众不同之处，特别是好学进取、慈善公益、家族贡献等品质、事项。（5）“序言”“后记”提及为修谱做出较大贡献的房亲、亲戚和专家。三是修编过程和文本版式、内容上，反映公民平等、男女平等、民主自由、公平公开等现代思想。所记载的人物，不唯族亲之贤达、富贵，尽量采访、记载普通房亲、亲戚特点、特长、特色，让亲人信息在家谱中多多益善，择善存之。外编亲戚谱，把亲戚家庭成员按出生顺序记载，信息内容与内亲相同；多次动员但坚持自愿入谱原则，自主提供个人、家庭信息资料，注意保护个人隐私。“亲恩录”记载了为董氏家谱文化建设做出巨大贡献的朱道初、王宝康先生。记载形式上，房支谱卷末专设“图像录”，收录先世遗像，理事、编纂者像和理事会会议合影，以及镇海董氏家族相关照片，作为家族史著作，既有文本史，又有图像史。四是家谱让家族房亲、亲戚后人受益，从不同层面大量记载的人物事迹和精心撰写的新家训、家箴，汇成董氏家族的家风，并让亲人们在时常阅读、每年祭拜先人时，联想到他们的事迹，从而启发、影响教育后人怎样做人、做事、做学问。

因为专业人员参与修编工作，镇海董氏家谱文化系列成果具备专业性。理事会邀请 4 位专业人员参与修谱各项工作。宁波文史专家、镇海中学正教授级语文特级教师朱道初先生，研读宗谱，全面系统梳理、精心译注，笺注诗集，让董氏族人能比较轻松地明了镇海董氏家族历史文化。《镇海年鉴》副主编王宝康先生，为董氏家谱前期修编、总纂做了大量工作。本人执编董氏亲戚谱，力求把它编成一部既遵循家谱传统，又能反映社会文明进步的现代家谱。宁波地区唯一一家专业的家谱公司——宁波图腾印务公司（四明谱局），总经理康海明系浙江百姓家谱文化委员会修谱指导委员会委员，积累了二百种家谱印制的经验，负责排版、印制家谱系列作品，也提出若干专业性指导建议。其间，董氏外甥孙女孙爱珍女士全程参与，校对旧谱为主，协编房谱，协作主动，一丝不苟，也由门外人逐渐成为一名合格的修谱师。同时理事会请专业古建设计师，根据旧宗谱记载，绘制了古代镇海董氏大通宣庆府平面结构图，根据宁波董孝子庙现状，绘制立面、结构图；请一位南京技师修复几十位先辈个人老照片，不惜成本，彩色一张 500 元，共花费 2 万多元。由于理事长认真把关，各修编人员相当专业，有高度责任心，确保了家谱系列成果的质量水准。

继往开来，镇海董氏家谱文化系列成果如何转化、应用，借这次圆谱东风，应继续凝聚人心，进一步弘扬家风。本人建议要拓展、深化家族文化建设，开展如下工作：（1）建立房支、亲戚微信联谊群；（2）挂靠浙江百姓家谱文化研究会设立镇海（宁波）董氏文化研究会；（3）通过镇海区慈善总会建立家族敬老爱幼、助学奖学、济困助残等慈善公益基金；（4）每年定时举办祭祖、敬老、读谱等家族文化活动；（5）定期汇总宣传董氏及亲戚贤达、优秀青少年的事迹或家族、亲人大事、要事、新事、特事；（6）组织开展宁波乃至中华董氏文化游等。这样，镇海大通宣庆府董氏家族

◎钱茂伟、杜建海、应芳舟参加镇海董氏圆谱会议合影

文化建设工作，由一房一谱、一时一事至同族、同宗、同姓，绵长久远。宁波地区可以董孝子为宁波文化世祖偶像，以董孝子庙、慈城、慈江为平台，联络、带动各区县董氏家族，联小宗、大宗，连同域同姓，连根养根，形成董氏文化影响力，为董氏家族及相关亲戚、联姻家族兴旺发达和社会文明进步做出贡献，为二三十年后续修镇海董氏家谱奠定基础。

进谱信息登记表（参考）

填表人　　字辈　　性别　　联系电话　　　填写时间：　　　年　　月　　日

序号	1	2	3	4	5	6	7	8	9
家庭关系	姓名字号	父亲名字	出生排序	生卒时间	墓葬地名	子女名字	学校名称学历学位	工作单位或职业职务职称、荣誉事迹	户籍地
本人									
配偶									
未婚子女		/				/			/

填表辅导说明

基本原则：入谱自愿，依法修谱，保护隐私。宗谱简要，房谱详细。按房份大小、户主字辈及出生先后顺序上交。

填写方法：1. 本表一户一张，即夫妻及未婚子女，统一填表。2. 如有改名、随母姓、入赘、过继、婚姻异常、非婚生子女等特殊情况，可先说明沟通，告知家谱妥当记录方法，征得相关族人同意后载录。3. 现在不愿填写详细信息，如出生日期、配偶父亲名字、学校校名、工作单位及职务等，尊重其意愿，可适当模糊处理，待下轮续修时准确补上。4. 原则上动员入谱两次：第一次为信息采访时，第二次为初稿审核确认时。有些不愿提供详细个人、家庭信息的，经沟通解释后则尊重其意愿。5. 当代修谱男女平等，但因为宗谱是记载父系血缘关系，一般写到本姓外嫁女所生育的子女姓名为止。子女姓名，按出生先后顺序排列。6. 修编房谱，若广大房亲有共同愿望，理事会讨论通过，可编成亲戚谱。

逐项说明：1. 姓名：本人可分别写上按排行字取的谱名，让别人称呼的字，或者自己取的雅号。一般人即身份证名字，要避免同音字误写。2. 父亲名字，如有谱名则写；没有谱名的，写身份证上姓名。父亲与本人如有兄弟分房的房名，请写明。配偶父母，如有一定职务、职称、荣誉，请在空白处注明。3. 出生排序：注明本人和配偶在各自兄弟姐妹中的长次三四幼等大小，按出生先后排列。4. 生卒年月日：写明公元纪年，并在括号里注明农历，中华人民共和国成立前生卒，写明朝代、年号并在括号内注明公元年份。不知道的，写失记。5. 墓葬地名：一般写明具体地名，墓址具体方位自愿填写。6. 子女名字：一般以身份证为准，有谱名的写谱名，另写上他名（字）。随母姓，或领养子女、继子女等改为宗姓的，入宗谱一般以身份证姓氏为准。女儿生育者为夫姓，或领养子女、继子女等仍原姓的，世传注明，写上姓氏。注意：年幼夭折的子女也作为未婚子女写上。另，子女生母不一的，注明生母姓氏和“出”字（即生的意思）。7. 学校名称、学历学位：一般填写最后或最高学历和学位，“博士后”请另外写明。注意：学校名称一般写毕业证书上的校名，具体学历搞不清楚的写了解到的文化程度。8. 工作单位或职业职务职称、荣誉：一般填写最后或最高的，但包括主政一方等重要职务；主要荣誉，一般限乡镇（街道）以上级别，数量较多的，代表性列举较高、较重要的，包括获奖年月、表彰名称，表彰单位。建议有职业技能的也写上，如早年手工匠、拖拉机手、厨师、村干部、企事业单位等职务。9. 户籍地，一般指今户口所在地。户口、生活、就业在谱籍所在地的，省略不写。户籍与生活、工作地分离的，以户口为准。外迁本县的写明镇村，县城的写明街道，外县的一般写明省、市及县区名。配偶写出嫁前的原籍地。

附注：（1）本表反面，可记录本人配偶及未婚子女其他事略。如身体、性格特征，生活或职业爱好特长，尊老爱幼，孝敬长辈，慈善公益，见义勇为，好学上进，发明创造，克难攻坚，经商开店，残疾人自强不息，参军服役，无偿献血、捐献遗体（器官），海葬树葬，或非遗传承、文艺写作特长（加入学会）等与一般人不同之处。个人或家庭事迹若有媒体报道，可注明媒体名称、报道题目及时间。理事会和编纂者根据实际情况，适当写入世录下简介。（2）经理事会讨论通过，对有一定职务、职称、荣誉，或为家族、家乡及修谱等做出一定贡献者，有一定声望，为区级及以上主要媒体专题报道者，逝者立传（人物传），生者简介或列入事迹志、人物表，以光大、传承家风美德。

附：世录格式（横排）

□□公____（长、幼）子（女）

名____ 字________。就读或毕业学校____________年级或学历、学位________。
工作单位或职业（职务、职称、荣誉）________。（房名 ____）____县 ____ 镇____村居民。公元____年__月__日（农历____年__月__日）生，公元____年__月__日（农历____年__月__日）卒。

配______（姓名），系____县____镇____村____公（父名）之__（长、幼）子（女），就读或毕业学校____________年级或学历、学位____，工作单位或职业（职务、职称、荣誉）________。公元____年__月__日（农历____年__月__日）生，公元 ____年__月__日（农历____年__月__日）卒。

葬于____县____镇____村墓地（配偶分葬地________）。

育子__（数量）女__（数量）：子长____、幼____（名字）；女长____（名字），适______（女婿户籍地、姓名），幼____（名字），适______（同上）。（女儿“适”者，信息填写同“配”者，则所育子女需加上姓氏）

简介（内容详见附注）。

世录格式（竖排）

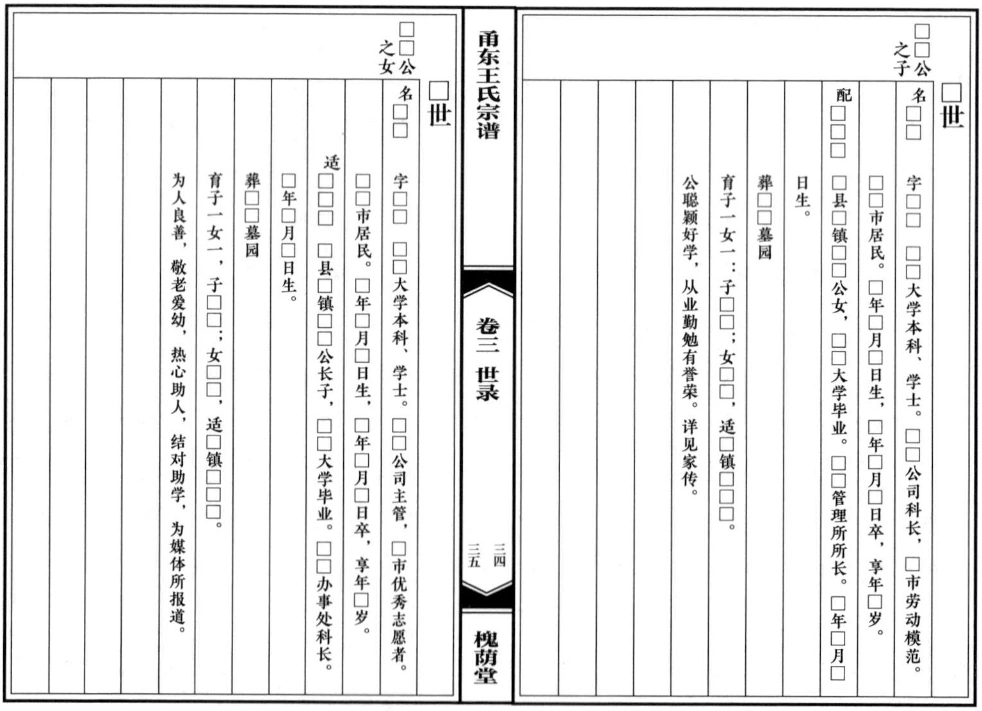

◎ 女婿姓名的世录位置，因其非族人，宗谱如上左图；房谱（亲戚谱），则可上提，与出嫁女平等，名字位置相同，同上右图。

第六章 家谱修编的合法性

当今修家谱如何避免打官司

修家谱也会打官司？浙江修谱师微信群内就有人说："修谱奇葩事。温岭一先生，辛辛苦苦为家族修好谱，竟有人告他泄露隐私，对簿公堂。"

家谱修编的法律规定及相关官司，自古有之，如为被家谱削籍，族产纠纷，过继承嗣，家谱被伪造、被偷窃等诉至公堂，有的甚至为家谱内容不当而被朝廷削职为民，或被处死送命。

当今家谱修编过程和保管等诉讼也时见网站新闻，未上法庭最终私下商议、调解解决的情况则屡见不鲜。调解、诉讼的缘由，主要涉及《中华人民共和国民法典》等一些法律规定，因为家谱质量、观点和修编者等争议，引发姓名权、肖像权、名誉权、著作权、隐私权等关系方面的官司。

家谱修编与隐私保护历来是一对矛盾，在当今社会更加突出。愿意入谱的个人、家庭自古而今都必须适当让渡部分隐私，但当今修编者也必须灵活采取各种方法，尽可能保护入谱族人的隐私信息，妥善处置家谱的私藏和公藏问题。

家谱修编、保管，毕竟是民间、家族行为，家族修谱理事会需要制定、通过明确的规约，对家谱主体各方，如族人、家庭、户主代表大会、理事会、编纂者等职责、义务和权利逐一规定，特别对可能产生的主要争议及解决原则、方法，要有预案准备，以确保家谱修编顺利完成。

当今家谱修编者要有开放包容之心，尽可能学习了解家谱修编业务，或加强专家咨询，尤其要重视修编过程的民主自主，依法有规，以免官司缠上身。

家谱本身并不直接具备法律效力，但其中的内容在涉及法律纠纷或诉讼时，经法院或司法机关进行审查，符合相关法律规定的证据要求，才可以作为法律证据使用。

家谱作为家族编印且不允许轻易公开、流传的公益性图书资料，不是非法出版物。

新修的家谱，特别是房谱，若公开出版，哪怕是修谱家族自行包销，都会明显增加个人隐私扩散的风险。倘若坚持公开出版，出版社都会提供合同文本，明确规定出版物不得含有的各项内容，修谱家族无论是否包销，还是自行修编、印发，也必须遵照这些规定，不然都属于违法行为。

第一节　当今修编家谱的合法合规性审视

家谱修编牵涉的人员广泛，情况复杂，涉及的法律关系很多，容易引发各种诉讼。从修编过程已知判案看，家谱诉讼的原告，有族人、理事、编纂合作者等；被告往往是执行编纂者、家族修谱理事会或成员、家谱持有人。被诉讼的主要原因是：族人的隐私权保护问题，包括姓名权、肖像权、名誉权等；编纂者的著作权争议、名誉权保护，以及编纂内容争议、编纂质量问题；理事会方面主要是由编纂引发的著作权、名誉权，以及财务收支是否正常等；保管人方面则主要是物权。此外，因为涉及继承权，非婚生子女有入谱权、非合法配偶能否入谱，等等。

河池市中级人民法院曾受理因编纂族谱引发的纠纷案。同一族谱接连引发4场官司，皆因修谱观点不合，名字没有编入族谱。原告状告编者侵犯著作权后，又以名誉侵权、非法出版物等为由起诉。法院先后审理后认为：现行法律、法规，没有强制性规定姓氏族谱的编纂，一定要把所有同姓族人的名字编入其中，该谱也无诽谤原告文字，家谱系内部交流读物，遂驳回原告诉讼请求。

◎《中华人民共和国民法典》书影

国家和地方政府对家谱修编没有专门的法律规定，但并不意味修谱无法、无规可依。家谱修编合法性的依据，当前主要涉及的法律是《中华人民共和国民法典》（2020年5月28日第十三届全国人民代表大会第三次会议通过，2021年1月1日起施行），关于物权、人格权（姓名权、肖像权、名誉权和荣誉权、隐私权和个人信息保护）、婚姻家庭、收养、继承等规定，保护妇女儿童合法权益、知识产权保护等规定。其他依据，有《中华人民共和国著作权法》（2020年11月11日第十三届全国人民代表大会常务委员会第二十三次会议《关于修改〈中华人民共和国著作权法〉的决定》第三次修正，自1991年6月1日起施行），《中华人民共和国个人信息保护法》（2021年8月20日，十三届全国人大常委会第三十次会议表决通过，自2021年11月1日起施行），《中华人民共和国妇女权益保障法》（中华人民共和国第十三届全国人民代表大会常务委员会第三十七次会议2022年10月30日修订通过，自2023年1月1日起施行），《中华人民共和国村民委员会组织法》（根据2018年12月29日第十三届全国人民代表大会常务委员会第七次会议《关于修改〈中华人民共和国村民委员会组织法〉〈中华人民共和国城市居民委员会组织法〉的决定》修正，本法自公布之日起施行），以及《出版物市场管理暂行规定》等。

家谱作为记录家族历史私藏的内部读物，不是非法出版物。家谱修编要保护妇女儿童合法权益，体现男女平等原则，非婚生子女可以入谱。

按照已有判例，可以明确的是，家谱的姓名权、个人信息、隐私权、肖像权、名誉权等，属于个人或家庭。著作权，旧谱谱文和世系、世录等通常属于家族共有，编纂者独创的人物传记、文艺作品等属于作者所有。家谱收藏，新编印保管的物权，属于家谱持有人，家族代表持有的则属于房支共有；旧谱属于历史文献，物权则属于持有人。

同时，家谱修编要有契约精神，制定、执行家族修谱规约，主要做到四个方面。一是家族修谱理事会，由家族户主（代表）大会民主推选产生，编印主体合法合规。二是修编基本体例，由理事会民主讨论通过后，在家族户主（代表）大会解释通过，或公告族人，定期征求修改意见后确定，有共识。其中体例内容等如有很大争议，互相难以说服、统一的，不妨各说并存，留待后人解难释惑。三是个人、家庭是否入谱，信息是否提供，或是否详略，经动员解释后自愿、自主决定。四是修编经费实行收支公开，专人负责，依规支出，接受民主监督。

第二节　家谱修编需要隐私权让渡

旧时个人家庭生活、生产、婚姻、交友多局限于一地或附近步行圈，外出谋生者少，有出息、发大财者为数不多，因此“熟人社会”的隐私相对较少，传统修谱中隐私保护问题并不突出。改革开放后，族人因就学、就（创）业、婚姻、迁居城市等原因纷纷外出，频繁流动，财富、文化、能力分化严重。随着族人发展差异化、多元化，不同身份分化明显，普遍出现同族不同阶层的情况。有的婚姻、家庭关系复杂化。因此，家谱修编与隐私保护似乎成了一对无解的矛盾。当代特别是网络时代以来，个人隐私保护问题日趋突出，这也成了一些社会地位较高族人不愿参与其中的主要考量。修谱如何平衡入谱个人、家庭让渡隐私与保护隐私，已成为当代修谱不能回避的突出难题。

权利让渡是一个法学概念，意指权利所有人通过一定方式自愿将自己的权利或物品转让给他人，相应获得其他权益的一种行为。权利让渡是建立社会关系的基本前提，也是修成家谱的前提。家谱修编时的隐私权让渡，是指族之个人、家庭为收族护族、睦族旺族、兴族强族需要让渡自己的隐私权。这种让渡是自愿的、有限的，确保提供一些基本的隐私信息，目的是要进入家谱。能修成家谱，族人则获得家族的保护，获得族人认可、肯定和评价，或维系与家乡家族的联系，进入家族历史。旧时因为有修谱传统，入谱者让渡隐私权是传统的、约定俗成的。

当今时代，家谱修编要严格保障族人保护隐私的基本权利和主体地位，不能违反法律明确规定的公民隐私信息保护的权利，通过族规谱约有限让渡，要程序正当，即设置对族人权利让渡必须经过民主、平等和公开、公正程序，族人公开的隐私比例要适度，因人因户而异，不可造成对族人超过修谱目的价值的侵害。

当今修谱理事会、编纂者与入谱个人、家庭，对隐私权自愿、有限让渡问题，都要充分尊重和理解。对知名族人及后代，对婚姻家庭关系复杂的族人，入谱信息不一定很详细，可以用各种方法适当让步，以传统约定和契约让渡等形式，做到隐私保护，自愿自主决定，入谱有公约，藏谱有族规，公藏有签约，以平衡修谱与隐私保护之必要。这样，绝大多数族人就会消除担忧，积极响应，配合采访、入谱。

虽然家谱不是当代族人社会生活的必需品，但平等互助、获得他人尊重的群体生活，是绝大多数人的基本需求，心系家乡是人之常情。血缘关系是群体生活的一种坚强基石，家谱则是血缘社群的凭证。因此大多数族人会响应入谱，适度公开个人、家庭信息，理性地让渡部分隐私，这也是家谱文化生生不息的原动力。

第三节　当今修谱保护隐私信息方法

当今修谱保护个人、家庭基本隐私权，一定要坚持依法修谱、依规入谱，落实隐私权让渡的重要原则，坚持自主自愿、因人而异、适度有限、程序公正的方针。同时鉴于隐私保护需要，家谱修编首先宜遵循“宗略房详”原则，即宗谱记录的个人、家谱信息宜简略，小房谱特别是五代房谱，因为家庭关系相对紧密，个人情况大多知根知底，记录个人、家庭信息不妨全面、详细些。其次，宜遵循“老详故详”原则，60岁以上人员婚姻家庭、事业人生基本定型、定局，不会大起大落，或已退休，对个人信息的敏感程度相对降低，而逝世者个人信息若不能及时记录，以后续修家谱时收集会更难，故除了基本信息，还可简介、详记，翔实记载更具有“存家史，助教化，促家风”的作用。

家谱修编保护隐私问题，理事会和编纂者要把握三个“重”。一是重点隐私。身份证号码、家庭具体住址等，不能入谱，包括非正常婚姻关系、非正常家庭子女关系。二是重点族人。重视自身隐私保护的两类族人：一类是官位较高者、知名企业家、城市中有较高社会地位的居民，既是修谱号召者、支持者，但有些也是修谱的主要阻力；另一类是离婚单身、多次结婚甚至事实重婚等婚姻关系复杂的，单亲家庭、领养子女、非婚生子女等子女关系复杂的。三是重点环节。隐私保护贯穿修谱全过程。重点在于，修编前要民主共议，达成共识；编纂时要因人因户而异，既依法合规，又适当灵活处理；圆谱后要定期追踪关注，依法依规管理家谱成果。具体可采取如下方法。

1.修谱公约法　修谱筹划后正式启动时，宜发布告全体族人书，召开户主（代表）大会、理事会议，设立修谱办公室或专门联系电话，明确隐私保护的基本原则，把具体方法写入凡例成为公约，落实专人为相关族人的解疑释惑。

2.沟通解释法　族人自愿入谱，填写入谱登记表信息，其详略自主决定。理事会、修编者及时掌握一些重要或复杂关系的家庭、个人动态信息，及时小范围解释、沟通，最终尊重其意愿，以免产生后患。

3.登记签名法　家庭、个人填写的进谱登记表，除了经手者签名，世系、世传初稿形成后的信息校对环节，务请户主或本人签名，并把登记表和校对稿保存至少 1 年，以备不虞，作为诉讼之证据。

4. 信息模糊法　一是对于保存完好的名人祖墓和祠堂等重要文物，如不能有效保护，暂且不详记。二是有相当政治地位、职务较高者，一些知名度较高企业家，其配偶、子女等属于非公众人物的，信息宜简不宜细，有些可暂时缺省，如出生日期、工作单位、就读学校名称，孙辈就读幼儿园、学校名称等。

5. 附页补正法　前述家谱信息填写模糊，但可另印附页，写上正确的信息，由入谱家庭、个人自我留存，类似于用于补记的余庆录。

6. 宗支分册法　有些房支不愿让家庭、个人信息宗族共知，经公议商定，成谱时谱头总卷，宗族外纪共有，但本房支始迁祖以下另设分册，总分组合，总卷公藏，分册自藏。

7. 版次另印法　个别特殊情况与家族无关但又不宜在族内公开的，若必须记录，经理事会同意，可在印制环节，另外制作若干套，自行补缴印制费用，由相关家庭或个人留存。

8. 滞后补全法　前谱修编时会有一些特殊情况，如冤假错案，或一些敏感信息模糊处理的，二三十年后再次续修时，对原有避讳、遗漏或故意缺省的信息，予以补全。

9. 领谱标记法　家谱印发限定数量，按房支设领谱字号，印在每册家谱上，保证能追溯每套谱书所在，定期检查旧谱保管情况，续修时收回。注意：宗谱不是普通图书，印发一定要限量，发放主要对象是各房房长（主事者），或捐赠相当额度者，或理事会成员等为修编做出较大贡献者。如资金允许可以另印记录每房五代世系、世传的简谱，没必要每户拥有宗谱。宗谱滥发，难以体现其宝贵，也难以控制隐私的扩散。

10. 赠予签约法　家谱宜酌情、少量赠予一些不对公众公开借阅的文化机构，如档案馆、地方史志研究室、图书馆地方文献室、文化遗产保护中心及天一阁博物馆、上海图书馆家谱文献中心等。理事会出面与赠予单位书面签约，规定家谱信息完全公开的解密期，一般以家谱两次大修周期即 60 年为限。不愿签约承担保密义务的，则不予赠送。

11. 看谱授权法　族外之人因非营利用途，如编写地方史志、学术研究或同族修谱参考等需要，申请看谱，须经理事会负责人审核同意，方可浏览家谱或部分摘抄、复印、扫描相关页面。

12. *泄密诉讼法*　一旦发现族人、印谱机构出卖家谱或公藏机构违约公开家谱全本、出售电子家谱，严肃制止并责令改正，对造成一定后果的，宜依法起诉，追究其违法责任。

当今出现的互联网家谱，其隐私保护则可采取电子家谱读取的密码设置、家谱的加密传输或部分内容的特殊权限设置等技术。

第四节　家谱的私藏与公藏

家谱被称为传家之宝，历来都是“秘不示（外）人”，许多家谱对此有严格的家规。如家谱收藏家、慈溪励双杰先生介绍其思绥草堂收藏的清嘉庆二十四年《张氏族谱》，封面签条下印六行小字：凡属览谱者，务必诚心恭敬，盥手开卷，当念“祖宗在上”，切勿轻弃污坏谱本。苟非至诚戚友，俱不得相视。各宜珍之。要求不是“至诚戚友，俱不得相视”。家训又规定：“谱之开视，必限常期。当祭祀时子姓齐集，谨慎捧出，展卷细阅即收藏。不然欲开则开，欲看则看，视若常书，亵慢之罪良深也。凡我宗支，庶其凛之。”不能随便翻看，“视若常书”。有的家族甚至相传，随便翻看一次家谱，就会减少一年寿命。因此，旧谱大多限定家谱印发的数量，按房支设领谱字号，印在每册家谱上，保证能追溯每套谱书所在；续修时收回旧谱，焚毁或留存宗祠一套后，再领新谱。有的家族甚至家谱印毕后，会在族人监督下毁去印版。参与修谱的人，包括谱匠，也不得随意泄露家谱信息。

传统藏谱的这些家规，主要基于四种考量：一是名门望族为保护本族利益，严防同姓或异姓宗族攀附、冒宗；二是保护家谱记载的各家庭、家族的各种信息隐私；三是有的家族为光大门楣、教化裔孙，掩盖所修家谱攀附名人或冒宗、攀附其他望族的情况；四是为尊重祖先、珍藏家谱立规，因为家谱也是祖先名讳安息之所，似祖宗牌位，不宜轻易打扰。

旧谱私藏于本族，但当代公藏包括非本族外人收藏普遍增多，原因各不相同，具体如下。

一是民国时期，如鄞县通志馆为修编氏族志，临时征集各地家谱，编成后因故未及时归还，中华人民共和国成立后全部移交给天一阁博物馆公藏。

二是当代历经“破四旧”，各家谱被大量焚毁，少数被各地图书馆、文物管理委员会、档案馆、高校图书馆等机构抢救性公藏。

三是当代续修家谱，除少数藏匿于有胆识家庭外，大多请得自公藏机构，出于对当年私藏结果的心有余悸，也出于对公藏机构的感恩而回赠。

四是因为“国史、方志、家谱”并列的历史文献观点，部分家族理事会、编纂者把家谱视作一般家族史志著作，以让公藏机构收藏为荣，甚至千方百计谋求出版发行。

五是家谱作为特殊文献，印发数量极少，收藏机构、收藏家、研究者普遍愿意购买，或待价而沽，或用于学术研究，而一些公藏机构相关人员或少数经营性谱局（印制公司）为此偷印或出售电子版。

目前，公藏机构依托政府资金资助，对所藏大量家谱进行数据化处理，经申请登录，可公开浏览，或需要者支付一定费用，即可获得家谱全本。在数字化时代，家谱公开化似乎成为不可阻挡的趋势性现象。

民国及以前旧谱，进入公藏单位，作为一种历史文献，成了公共资源，用于寻根问祖、研究考证、文史写作，这是特殊历史年代造成的特殊情况，并不意味家谱是供人任意翻阅的普通图书资料。

当代，尽管传统家谱私藏的大多数因素已不复存在，但家谱的隐私属性没有改变。作为家庭成员人事档案、族人个体的身份凭证，其中包含姓名、出生日期、婚姻状况、父子关系、子女关系、毕业学校、职业职务、户籍地址等详细信息，涉及个人和家庭的隐私。

当代续修或新修家谱，特别是家庭、个人信息全面、图文并茂的房派谱、家庭谱，倘若外人随意查看，可能会造成麻烦或危险，如被盗用身份信息、被敲诈勒索、被人肉搜索等，造成财产损失或人身安全、声誉影响问题。

隐私被我国法律定义为自然人的私人生活安宁以及不愿为他人知晓的私密空间、私密活动和私密信息。隐私权作为公民的一项基本权利，受法律保护。宪法规定“公民的人格尊严不受侵犯”。具体和详尽的隐私权保护条款，则反映在前述的若干重要法律条文内。

因此，家谱可以公藏，但不等于家族、家庭、个人信息可以随便公开，因为入谱者让渡隐私的目的，一般局限于入谱，而不一定想到会公之于众。理事会和公藏机构，都要妥善处理当代新修家谱隐私保护的问题，以避免承担有关法律责任。

理事会决定家谱赠予公藏机构，须写入凡例，事先告知所有入谱者，一般以藏之于不公开借阅的各级相关档案馆、各级图书馆地方文献室及天一阁博物馆等为宜。信息保密有时效性，理事会与公藏机构书面签约，以家谱大修两个周期，即五六十年为期，约定解密期，此后成为历史文献才可以公开。

◎ 镇海董氏家谱谱箱照

公藏机构家谱数据化处理后，应对新修家谱适度公开，对家谱家庭、个人信息实行分类管理，采取相应脱敏、加密、去标识化等安全技术措施。经家族或家庭、个人授权，应用于非营利性学术研究的，予以部分影印或部分抄本。

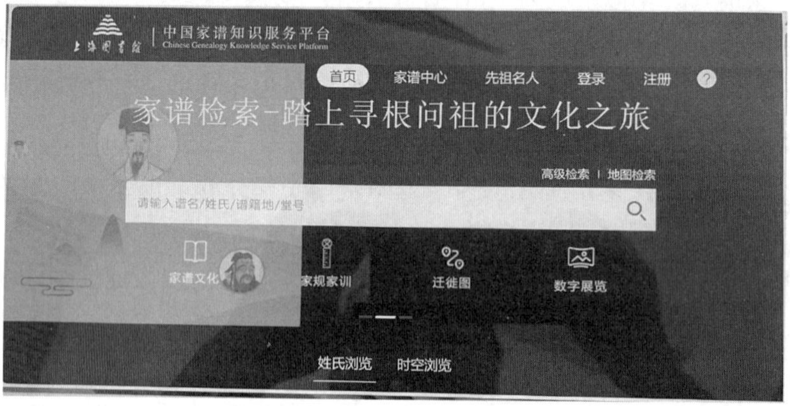

◎ 上海图书馆中国家谱知识服务平台首页

第五节 家谱的印发并不违法

家谱印制公司，常有自己是否在印制非法文献资料的疑惑，担心被查或处罚；家族修谱理事会，也曾有过牵扯进编印非法出版物诉讼的案例。有些人认为，家谱编印是法律的空白地带，有关执法管理部门对此法不责众、网开一面而视而不见罢了。

其实这种担心、质疑和猜测，纯属多余，毫无依据。所谓合法出版物，是拥有正式申请的ISBN条码和CIP数据的，由国家批准的出版单位公开发行的图书刊物，而非法出版物是指非国家批准的出版单位出版的、在社会上公开发行的图书、报刊和音像出版物，以及违反《出版管理条例》未经批准擅自出版的出版物。主要有盗用、假冒、盗印、盗制、擅自加印，买卖书（刊、版）号出版等表现形式。

新闻出版署发布的《出版物市场管理暂行规定》规定：违反规定有非法行为的，由新闻出版行政部门没收违法发行的出版物和违法所得，并处罚款，情节严重的，由原发证部门责令停业整顿或者吊销许可证。

所以，只要家谱不走公开出版程序，不以盈利为目的售卖、只作为家族私藏和少量赠送使用，且没有任何违反当今公序良俗、国法家规的内容，就算不上是公开出版物，更不要说非法出版物。

当代新修的家谱不建议公开出版，还因为公开出版后，出版社按常规会留存少量样书，赠予国家版本图书馆等公藏机构；为更好地营销和推广图书，往往也会要求授权并许可出版方在合同有效期内以图书、期刊、电子出版物、手机出版和网络传播等方式出版、发行；要求授权出版方并授权许可第三方，以电子图书的形式，在网络上向读者提供在线翻阅、内容检索、网络传播和销售等服务。修谱家族自行包销的家谱图书，也会因印制的数量较多而出现盲目分送、赠予他人或公藏单位的情况。这样做，势必让家族成员隐私信息的大面积扩散有了各种潜在的隐患。倘若一定要公开出版，就必须服从书籍出版的相关法律规定，不能买卖书号出版，不能通过境外出版，不能伪造、假冒出版单位。

同时，家谱中要按照一般出版社的合同规定，不得含有下列内容：（1）反对宪法确定的基本原则的；（2）危害国家统一、主权和领土完整的；（3）泄露国家秘密、危害国家安全或者损害国家荣誉和利益的；（4）煽动民族仇恨、民族歧视，破坏民族团结，或者侵害民族风俗、习惯的；（5）宣扬邪教、迷信的；（6）扰乱社会秩序，破坏社会稳定的；（7）宣扬淫秽、赌博、暴力或者教唆犯罪的；（8）侮辱或者诽谤他人，侵害他人合法权益的；（9）危害社会公德或者民族优秀文化传统的；（10）有法律、行政法规和国家规定禁止的其他内容的，如前述侵犯他人著作权的，侵犯他人名誉权、肖像权、姓名权等人身权内容的。

家谱自行修编、印发，也必须遵照这些规定。不然，即使不公开出版，也属于违法行为。哪怕没有违法，只是操作过程中有瑕疵，也容易招上官司。

家族自行编印、赠发家谱不违法。家谱是家族编印的、记录家族成员世系和生平事迹的历史图书，具有家族性、隐私性、内聚性的特质，仅供族人了解本族历史文化的读物，通常内部秘藏，不轻易对外公开或流传，不销售获利；况且理事会主持修编家谱，一般按规定报销旅差支出，对少数人适当予以一些劳务补贴，并且财务收支定期、全面公开，也属于非营利的家族公益行为。家族成员捐助一定款项，获赠一套家谱保管，并非书籍买卖行为，是支持家族修谱活动的奖赏，一般还会记入家谱功德榜。而出版物则是将作品通过法定方式公之于众的行为，出版物面向公众，能公开传播，可以销售获利。

家谱印制公司，只要有正规的印制合同和准印单，不擅自加印、盗印，造成家族隐私泄露，或出售纸质、电子版牟利，则通常不会承担印制非法出版物的法律责任。

附录

当今家谱修编诉讼案例（摘要） 七则

家谱著作权诉讼

2014年，江苏省盐城市中级人民法院曾受理《关于家谱独创性的司法审查》，审理原告诉被告编纂的《中华陆氏通鉴》剽窃自己编纂的《中华陆氏历代年谱〈陆氏宗谱〉》著作权案，诉请法院判决被告停止侵权、赔偿损失76万元。

法院认为原告所诉求维权的家谱内容，只是对旧谱的复制，没有自己的独立构思和创作风格，并不构成著作权法意义上的作品，判决驳回原告诉讼请求。

家谱姓名权诉讼

2016年，阜南县人民法院审结一起因宗族续修家谱引起的姓名权纠纷案。被告未经他人允许，擅自将他人名字写入家谱名册，原告提出反对意见，并诉至法院。

法院经审理认为：姓名权是公民依法享有的决定、使用、变更自己的姓名并要求他人尊重自己姓名的一种人格权利，未经许可，他人不得擅用。被告在家谱编写过程中未经原告同意将其列为顾问，属盗用原告姓名，侵犯了原告姓名权，遂依法判决被告向原告李某赔礼道歉，并将已印刷的500本家谱顾问一栏中原告的名字删除。续编家谱，要尊重家族每个成员的各项权利，主动征求意见，在族人聚集地张贴公告；对不愿意参加的，不能擅自使用其姓名，不能将其罗列在族谱中，防止产生纠纷。

家谱编者名誉权诉讼

2012年，河南邓州市人民法院曾审结一起因续修家谱引发的名誉权纠纷案。因保存的家谱与始祖碑记载的内容有冲突，被告另行组织修谱，并称保管者自编家谱，造成乱宗乱代等。原告认为被告捏造事实，侮辱诽谤了其祖父，在交涉未果后，诉至法院，要求被告停止侵害、赔礼道歉、消除影响、赔偿损失、销毁相关资料。

法院受理后认为，编纂家谱求大同存小异，有争议的问题应留待后人继续探究，不应采取攻击、贬损的方式草率下结论，被告应承担侵犯名誉权责任。

修宗谱双方名誉权诉讼

据中国法院网2006年报道，广西南宁市宾阳县人民法院曾受理一起因修家谱引发的名誉权案。为“二世祖”是否存在，同属一个宗族的双方当事人闹到法院。李甲等5位原告认为，被告编写并已散发在李氏家族中的两篇文章，多处使用恶毒的语言，使其声誉受到严重的损害，已构成名誉侵权。李乙提出反诉称，李甲等人在家谱中使用攻击性的语言诬陷、诬蔑、侮辱自己，使自己在家族宗亲之间抬不起头，并以此认为李甲等人的行为属恶人先告状，故意挑起宗亲之间不团结，也构成对自己名誉的侵权。

法院受理此案后，发现此案涉及面广，如果处理不好，有可能会引起几个村之间的械斗。为维护宗族团结与社会和谐，该院多次组织他们进行庭前调解，分别分析他们所犯错误，阐明如果互相攻击下去有可能导致的后果。在办案法官劝解下，以原告撤诉了结此案。

族谱质量引发名誉权诉讼

2003年3月，禹州市柳河村开始编纂《孙氏族谱》，但竟出现乱辈、乱配、乱写等错误267处，伤害族人感情，招致族人激烈反对。后来，主编第二次印刷族谱，但仍多处出现辈分、兄妹、配偶等错误。遂引发多次诉讼，原告要求判令被告主编无条件收回老族谱，公开道歉，并赔偿精神损失 1 万元。

两级法院多次审理后认为，族谱第一版存在多处错误，被告对过错负有责任，错版族谱应予销毁。被告已按双方达成的协议，将第一版族谱收回，并书面向原告及受害族人赔礼道歉，视为已按协议约定履行。禹州市人民法院判决被告在判决生效 10 日内，将其收回保管的 206 本族谱销毁。

原告认为，该判决适用法律条文错误；另外，不提余下 194 本老族谱的收回销毁和受害人的精神赔偿，于是再次向许昌市中院提起上诉。

家谱质量诉讼

2015 年，梅州市平远县人民法院曾受理一起关于修族谱的民事诉讼。原告诉韩氏族谱续修理事会故意变更倡议书宗旨，祖先被改位，父亲被改名，原告名分变更，编成伪劣谬谱。请求当众销毁已编修好的族谱，恢复原告名誉权，消除影响，对其受侵害的祖宗、宗亲当众赔礼道歉，并赔偿原告精神损失费 6000 元。

法院认为，编修族谱不属于法院行使民事审判权的法定范围，遂裁定驳回原告起诉。原告不服，向梅州市中级人民法院提起上诉。法院经审理认为，韩氏族谱续修理事会不具有民事诉讼法上的权利能力，且编修族谱属于其宗族内部的行为，应由其宗亲自行协商处理，不属于法律调整的范围。

家谱保管诉讼

2009 年，因担心百年族谱被收藏者卖于收购古玩的人，安徽省歙县某地王氏 140 多位族人，以防止族谱损毁、流失为由起诉，要求被告交出族谱，让大家查验，改由族人推选出的代表保管，但被拒绝。

黄山市两级法院经过审理，认为族谱具有知识产权，作为书籍具有一般物权的双层法律属性，族谱记载的内容应为族人共同享有，而长期收藏持有者对族谱享有占有、使用、收益、处分等权利，两者需要兼顾。经调解，原、被告双方达成族谱保管协议：该族谱原持有人妥善保管，只能存放持有人居住的家中，不得损坏及出售、赠予他人；每年正月，将族谱提供给族人翻阅、查验；当年需修谱（时间为半年），持有人应提供族谱，修完后仍交其保管，以后修谱事宜双方另行商定；持有人若今后不愿保管，或有其他重大事由不能继续保管，则由族人集体商议，另选保管人。

第七章 家谱编纂的专业性

有些人认为，家谱编纂有啥难？无非是收集、记录族人世系、简历，汇编成册而已。确实，古代有些家谱对编纂者专业要求并不高，因为只记录血缘世系、世传信息等要点，家谱版式、内容相对简单、稳定，又为族之儒生所熟知。

修谱师作为一个古老的文化职业，出现的主要原因有二：一是家谱制作需要活字印刷技术的应用；二是家谱形式和内容的史志化趋势，增加源流考辨，撰述家规，为族人立传、写寿序，充实艺文等，以提升家谱的教化价值和文化属性，对编纂者提出更高的能力要求。绝大多数家族内部不会有专业印刷人才，也缺乏能编纂出较高历史价值家谱的文化人才，于是专业的、兼职的、业余的修谱师便应运而生。

当今家谱修编，比过去更为困难，对编纂者提出了更高知识和技能要求：一是修谱动机在变，不愿修谱、不想入谱的个人和家庭比例提高，相应的家谱信息采集工作有些复杂，一次性准确率不高，对修编者挑战很大。二是拟修谱的家族及理事，往往不了解家谱常识以及修编的基本规范、流程，普遍需要补课。三是古今常用语体文已变，当代修谱主力，以老年人为主，大多缺乏文言文阅读能力，不熟悉传统家谱，要编出一定质量的家谱明显有难度。四是当今时代变化，但参与家谱修编者普遍因循守旧，固守宗谱传统，修谱观念明显落后、脱节。五是修谱体裁史志化、内容个性化需求增多，家族史分量增加，对编纂者综合能力特别是写作能力有了更高要求。六是修谱方式、技术多元化，如电脑录入、编排，OCR 文字识别，宣纸激光打印，特别是修谱软件、人工智能技术的出现，网上修谱渐兴，相关修谱者需要熟悉、掌握新的特殊技术。因此，当今所编家谱质量良莠不齐，也在所难免。现阶段，探讨、研究修谱师专业技能，甚至实施分级鉴定，予以资格认证，对当今家谱编纂专业化水平提高，有着重要的现实意义。

优秀的修谱师需要“德能双馨”，有修谱之德、才、学、识。虽然修谱师“四长”兼而有之者十分罕见，但可成为学习、进步的目标和方向。修谱师要有“谱德”，即基本的职业道德要求：一是恭敬，敬重传统旧谱，敬重先世古人，尊重家族历史；二是严谨，编纂要有责任心、细心、耐心，遵守家谱修编规范；三是团结，与修编家族理事会善于沟通，协同；四是诚信，对编纂质量、完成时间节点，要言而有信；五是保密，保守家族、入谱者隐私信息，不泄露，家谱不盗印，电子版不能违约或牟利转发。修谱师的“谱识、谱学”，包括通识和专业两个方面。通识涵盖现代思想、文明和价值观，现代家谱修编理念，写作基础知识，专业知识需要掌握基本的传统家谱常识、书籍编辑知识、社会科学通识。修谱师“谱才”，即修谱能力，包括通用技能和专业技能、特殊技能、学术技能四个方面。修谱师专业技能也可分为初、中、高三种级别。修谱师要有系统的知识结构和比较全面的专业技能，才能编出优质、特色家谱，才会获得社会美誉度。

第一节 当今修谱师的知识和技能结构

因为家谱是“传家之宝”，家族文化传承地位、价值崇高，修谱家族希望修谱者有名望，或有专业技能，基本要求是有经验。当代修谱师的名望和经验，需要思想观念、知识和能力支撑，下面就这两方面试做结构性分析。

修谱师相关思想观念、知识，包括两个方面。一是通识：（1）现代思想观念，家谱对个人、家庭、家族和社会、学术等不同时代意义和价值、功能的基本认知，对传统和当代社会经济、社会治理和结构、家族和家庭关系、社会思想基础、文化现状等异同的基本认知。（2）社会科学通识，如社会学及社会组织学、社会心理学、伦理学、法律、生物遗传学相关知识，家谱史、祠堂史、婚姻家庭史。（3）现代谱学基本观点，如修谱指导思想、入谱原则和标准、现代家谱体例体裁、家谱价值功能等。（4）语文基础知识，如白话文、文言文阅读知识。二是专业知识：（1）传统家谱常识，包括家谱常见版式、常用词汇和职官知识。（2）写作基础知识，记人记事和议论文写作能力。（3）书籍编辑知识，包括文字录入、排版、校对和装帧设计、纸张选用等知识。

家谱不是个人独立著作，其修编是家族联动、团队执行的系统工程。修谱师需要系统的知识结构和比较全面的专业技能，才能编出优质家谱。编印者有前瞻的思想观念或擅长的特殊技能，家谱就会更具有现代性或个性特色。修谱师技能，包括通用技能和专业技能、特殊技能、学术技能四个方面。

一是通用技能，普遍适用。（1）电脑操作能力，掌握文字录入、编辑等工具。（2）口头表达能力，及时、有效地沟通、交流。（3）照片拍摄能力，为世居地、家族留影。（4）团队合作能力，编谱各环节的协同配合。（5）策划能力，修谱计划制订、公告，筹资方案协编，圆谱活动设计。（6）书籍编辑能力。优秀家谱师还需要持续学习与创新能力。

二是专业技能，编谱必需。（1）文言文阅读能力。（2）入谱信息采集能力。（3）世系接续、编排能力。（4）世传录入能力。（5）序跋、传记、文史等写作能力。（6）家族、理事会、制作机构特点判断及应对能力。（7）家谱续修、重修、创编能力。

三是特殊技能，优秀修谱师因人而异。（1）文献史料检索能力。（2）对联、像赞乃至文言文写作能力。（3）世祖画像绘制能力。（4）家谱排版设计的审美能力。（5）家谱扫描、修复和制作能力。（6）修谱软件、人工智能技术应用能力。（7）修谱经验总结能力。

四是学术技能，优秀修谱专家必备。（1）家谱文献考辨能力。（2）修谱理论思考表达能力。（3）家谱软件研究开发能力。

值得一提的是，生成式人工智能具备听、说、读、写等不同功能，有人认为，有了修谱软件，学会搜寻引擎及生成式人工智能，修谱师就会被取代和消灭。这是杞人忧天了。人工智能改变了记忆和获取资讯的方式，强记硬背的重要性下降，能优化服务，提高效率。优秀的修谱师要不断学习，深入思考，哪些知识该外包，哪些该内化；哪些能力可以放弃，哪些关键且重要的核心能力应该着重自我升级。修谱软件能够完美编纂合格家谱和优质家谱的部分内容，但难以编纂特色家谱，以及入谱家庭和个人有个性特点的内容，特别是家谱旨在呈现的价值意义、教化功能的部分。同样，优秀修谱师在修谱过程中长期学习、形成的统筹协调、沟通说服、个别研判等复合型知识和系统组合的能力，结合自身专长开展的创造性工作、活动，必定超越人工智能机器。修谱师若着眼未来，也可先考虑如下三点：第一，认识人工智能的能力在修谱中的边界，知道现在它能做什么，还不能做什么；第二，研究如何在修谱中应用，工作流程中寻找AI能介入之处，借此提升效率；第三，关注人工智能的发展，思索如何增进知识储备，提升自身综合技能，结合自身专长，明确自己的方向。

第二节　当今修谱师专业技能鉴定和资格认证

家谱一般可分为合格家谱、优质家谱和特色家谱三个层级（详见第四章附录）。与之相应，修谱师专业技能也可分为三种级别，即相当于中学教师职称中的初级、一级和高级，浙江省首届家谱师评审把它们相应确定为修谱师（二级）、修谱师（一级）和高级修谱师三类；专业技能和学术技能突出，且有编印出优质、特色家谱的，可授予特级修谱师荣誉（详见本章附录文件）。笔者试做分级鉴定，如下表所示。

修谱师专业技能资格分级鉴定

修谱师分级	家谱成果要求	专业技能鉴定重点
修谱师（二级）	合格家谱 2 部	通用技能（1）至（6） 专业技能（2）至（4）
修谱师（一级）	优质家谱 3 部至 4 部	专业技能（1）至（7）
高级修谱师	优质、特色家谱 5 部及以上，能总结修谱经验	专业技能（1）至（7） 特殊技能因人而异
特级修谱师	优质、特色家谱 5 部及以上，善于总结修谱经验或有修谱研究成果	专业技能（1）至（7） 学术技能(1)或(2)或(3)

修谱师专业技能鉴定研究，因为属于新生事项，滞后于家谱修编的现实状况，试行可从以下两方面入手。

一是家谱文本分级评审。一般可从指导思想、体例内容、编辑规范、版式设计、印制等方面入手。（1）指导思想：观点是否端正，是否遵守法律、法规，重视隐私保护，是否“守正应时”。（2）体例内容：凡例是否完整，入谱条件是否统一，新旧谱衔接是否合理，个人世系、生平和家庭关系等信息要素是否全面、准确，实事求是，记人记事是否客观、公正，是否尊重女性，扬善隐恶，内外编篇幅是否详略得当，体现特色。（3）体裁：包括图、表、志、传、记、录等运用是否合理，是否旧文不弃，记年月日是否统一。（4）形式：谱名是否规范；

版式、图像插入是否符合家谱传统特质、道德伦理；字号、字体是否美观，纸张选用是否恰当。（5）语言：语体文风是否衔接自然、统一，遣字用句是否准确、精当、流畅，言简意赅，标点符号应用是否规范，繁简处理是否明确、统一等。详见第四章附录“当代家谱文本编纂质量综合评判表（参考）”。

二是修谱师资格证书认证。随着修谱师队伍的壮大，资格认证和鉴定条件逐渐成熟，体系完备起来，就可以探索修谱师准入的相关培训、考试工作。

第一，编印修谱师专业知识丛书和技能大纲及要点，成为学习、辅导、培训和考试的简明读物，要有大量案例、图示，如《家谱学原理》《家谱修编学》《家谱发展演变史》《家谱文献类编选读》《家谱编纂基本规范》等。

第二，定期举行修谱师岗前培训，方式灵活多样，包括设立培训网站或族谱网开设培训栏目，便于自学，在自学基础上与优秀修谱师互动交流，或集中参加讲座，听取经验报告，列席座谈论坛，学习交流修谱案例，分析、点评家谱类型。有条件的开展分级培训，让培训更有针对性。培训的线下平台，也可借助老年大学、老年协会，或家谱社团、家谱公司，或高校、图书馆。培训师一般以优秀修谱师为主，兼请家谱学研究者、掌握相关专业技能的专家；或聘任优秀修谱师为导师，结对学徒，开展指导和研究。修谱师作为专业技能鉴定主体，要联合公藏、私藏机构，逐渐精准对接相关家族，提供传统家谱的电子数据资源。

第三，举行笔试，考核各类基础知识，了解家谱文本编纂不同技能掌握情况，同时确定其修编家谱的数量和质量。

第四，进行面试，了解个性特点、沟通能力和应对疑难问题的知识和技能；了解其学习、掌握的家谱修编理念和技术。

修谱师资格认证，经省人力资源和社会保障厅等考核认定，可委托省级家谱、姓氏文化社团实施，如浙江省百姓家谱文化研究会、河南省姓氏文化研究会等。全面系统地认证、鉴定结束后，颁发资格证书，或职称证书，或特级修谱师荣誉证书。对已有品牌效应的知名修谱公司，可命名为家谱培训基地、研习基地、星级修谱指导单位等，提升其专业修谱的公信力，帮助扩大家谱修编的辐射面、影响力。

第三节　修谱师署名权与美誉度

2024 年 6 月底，浙江省百姓家谱文化研究会举行浙江家谱师首次评审工作，评选出高级修谱师、修谱师（一级）两种，授予荣誉证书，共 51 名，其中大多是兼职的、业余的，有的修谱纯属公益；也有 20 余位专职的，大多开设谱局、修谱公司，以此为业，多的已经修编、印制家谱二三百部。除了杭州富阳的倪毓佩先生系六代传承的修谱世家，绝大多数修谱师为现学现编，从自己家族修谱开始，继而受邀指导协编或编纂他族家谱。总体而言，当代家谱续编、新编者，仅编一族一谱或同族分支谱，占 80%—90%，因而质量、水平参差不一，且缺少优质、精品家谱。当今，具有专业修谱能力的人员远远满足不了众多家族的修谱需求，可见以评审修谱师为抓手加强修谱师队伍建设之重要。

◎ 浙江修谱师评审暨家谱修编研讨会会场照

本次修谱师评审以“为主编纂”合格家谱数量作为主要条件，参考修谱师协助编纂和指导家族修谱的数量和质量。家谱编纂的数量，原则上要求修谱师出示家谱修编的理事署名页（类似于现代书籍版权页），是否有修谱师本人名目，或者在家谱序跋等处是否提到本人参与家谱编纂、协编、指导等情况。这次修谱师评审，根据各自上报登记材料及评审会交流发言，在修谱师署名方面出现以下三种情况。

一是编纂者署名，且作序或写跋也署名。该类修谱师无论为本族、他族编纂家谱，往往已有相当社会地位、一定资历、相当文化水平，或修编家谱有相当数量，已有一定公信力。作为社会贤达或知名人士，其署名为家族认可，甚至为该家族增光添彩了。

二是部分家谱有编纂者署名。部分则未见署名而礼让给家谱理事会主要成员署名，或编纂者仅称为顾问、指导等。如宁波市宁海县地方志专家、修谱专家郑学武先生，绍兴市家谱学会副会长丁怀新先生等。该类编纂者社会地位、资历、文化，或修编家谱数量一般同前，但往往淡泊名利，身有文化专长而有积德、公益之心，或尊重、满足该家族及理事会某些主要成员的心理需要。

三是少数修谱多部而未见署名。一些营利性的谱局修谱师或编纂者，则往往以为自己赚钱获益，有无署名无所谓。此类情况比较普遍。该类修谱师有的年龄相对较轻，缺少一定社会地位或资历较浅，属于修谱新生代，如金华市辖兰溪市合作修谱的两位先生；有的文化学历也不高。修谱师实际执行家谱编纂但未署名，已成为修谱界普遍存在的现象，对修谱师队伍建设，包括本次评审工作也造成一些困扰，有必要引起家谱界的关注和引导。

家谱的著作权不同于一般历史著作，绝大多数家谱是众手集成的集体著作，即便单人采访成册，也不能作为原创的、独立的著作冠以作者“著”。著作权的主体在家族，这是无可争辩的。

家谱的署名权是公开表示作者与作品的联系程度，“表明作者身份，在作品上署名的权利”。合格家谱，主体内容是家族成员信息的梳理汇编，署名权性质一般为“编纂、（执行）编辑”，如果修谱师统筹修谱工作、统稿较多，也可写上“主编”。但优质家谱和特色家谱，在家族成员基本信息汇编外，撰写序跋，考辨源流，撰记写传，如具有较多原创性成果，并且如理事会直接参与较少，或家族成员原始资料质量普遍较差需要重写等情况，修谱师在统筹、统稿上的工作量大，原则上署名权性质也可写“编著（写）”。当然，谦让一些也可写“编纂”“主编”。

修谱师在家谱著作上署名，既是应该享有的一种权利，也是该家族对其能力水平的认可，不能等闲视之，随便放弃。著作权法认为，署名权是编（作）者对公开其编（作）者身份与作品关系的权利，可选择公开或不公开。决定公开其身份，可以署其本名或其他为公众所知的名字；决定不公开其身份，可以署假名或不署名。不署名又叫匿名，并不是编者放弃署名权或没有署名权，也是行使署名权的一种方式，或者说是编（作）者对署名权的一种处置行为。根据这一法定解读，家谱作为特殊的家族文化作品，修谱师对署名权的处理，可在修谱时签约或公开约定，具体采取以下两种策略。

一是根据责任分工，在家谱版次页或修谱者名录里明确编纂者的编纂或执行编辑、主编、协编、编著等身份，或署名页不写，但在家谱理事会主编序言中提到修编师参与修谱的身份、分工，或在谱跋里有姓有名地鸣谢修谱师。

二是承接该修谱业务，已获得相当利益，或补偿一定报酬，自愿放弃编纂署名（匿名）。这种做法，属于修谱家族与修谱师双方在名利上的让渡、平衡，双方自愿，无可非议。但评审修谱师时会有两种结果：根据协议书，可参考明确署名的实际情况；如既无署名，也无协议书确认或无其他修谱记录等档案资料，则等于自愿、彻底放弃署名权，实际上也就放弃了修谱师评选。

修谱师要让修谱家族乐于在其家谱上署名，关键在于自身要有良好社会形象，特别是新生代修谱师或新设谱局的负责人要在提升自己社会美誉度下功夫。具体做法如下。

首先，加强学习培训。购买、阅读家谱相关书籍和报刊、网络文章，养成阅读文言文的习惯，迅速提高自身家谱修编理论和实践水平。经常参加各级各类家谱修编研讨会、培训会、评谱会，加强交流，取长补短，或及时结对、请教有真才实学的修谱师，帮助指导修谱撰文。

其次，及时总结经验。每次修谱过程及时记录相关人事，特别是记录思考所解决的矛盾、难题，发现的规律、方法，成功的经验、做法，可撰写每个家族修谱纪事及感受、思考，或修谱理论与技术短文。修谱达到一定数量的谱局，可编写总目提要或撰述各种典型家谱的编印丛记。谱师可全面总结回顾自己的修谱经历等。文章可在《浙江家谱文化》、宁波大学“公众史学”等相关报刊或自媒体上发表，或汇编成册，公开印发或出版。如宁波市辖奉化区四明谱局康海明先生连续撰写修谱记事，宁海百姓谱社倡议谱人记事，浙江百姓家谱文化研究会近10位谱师已在自媒体公众号发表这类文章。

最后，撰文或著书。利用旧谱和修谱采访成果，撰写地方历史文化文章，在当地报刊或自媒体上介绍家族、家谱和古今乡贤、俊杰等，由此及彼，参与当地修志写史，逐渐成为文史作者乃至地方文史专家。首批修谱师队伍中不乏史志作者、文史专家以及作家、诗人，大大提升了浙江修谱师队伍形象。

望族、文化家族，对修谱师声望要求较高，请修谱师署名、写序跋也有光大门楣的考量。修谱师因此不能把自己定位于谱匠，而要成为修谱专家，成为文史（志）多面手，围绕家谱等地方历史文献，多读多思，勤记乐撰，坚持不懈，必成专家，并乐于参与当地历史文化挖掘、宣传、弘扬的文化公益工作。如此，就会逐渐获得良好的社会美誉度，修谱家族也一定乐于诚邀，支出较为合理的报酬，家谱师署名权问题自然也就迎刃而解。

第四节　浙江修谱师人才队伍调查简报

改革开放后，特别是21世纪以来，浙江新修家谱方兴未艾，但因为家谱修编属于宗族、家族民间行为，当下新修家谱底子不清，修谱人才数量、结构、水平等情况不明。故浙江省百姓家谱文化研究会作为全省性家谱文化研究社团，有责任开展全省家谱文化人才调查工作，从而促进修谱师队伍建设，为全面推进各地修谱工作，提高各地家谱修编的质量做出贡献。

2024年上半年，浙江省百姓家谱文化研究会第三届第一次会员代表大会后，执行会长周全行、常务副会长钱茂伟支持开展修谱师普查、评审工作，笔者受命起草《向优秀会员授予家谱文化人才荣誉称号的试行办法》《家谱文化人才荣誉称号审批表》，并征求邵鹏、康海明、陈联飞等会员和研究会相关领导的意见和建议。研究会领导班子经慎重研究，决定开展这项工作。

5月21日，本会发出《关于第一届评比优秀家谱文化人才的通知》，并附件有三：（1）家谱编修人员专业训练与职业评级操作方案。（2）关于向优秀会员授予家谱文化人才荣誉称号的试行办法。（3）浙江省百姓家谱文化研究会家谱文化人才荣誉称号审批表。

需要说明的是：修谱师荣誉分为特级修谱师和高级修谱师，修谱师（一级）、（修谱师二级），对应中学特级教师和高级教师、中级教师、初级教师。特级是荣誉，其他是职称，但民间社会团体不能评定职业资格职称，故作为荣誉证书颁发。

各地修谱师人才通过如下途径获悉：一是本省各家谱群推送文件、附件，如百姓家谱文化论坛，浙江百姓家谱修编指导委员会，浙江省第二届、第四届百姓家谱研讨会，浙江百姓家谱文化研究会第三届第一次会员大会，公众历史研究会，鄞州文史作者群等；二是请谱师、谱友相互转告、推荐；三是通过家谱专业编印公司、家谱收藏家、地方文献藏书家介绍推荐；四是向各区县市党史研究室（史志编研室）分管业务领导和科长了解；五是通过各地知名文史专家了解推荐；六是百姓家谱文化研究会领导介绍推荐。

截至 6 月 29 日晚，收到全省各地 64 位修谱师发送的登记表。宁波市数量较多，修谱师 32 人，其中参与评审符合修谱师（一级）及以上条件的 26 人，宁海县优秀修谱师数量 8 人，居宁波市之首。其余金华 9 人、绍兴 6 人、温州 4 人、丽水 3 人、杭州 2 人、舟山 2 人、嘉兴 2 人、台州 2 人、衢州 1 人、湖州 1 人，共计 32 人，其中参与评审、符合修谱师（一级）及以上的 24 人。

修谱师评审人员年龄结构，80 岁以上修谱师 5—6 人；六七十岁修谱师近 40 位，比例最高，是目前修谱队伍的主力军；四五十岁的为数不多，算是新生代修谱师。

上述修谱师为主编纂家谱 3—4 部及以上的有 14 人，5 部及以上的有 28 人，20 部及以上或以文史见长、善于进行家谱修编理论思考和实践总结的有 19 人。

这些修谱人员构成，从从业角度看，主要有两类：一是职业修谱师，以营利为目的，开办家谱印制公司或职业修谱的有 13 人，喜欢编印丁口数量大的宗谱，以制作、印刷见长，以五六十岁中年人为主，人数不多，但积累的经验丰富，编印家谱数量不少、专业程度较高。二是业余或兼职修谱师，本次评审者 51 人，有些系附近村宗族有编谱经验者，或当地史志、文史作者，有空或有兴趣接受委托，通常独立操作，有些回报或酬劳，以编纂为主，此类人数和所编家谱数量也不多，往往有个性特色。

除了上述两类修谱师，其他实际编纂2部以上且不同宗支家谱的不多，编纂者为异姓家族编谱的则更少。故衡量一个人是否是修谱师，从数量上论，一般有家族邀请、委托，能编出同宗异支3部、同姓异宗或异姓2部就足可称为初级修谱师。

当今，修谱家族基于社会影响考虑，也为保护隐私计，有的不愿请外人介入，委托族内有一定文化者编纂，一般不付报酬，纯属公益，以编纂为主。目前这部分人员比例最大，所修家谱也居多。因为只熟悉一族一谱，即使借鉴过他谱，接受过一些辅导，由于所修家谱地域性、家族性特点明显，有相当数量专业性程度不高。

本次登记表大多数按照要求填写，如分别写清楚“为主编纂”“协助编纂”以及“指导编纂”以及家谱名称、家族所在地和编印年月，参加各级家谱评比获奖情况；写明参加培训班和培训班讲课辅导、研讨会发言情况；写清楚家谱类总结、研究、评论等文章，写清楚家族、乡贤类文史文章（题目、发表报刊或上报机构及时间）及其他写作发表情况、品行表现等。但部分修谱师填表内容模糊，如为主修编家谱数量没有分类写清；或缺项较多，如无文史文章，无修谱理论思考总结文章，未提交家谱署名材料，使得评审组对这些修谱师难以客观、准确地予以评审定级，难以宣传优秀修谱师事迹。

评审不是全部目的，评审的各项条件也是修谱师提升综合能力的发展方向。二级、一级修谱师能独立修编一定数量的合格、优质家谱；高级修谱师能读懂文言文（但基于谱师年老居多，不宜考核），编纂出特色家谱，能写出较高水平的序跋、人物传、考辨，发表文史文章；特级修谱师能总结修谱经验，摸索修谱规律，做专题讲座报告。

从登记表情况看，目前修谱师队伍素质高低不一，水平参差不齐，综合素质高、专业能力强的修谱人才比较少，各地修谱情况也不平衡，与处于传统向现代转型、修编家谱有强烈需求的浙江家谱文化事业还不相适应，存在很大差距。这也说明开展修谱师调查、评审工作，对促进修谱师队伍建设非常必要。

◎ 首届浙江修谱师评审会合影留念　地点：宁波市海曙区三生（中国）健康产业公司

◎ 首批浙江高级修谱师荣誉颁发合影

第五节　浙江省开展修谱师专业技能鉴定可行性

家谱是记载家族成员世系繁衍和生平事迹的图书。修谱起源于母系社会，兴盛于宋、元、明、清及民国。据 2005 年出版的《浙江家谱总目提要》介绍，著录谱籍浙江的家谱 12000 余种，谱籍外省市的家谱约 500 种。民间还有部分珍藏、遗存。20 世纪 80 年代后，家谱文化随之迅速复兴。据粗略统计，全省各县（市、区），少则几十种，多则几百种，如宁波市宁海县改革开放后已经历两轮修谱，续修、新修成谱总计近千种，如按全省 61 个县（市、区）平均各 300 部计，总数达 18000 多部。

自古以来，家谱修编的主力一般是同宗本族的文化人士，但不乏专业修谱师。修谱师是一种古老的文化职业，标志着家谱编纂迈向专业化与职业化。浙江是较早出现修谱师职业群体的省份，至少在元代就出现了。据《太原郡王氏家谱》记载，元初瑞安县人王法懋就把木活字印刷技术引入族（宗）谱编修事业，称之为“梓辑”之术。至今，温州瑞安仍保存着全国最完整的木活字印谱业务。随着印刷术广泛应用，民间谱师（也称谱匠）逐渐增多，排版、印制了传统的木刻、石印家谱。瑞安木活字印刷修谱成为国家第二批“非遗”文化，杭州富阳有几代传承的谱师家族。

但当代修谱人员中多数传统文化底子较薄，对传统家谱知之不多，缺乏现代家谱修编的理念和技术创新方法，特别是目前各地修谱以家族为主，主事者往往只知一族一谱，未请专业修谱师参与，因此大量新修家谱质量参差不齐，精品不多，对家谱文化事业持续发展，促进地方社会和谐及文明建设造成一些消极影响，因此需要开展修谱师技能培训和鉴定工作。家谱与方志、国史并称，是中华历史文化的重要组成部分。有了优秀的家谱师队伍，才能产生优质家谱，才能真正发挥家谱对社会文明、家风建设、乡村振兴等的重要作用。

目前在全省开展修谱师专业技能鉴定工作已经有了良好条件。第一，有修谱师的队伍和后备力量。当代浙江修谱人员有 4 种类型：个人专职修谱，开设公司（谱局）修谱，业余兼职修谱，族人公益修谱。据浙江百姓家谱文化研究会 2024 年首次修谱师普查，全省已知专职修谱师、谱局已达一定数量，已发展成为一种产业，但 60% 以上家谱还是以业余兼职、族人公益为主。当代参与修谱人员数量成千上万，年龄多在 60—70 岁，少量在 50 岁以下 80 岁以上。为提高家谱修编质量，让家谱文化事业后继有人，2017 年以来，浙江省百姓家谱文化研究会已联合温州大学、浙江师范大学、宁波大学，开展 4 次专题培训，受训达 500 多人次，提高了修谱的专业化程度。以后将继续依托大中院校、老年大学、图书馆等举行研讨会，开设培训班；帮助本会二级机构、联络组或谱局，结合修谱活动开展培训指导，逐步培训、形成一大批修谱人才。第二，有培训鉴定的组织机构。浙江省百姓家谱文化研究会是省级家谱文化研究社团，于2017年3月在省民政厅登记注册成立，曾被评为省社会组织品牌单位，理事会至今已经三届。现任会长黄金宝，为三生（中国）健康产业公司董事长、中华慈善奖个人奖获得者，十分重视家谱文化，曾出巨资专门收集海量家谱文献电子资源，建有“族谱网”；执行会长周全行，2019年曾被评为浙江省社会组织领军人物；常务副会长钱茂伟，宁波大学公众史学研究中心主任、教授，著名公众史学家，主持国家社科基金唯一的家谱编修研究课题《当代中国家谱编修理论与技术研究》；研究会有二级团体十多个，其中专设修谱师工作委员会（原称修谱指导委员会）、专家学术委员会，会员约300人，大多数是修谱师及家谱文化爱好者。办有正式注册的内部期刊《浙江家谱文化》（季刊）及公众号等。第三，有培训、鉴定的主体力量。该项工作可由浙江省百姓家谱文化研究会修谱师工作委员会承担，该委员会有一批家谱理论、技术的研究专家、学者和专职、兼职家谱编纂专家、修谱师，在省内家谱修编研究领域具有较强的领导力、向心力和凝聚力，完全能承担起鉴定工作。第四，有初步的鉴定标准和实践。浙江百姓家谱文化研究会重视修谱质量和修编规范，两年前联合宁波大学公众史学研究中心，组织专家学者反复研讨，集思广益，曾在2023年编制出台第一部省级《浙江省百姓家谱编修标准（试行）》，用以指导会员和社会修谱。2024年，制定发布《向优秀会员授予家谱文化人才荣誉称号的试行办法》《家谱文化人才荣誉称号审批表》，提出修谱师分类、分级的标准条件。通过全省各地普查，专门召开评审会，成功评选出一批修谱师，其中高级修谱师37名、修谱师（一级）14名，并授予其荣誉证书。但民间社团公信力、影响力尚有限，修谱师专业技能鉴定，需要政府相关部门继续大力支持。第五，基本明确修谱师专业技能鉴定工作系列事项。如修谱师的专业技能，主要包括传统家谱知识基础，当代家谱修编基本理论，当代家谱修编基本规范，以及文言文阅读、文史写作、家谱经验总结等方面；修谱师的专业技能培训教程，鉴定工作组织、实施流程和规范，可借助已出版的约20种家谱修编理论和技术著作，组织力量编写；修谱师职业资格认证，其工作业务类似书刊编辑，但民间对该编辑系列职称名称不甚了了，故参照中学教师资格证书系列，设修谱师（二级）、修谱师（一级）、高级修谱师，对应中学初级、中级、高级职称，贡献突出的授予特级修谱师荣誉，每2—3年组织一次鉴定、评审。

全省修谱师专业技能鉴定工作的实施，是新时代家谱文化事业的一项尝试，将成为浙江社会主义精神文明建设工作的创新之举。

附录

浙江省首批家谱师评审纪事

2024年3月26日，笔者应周全行会长之邀，首次参加浙江百姓家谱文化研究会会议——第三届第一次会员代表大会，与会代表100多名，选举出三生(中国)健康产业公司董事长黄金宝为会长，周全行继续担任执行会长，钱茂伟等继续担任副会长。笔者被命名为修谱指导委员会委员、《浙江家谱文化》(季刊)编辑委员会副主任，列席了秘书处工作会议。会后，我觉得研究会作为省级家谱文化社团，全国也仅3家，平台难得；实际负责人周全行，事业心强，富有激情，善于争取各种资源，也是难得的社会组织人才，但有许多工作值得改进，就主动撰写了两个工作建议，其中就提出要在全省范围内普查修谱力量，开展修谱师评审评级工作。

6月，周全行、钱茂伟两位会长接受建议，笔者起草《向优秀会员授予家谱文化人才荣誉称号的试行办法》《家谱文化人才荣誉称号审批表》文件，同时负责联系宁波市、舟山市两地修谱师普查。钱茂伟教授负责其他地区普查。除了宁海县刚建立的宁海谱社，修谱师往往单打独斗。这次普查通过修谱师互相推荐或家谱社团介绍，通过《鄞州文史》作者群和征集家谱的天一阁博物院应芳舟，又联系各区(县、市)党史研究室(地方史志编纂室)负责人、科室长等，请他们推荐介绍。有一些人认为自己年事已高，也不计较名利，提出不宜参评，本人则晓之以理、动之以情动员参加。也有个别人把他人主编的家谱充当自己成果，本人就婉转指出，让他及时改正。绝大多数登记表填写客观、实在。此次宁波、舟山两地修谱师普查，费时20多天。其间，笔者去新疆旅游，携带手提电脑晚上整理，并随时与周、钱两位领导和修谱师们联系，基本完成宁、舟两地修谱2部及以上修谱师调查汇总工作。

鉴于修谱师评比是一项尝试，民间社团不能评职称，又涉及全省，同时时间仓促，人员资料收集不全也来不及全部细看，宜稳步推进，笔者故建议：参照职称评审，授予修谱师不同等级荣誉；成立评审领导小组，周全行任组长，钱茂伟、刘鑫(副会长兼秘书长)任副组长，先评选高级修谱师和修谱师(一级）；特级修谱师。此后，由修谱指导委员会和专家学术委员会从优秀高级修谱师中联合提名，和高级家谱研究员一起，由会长会议命名表彰。修谱师（二级），类似初级职称，人员基数可能较大，水平良莠不齐，全省难以准确掌握，宜委托各地市组成评审组予以调查评比，报省研究会备案，也能调动各地市联络组等家谱文化骨干的积极性。同时起草《浙江修谱师首批评审会暨修谱工作研讨会工作流程细则》。

6 月 28 日，笔者从新疆返甬后，再次梳理相关登记表，并对各位修谱师进行分类。次日晚即至位于海曙区石碶镇的三生（中国）健康产业公司，出席修谱师评审预备会议，与周全行、钱茂伟、刘鑫、倪毓佩（杭州富阳修谱专家）、丁怀新（绍兴市家谱研究会副会长）、应芳舟（天一阁博物院研究馆员）等共同决定入选名单。笔者根据登记表，逐一介绍所有参评者拟入选不同级别的依据。浙江省修谱师拟评结果方案获一致同意通过，并通过评委和修谱师分组名单；当晚撰写《浙江修谱师人才队伍调查简报》。

本次修谱师调查，由于时间紧，负责、参与的人员都是兼职工作，同时联系各地修谱师的信息渠道也不够通畅，还有许多修谱师遗漏。除宁波外，其他地区还需要广泛调查发现。根据宁波调查经验，各区（县、市）一般有两三位已修谱 3 部及以上修谱师。希望借该次评审会契机，继续推荐修谱师，壮大修谱师队伍。

6 月 30 日，首届浙江修谱师评审会暨修谱工作研讨会正式召开，参会者 80 余人。研究会党总支书记兼执行会长周全行主持会议，会长黄金宝发表欢迎词，阐述家谱文化建设的意义和评选修谱师工作目的、任务，笔者简要介绍全省修谱师队伍的调查情况。然后分两组开展工作：第一组评委钱茂伟（组长）、刘鑫、倪毓佩，负责杭州、金华、温州、台州、绍兴、舟山、丽水、衢州、湖州等地市；第二组评委杜建海（组长）、丁怀新、应芳舟，负责宁波市。先请参评修谱师逐一介绍各自修谱经历，包括修谱数量、谱主家族，主编、协编及指导情况，谱局（公司）经营情况，以及修编时关注重点、所解决的难题等，每人汇报交流约 8 分钟。评委当场倾听并视情况点评，核实提问，或查阅有关证明材料。午饭后，两个评审组集中，分别交流上午情况，除个别调整外，基本通过首批修谱师评审名单，与会修谱师中少数不符合条件者未入选，或囿于公务在职身份放弃评审，共评出高级修谱师 37 人，修谱师（一级）14 人。其间，修谱师们济济一堂，举行研讨会，交流修谱工作经验、体会，提出修谱师队伍建设建议。下午二时半后，继续召开大会，宣布高级修谱师、修谱师（一级）名单，并授予证书。首届修谱师评审工作顺利结束。应笔者之邀，宁波甬派记者张弛和《宁波晚报》记者顾嘉懿分别撰写报道，前者属于会议新闻《浙江家谱文化社团首次评审优秀修谱师》，而顾记者按笔者安排精心采访，写出通讯报道《浙江修谱师齐聚宁波研讨家谱编修工作　他们为何热衷于修家谱？》，非常全面，又能多角度切入，一周时间点击量达26.5万人次。

宁波大学钱茂伟教授十分重视这项工作，认为应在全省开展修谱师职业资格认证工作。7月，他起草该建议报告，我根据公文要求重新梳理一遍。后经初步联系，又改写为在全省开展修谱师职业技能培训工作的报告。7月30日，周全行与杭州富阳某宣纸公司负责人一道拜访省人力资源和社会保障厅领导，递交该报告。浙江省人力资源和社会保障厅副厅长陈中提出新的要求。钱茂伟教授据此要笔者重新修改，撰写成《关于在全省开展修谱师专业技能鉴定的请示》文稿，由其修订后报送省人力资源和社会保障厅。

浙江省百姓家谱文化研究会
评选授予家谱文化人才荣誉文件（2份）

关于向优秀会员授予家谱文化人才荣誉称号的试行办法

各专业委员会、各团体、各地联络组：

为发展百姓家谱文化事业，广泛团结家谱文化力量，形成修谱骨干队伍，发挥修谱指导和家谱文化研究作用，经研究，特向优秀会员授予家谱文化人才荣誉称号，具体试行办法通知如下。

1. 家谱人才荣誉称号

分为修谱师（二级）、修谱师（一级）、高级修谱师、特级修谱师、高级家谱研究员。

2. 授予范围和对象

本会会员或评审初期加入本会者，本会各专业委员会成员。受表彰对象原则上自愿申请，或本人同意，本会修谱指导专业委员会2人及以上联合提名。

表彰条件和标准：品行良好，守法遵纪，无犯罪记录；有较强的文字表达能力；有一定指导修谱能力；有一定组织协调能力。重点衡量三方面业务实绩：一是为主编纂家谱的数量和质量；二是指导各家族修谱的数量，参加本会及下属机构组织的家谱培训班讲课、研讨会专题发言情况；三是县区级及以上发表的家族、家谱类总结、研究和文史文章。

具体条件和标准如下。（1）修谱师（二级）：已修2部合格家谱；撰写或发表家谱类总结、研究或相关文史文章2篇；指导培训家谱修编1次及以上。（2）修谱师（一级）：已修3部合格家谱，或1部以上本会评出的优质家谱；撰写或发表家谱类总结、研究或相关文史文章3篇及以上；指导培训家谱修编3次及以上。（3）高级修谱师：已修5部及以上合格家谱，或2部以上本会评出的优质家谱；公开发表家谱类总结、研究或相关文章5篇及以上；参与家谱修编指导培训，区县、地市家谱修编培训班主讲1次以上。（4）特级修谱师：一是已修20部以上合格家谱，或开设谱局、专业公司指导编印家谱相当数量；且发表家谱类总结、研究或相关文史文章5篇及以上；参与区县、地市家谱修编培训班主讲1次以上。二是修编5部以上优质家谱，公开发表家谱类总结、研究或相关文史文章10篇及以上；参加本会举办的培训班、研讨会主讲2次及以上。（5）高级家谱研究员：编纂优质或特色家谱1部及以上，具有较强科研、创新能力，参加地市社科系统及以上相关家谱类课题，编撰出版家谱类研究专著，有重大家谱编修创新成果的专家。

本次授予的荣誉称号是修谱师（一级）和高级修谱师。

3. 试行流程和工作方案

（1）新修家谱数量较多的县区，由各地联络组、本会各专业委员会成立评比提名小组，发动组织符合条件的修谱人员入会，参加本会家谱评审，推荐参加本会论坛研讨，推荐参加家族修谱指导，动员撰写相关总结、研究等文章，填写表彰登记表申报；并提出修谱师（一级）初评名单和高级修谱师建议名单。（2）本会成立表彰工作专家组，召开专题会议，请修谱师（一级）初评人选各自简介工作业绩，回答专家组相关提问。专家组根据登记表、附件和参评者汇报自述进行投票表决，通过修谱师（一级）名单，报会长办公会议通过，发文公告。（3）本会理事长会议邀请方志系统、高校专家学者、修谱指导委员会代表、《浙江家谱文化》编辑部代表组成评审组，在修谱师（一级）名单基础上，审定高级修谱师人选，并根据提名情况，确定高级家谱研究员人选，发文公告。（4）各新修家谱重点县区、各地联络组、各专业委员会负责人，邀请修谱师（一级）代表、高级修谱师、高级家谱研究员和各地方志相关负责人组成评审组，评定合格家谱和修谱师（二级）荣誉，经本会专家组审核备案后，发文公告。

本会为评审修谱师创造条件，将组织家谱评审活动，举办家谱修编论坛或研讨会和修谱培训班，《浙江家谱文化》编辑部将组织征稿活动。

本会每届组织两次表彰活动，颁发荣誉证书，邀请《浙江家谱文化》记者或各媒体宣传报道受表彰者事迹，并组群开展交流、研究等活动，推荐参加修谱或指导修谱工作，参与协会专业委员会、联络组等工作。

本试行办法，经修谱指导委员会讨论完善，报会长会议同意，提交理事会通过后发文；具体内容由家谱修编指导委员会组织实施和解释。待试行后，将总结经验，吸取意见，再予以修改完善。

浙江省百姓家谱文化研究会

2024 年 5 月 21 日

附件：浙江省百姓家谱文化研究会家谱文化人才荣誉审批表

<table>
<tr><td>姓　名</td><td></td><td>性　别</td><td></td><td>出生年月</td><td></td></tr>
<tr><td>户　籍</td><td></td><td>学　历</td><td></td><td>通信地址</td><td></td></tr>
<tr><td colspan="2">（原）工作单位或职业</td><td colspan="2"></td><td>职务职称</td><td></td></tr>
<tr><td colspan="2">荣誉奖励</td><td colspan="2"></td><td>会员及职务</td><td></td></tr>
<tr><td colspan="4">1. 为主编纂家谱
2. 协助修编家谱
3. 指导修编家谱
（谱名、家族所在地、印发时间）
4. 参加家谱评比
（参评结果、时间、主办单位）</td><td colspan="2"></td></tr>
<tr><td colspan="4">1. 参与家谱培训班
2. 参加家谱类论坛、研讨会
［发言、讲课题目、班（会）名称、主办单位及时间］</td><td colspan="2"></td></tr>
</table>

续表

1. 家谱类总结、研究、评论等文章 2. 家族、乡贤类文史文章 （题目、发表报刊或上报机构及时间）	
品行表现情况 （参与家族公益、社会公益，受表彰报道情况；加入相关社会公益机构及职务）	
写作能力情况 （第一作者的其他文章或著作，包括题目、书名，发表的报刊或编印的机构及时间；加入相关社会团体会员及职务）	
各辖属专业委员会或各地联络组或各家谱团体审核推荐意见	
修谱指导委员会及评审专家组意见	
理事长会议意见	
备注：1. 为主编纂家谱的数量和质量，以家谱编纂者名录为准，以本会历次评审家谱的结果为准。请提供家谱电子版或微信图片提供相关若干页，或相关评审结果文件。2. 协编指导各家族修谱情况，以编纂者名单、序跋提到协编、指导者姓名等为准。3. 培训班、研讨会发言、讲课，请提供书面发言稿或 PPT。4. 发表或提交文章，需第一作者，县区级及以上报刊发表，或本会组织论坛、研讨等书面发言稿，或新提交《浙江家谱文化》编辑室，确认有一定质量的文章	

关于授予浙江首批高级修谱师、修谱师（一级）荣誉证书的通知

各专业委员会、各地联络组、会员：

全省拥有一大批优秀民间修谱师，为浙江家谱文化事业做出了巨大贡献。为进一步加强修谱师队伍建设，促进百姓家谱文化事业再上新台阶，本会研究决定，面向全体会员和拟入本会的谱师开展修谱师评审及表彰工作。经各机构、会员等推荐、自愿申报，并提交修谱师登记表等相关材料后，评审组专家、学者认真审核，本会举行首次评审会，确定首批高级修谱师、修谱师（一级）名单。今特予以公开表彰，并颁发荣誉证书。

一、高级修谱师（37 名）

杭州市：倪毓佩（富阳区）

宁波市：郑学武、陈瑞长、潘志海、王永财、周林云、胡家鐀（宁海县）、邵鹏、周开水、张明俊（象山县）、陆金如（慈溪市）、徐泉华、毛云鹤（余姚市）、竺济法（海曙区）、胡纪祥、陈剑平（鄞州区）、许建达（北仑区）、康海明（奉化区）

绍兴市：丁怀新（新昌县）、钱国森（嵊州市）、骆军（诸暨市）

金华市：王祥松（兰溪市）、詹宣武（武义县）、贾剑挺（浦江县）、徐政彬（兰溪市）支登成（义乌市）、周昌富（东阳市）

温州市：林贤奖、吴如鸿（苍南县）

台州市：卢夏龙（玉环市）、杨世学（临海市）

舟山市：石林、方交良（定海区）

丽水市：麻见会、王炜雄、姚徐刚（缙云县）

衢州市：祝为民（江山市）

二、修谱师（一级）（14 名）

杭州市：何次平（淳安县）

宁波市：胡家康、胡伟忠（宁海县）、张川（余姚市）、黄小华（慈溪市）、陈联飞（海曙区）、吴永良（鄞州区）、孙兆钧、胡海雷（北仑区）、汪柏琪、林佩锋（奉化区）

嘉兴市：祝水明（秀洲区）

金华市：吕开良（东阳市）、李福德（义乌市）

希望上述受表彰的优秀修谱师向德能双馨的目标再接再厉，继续认真钻研业务，努力提高综合能力，尤其要积极开展地方历史文化研究和传播，深入开展家谱文化研究，在总结修谱规律、经验，培养新生代修谱师等方面多下功夫，共同为浙江家谱文化事业发展做出新的积极贡献。

浙江省百姓家谱文化研究会
宁波大学公众史学研究中心
2024 年 6 月 30 日

◎浙江省百姓家谱文化研究会第一届第一次会员代表大会会场

◎浙江省百姓家谱文化研究会第一届会员代表合影（2017 年摄于象山西周镇华翔国际大酒店，周开水供图）

◎ 浙江省历史学会家谱研究会成立大会组照（上会场、中首任会长寿勤泽、下合影）

第八章 修谱群体的主体性

修谱家族只要有钱，请到一位编者，就可以编成优质家谱吗？当然并非如此。优质、特色家谱，是集体创作、创造的历史图书，需要修谱团队共同努力，主修和主编等相关人员要有综合素质，充分发挥主观能动性和自己的专长。

修谱是宏大的系统工程，参与群体一般会涵盖所有家庭、族人，具体操持、执行者是家谱修编理事会理事长，即主修，其次就是编纂者。主修，一般综合素质很高，在当地、家族有较高威望，个人或家庭有良好经济实力或动员筹资能力，从业身份通常是退休的党政领导、企业家、教师或担任过村主要领导。他们主持修谱，各有动机，甚至不乏当年亲手毁谱而欲将功补过者。编纂者，往往是当地或寓居外地有一定文化程度的族人，或是慕名聘请有修谱经验的族之外人，当然也有直接委托业余、兼职修谱师，或专业修谱公司的。

优质的特色家谱，往往反映地域特色、家族特点，呈现理事会及主修、编纂者思想、个性和技能特点，是因为主修、编纂者充分发挥了主体性——自主性、能动性和创造性。修谱主体要有积极向上的思想观点、价值观，面对修谱过程出现的各种困难、矛盾，善于统筹沟通，有坚强的意志力、执行力；针对各地、各家族，甚至少数家庭、个人的复杂疑难问题，依法合规，有理有节，予以说服解释，从而因地制宜，从家族实际出发，修编出家谱精品。

优秀的修谱师，不仅熟悉传统家谱规范，而且要具备地方文史研究和写作能力，而家谱也是地方文史作者所必须借鉴的历史文献。因此，地方文史作者们往往乐于在业余应邀充当修谱师的角色，成为家谱修编队伍的生力军。

不过，真正的修谱专家，还要深入分类、研究传统家谱，学习家谱学理论和社会科学通识，善于总结修谱经验、规律，探索当代家谱理论和技术创新，形成自身特色的修谱理念和风格。

笔者也是业余修谱师，对宁波的谱人谱事比较熟悉。本章通过记录和描述若干典型案例，包括家谱主修、修谱师、修谱公司（谱局）负责人以及家谱学研究专家及其谱事纪实，让世人，特别是未来的家谱主修、编纂者们，从多个角度了解当代修谱群体角色、形象和作风、技能，了解当代家谱发展进程的某些侧面，从而修编出更多优质、精品家谱。

第一节　王卫杰：企业家、家谱主修

◎王卫杰像

本人与卫杰兄因“非遗”内家拳而相识。他天资聪颖，热爱生活，喜欢并善于读书，曾有空就背单词，三个月就过了英语口语关，先后进修浙江大学和北京大学 EMBA、东方智慧学院等；热爱中华传统文化，乐于尝试新鲜事物，也颇有才气，爱好打乒乓球、弹吉他、练内家拳，并拜宁波著名书法教育家陈启元为师练书法，往往出手不凡。

不安于现状者，往往能闯出一条路。1983 年，他毕业于宁波四中，即进入宁波拖拉机厂做车工。1986 年，通过全国成人高校统考，入读浙江工学院与宁波动力机厂、宁波拖拉机厂合办的职工大学，带工资全脱产学习三年，学的是机械制造及工艺专业。大专毕业后，进入宁波汽拖工业公司培训中心，成了一名成人教育老师。1992 年，下海创业，进入宁波开发区某公司从事钢铁贸易，没想到在经理带领下第一次交易就被骗巨款，成了无业青年。曾拿岳父给的一万元钱炒股，不到一年只剩 3000 元。此后去韩国修理打火机。一年多后，入职中农信鄞县分公司做外贸，后来公司倒闭，又成了失业青年。2000 年，他向朋友、亲戚借钱再次创业，在北仑成立宁波保税区元瑞国际贸易有限公司，专营各类日用清洗用品出口，每年清洁球出口额逐渐做到国内领先。2001 年，当时国内从事高端的摩托车改装件出口还是空白，竞争对手主要在台湾省，于是他决定从劳动密集型轻工产品转型到有技术含量的机电产品出口，成立宁波元达和瑞国际贸易有限公司，与一位法国贸易商做高端摩托车配件、改装件，专营西欧市场，效益很好。2007 年，参加秋季广交会后，公司进一步拓展全球市场，专营范围迅速扩大，产品大多自己开模具设计定制，产量小，利润高，贸易额在全国同行业中开始名列前茅，于是他就关闭了清洗用品包装工厂。现在以从事摩托车、沙滩车、自行车等零配件出口为主，覆盖全世界较发达的市场，在美国亚利桑那、德国科隆和重庆设有办事处。2017年底起，连续四年被中国摩托车商会评为中国摩托车零配件出口十强企业。这些经历，既是一部青年创业史，也是改革开放的一个缩影。本人曾为他整理成文《屡败屡战闯商海——我的创业经历自述》，收录在家谱里。

富而仁爱，也是王卫杰的天性使然。2014年和2021年，他以公司名义，与北京大学信息学院和东方智慧学院分别在宁波、重庆举办均有300多人参加的经济文化公益讲座，都是他出钱，耗资不少，但他觉得举办公益讲座推广中华文化很值得。2014年，他加入致公党，担任致公党宁波市委社会活动部主任，参加党派活动积极，主动参与党派组织的慈善项目活动，连续几年被评为优秀党员，2021年被评为中国致公党脱贫攻坚工作先进个人。某年下半年，他到横溪镇月白风清园，亲自为鄞南地区工商界人士上传统文化公益课，本人为他主持。因为学得深透，且有钻研，口才也不错，又辅以PPT，上课效果较好，听众们给予较高评价。据笔者了解，他曾悄悄资助一批同仁学练内家拳，又为夏掌门的内家拳事业慷慨乐助；每年订购锦州100多亩农田出产的大米，精心包装后送人或零售，为那里的族人增收出力。当年他在韩国跟着学英文的外贸老板吴麟，对他入外贸这行帮助极大。1998年金融危机，吴麟公司破产，且欠了他几万美元，他善待吴麟让其来自己公司打工，并一直非常感谢吴麟。

1965年4月，王卫杰生于鄞南甲村荷花桥村。他的曾祖父系甲村荷花桥王氏第二十一世才逵公，字金才，相传清末曾考取功名，县衙当差，处事公正，不徇私情，因被一斩立决犯人家属报复追杀而背井离乡。后千里迢迢，随镇海县小港人、上海巨商李云书至辽宁锦县东大荒开垦荒地，协助创办锦州天一垦务公司。民国后，曾任天一垦务公司执事，做了李云书堂侄李善祥先生的大管家。他精明能干，协助兴办中国第一个苹果园——南山生生果园，协办耕余果艺学院。约1912年起，在锦县双羊镇明字屯（今锦州凌海市双羊镇明屯）自行开垦荒地百余垧（时东北每1垧约合15亩），盖屋前后院十余间，开碾坊，办义塾，既为培养子女学文化、长见识，也为当地百姓能免费上学，免费使用碾坊。发迹后，曾回乡建宅第，其体量、格局、精美程度，时为荷花桥村之最。民国十九年（1930），锦县洪涝灾害严重，百余垧良田成一片汪洋，粮食、苹果、蔬菜无收，所居宅第几近倒塌。目睹辛勤创业毁于一旦，金才公心伤病急，遂一病不起，享年58

岁，葬于锦县双羊镇明字屯王宝山四方坨。此后，其子女各奔前程，散居于鄞县、锦县、北京、天津等地。

卫杰兄祖父重光公，字瑞安，才逵公长子，出生于锦县双羊镇明字屯。生母祁氏，满族，年幼即与大妹淑琴回乡，由林母抚养成人，入读小学，颇知书达理。及长，于鄞城三江口附近江厦街开设咸货店，专营宁波、舟山渔民捕捞的海产品干货。且恭伺、娱悦林母，孝顺备至。抗战时，店铺被毁，遂回村务农，曾任村会计。其心宽体胖，笑容可掬，性情善良温顺，待人和蔼，伉俪相敬如宾，一往情深，呵护孙儿精心。卫杰兄一直记得祖父擅讲故事，信手拈来，乡亲簇拥，静寂聆听，几近荷花桥边夏夜一景。

卫杰兄父亲国芳公，天津大学本科毕业，长期研究核潜艇，是军工科学家。先后担任第二机械工业部研究设计院（北京）技术员、工程师。因国防科研体制调整，随核工业部一院集体转入在武汉的海军第 719 研究所（曾名中国船舶工业总公司第七研究院第 719 研究所，今为中国船舶重工集团公司第 719 研究所，系我国唯一的核动力舰船总体设计研究所），担任工程师，系核潜艇动力系统一回路专业组长。他在该院期间参与研究的工程，获国家科技进步特等奖两次，全国科学大会奖一次。1989 年，719 研究所曾出具证明材料，评价他“专业理论基础扎实，能够独立承担大型复杂的工程项目和研究课题，平时为人正直，团结同志，乐于助人，是值得人们尊敬的老同志”。1995 年 2 月，为解决夫妻长期两地分居问题调回宁波，担任宁波拖拉机厂工程师，后担任宁波精密铸造厂总工程师、技术副厂长，至退休。他懂英、日、德、俄文，能翻译各种科技文献，系教授级高级工程师，曾担任宁波市高级职称评定委员会委员，当选为宁波市第七届人大常委会委员。长期在北京、武汉等地，默默无闻从事军工研究的父亲，让卫杰兄儿少时缺少了父爱。直到父亲逝世以后整理遗物，卫杰兄和亲人们才发现有关证书，对其获得过的功勋大吃一惊。

卫杰兄由同住甲村池头的外婆陆杏花一手抚养带大。父亲长期是谜一样的存在，曾祖父闯关东事迹也是迷雾一团，各地亲人究竟生活得怎样，事业有成的卫杰兄总想弄个明白。于是他上北京，走锦州，四处拜访，亲自踏上曾祖父的发迹之地，并与北京的二姑王丽华、锦州的二姑王艳华共同发誓，创修本支家谱。其动机和过程，他在自己所写的谱序里有过详尽描述：

长大后，我经常听父亲说他有二叔、三叔等堂房亲戚在北京和东北等地。

20世纪80年代，我刚参加工作，北京亲戚来荷花桥，父亲说是我的姑姑，我还骑自行车接她来我家。后来才知道她是我在北京的二姑、父亲堂妹。20世纪90年代初，一位东北锦州来的老人来荷花桥寻根，父亲说这是我小爷爷，他的一只眼睛是被红卫兵批斗时头压在麦克风上弄瞎的。我们陪他到奉化溪口游玩，在校长张学良种的将军树旁拍照留念。后来我刚办起外贸公司时，北京的国华堂伯和堂婶来宁波，到了荷花桥。他说查过宁波方志，他爷爷、我们共同的支祖金才公，是与镇海小港的李云书一起去东北垦荒的，奶奶是一个满族的格格，小时候锦州城里没人敢欺负他，大家都知道他是“南蛮子”的孙子。那时候，我工作较忙，也年轻，不太在意家族的故事。

2007年，父亲去世已三年。姨夫在整理我家旧宅时发现父亲遗留的一些文字资料，来电告诉我，父亲居然参与了多项国家科技奖研究项目。我这才觉得我们家族还真不平凡，有些故事可以记载。2012年，老家荷花桥开始修家谱，需要个人信息资料等，但我出差在外，母亲也没有告知我，我与宗谱擦肩而过，宗谱里也缺漏了本支相关内容。2017年，锦州的五姑一行来荷花桥访祖，我才接触到几年前续修的家谱，居然发现我爷爷出生在锦州，那里还有很多的亲戚，有的学业、工作等也有不凡成就。宗谱让我懂得了不少家族历史、先祖事略。

我们支祖才逵公创业、发迹于锦州，现今裔孙散居各方，我想是否编本支谱，亲人们才能因此连枝同气，凝聚亲情，敦睦人伦，就不会视同路人。这时，我因学练内家拳结识了师兄杜锺文先生，他曾是我家乡鄞南两个镇乡的党政首长，担任过宁波市鄞州区人民政府地方志办公室主任，也是宁波文史专家，修编家谱是他的业余专长。我请他主编，他欣然应允。去年，我专程去锦州，亲眼见识了曾祖父创业有成的若干史迹，更坚定了修好家谱的决心。北京的丽华二姑告诉我，我爷爷瑞安公早在“文革”前就想修编我们的支谱。现在我的外贸事业稳步发展，确实也能集中精力做好修编家谱这件大事。

许多有地位、有钱者担任家谱主修，大多挂个名，出面、出钱了事，卫杰兄则不然。他敬重传统，且分身有术，外贸生意和修好家谱两不误。他承担修谱全部经费，又为修谱出力献智。根据我的要求，他建微信群，电话频频联系各地负责采访者，自己直接充任鄞地房亲们采访员，收集个人、家庭家谱信息。他统筹负总责，又拍摄征集照片，搜集资料，并且出手写文章。他有较好的文字素养，亲自起草的有序言1篇，分别为祖父和父亲写传各1篇，回忆父亲、母亲和外婆事迹各1篇（《父爱如山——我与父亲王国芳纪事》《普通护士不平凡——我的母亲张素珍》《懿德流芳若杏花》），自己回忆录1篇，共7篇，上万字，故事细节详细，饱含深情。根据本人建议，他约请陈启元题写房谱名，自己墨书“家训”和支谱名。中年企业家，不厌其烦，亲力亲为，执行力强，这样的家谱主修实在难得。本人当然不敢敷衍塞责，决心编出特色，成为精品。

《鄞南荷花桥王氏金才公支谱》，系鄞南荷花桥王氏水惠公派金才公支谱，凡卷五：卷一系图、卷二世传、卷三家传、卷四文献、卷五世居，合卷首、卷末，为一册。目录如下：卷首：题词、图像（支祖金才公像赞、第二十二世祖像、荷花桥村域图和锦县王氏史迹图）、序言、修编名录、凡例、目录、源流（宁源、姓源、世源包括虞城、燕山、甲村、荷花桥、锦县明字屯）、附录（王氏源流，附介堂号、宗祠、宗谱）、本支迁徙、行第、家训。卷一系图：虞城、燕山、甲村、荷花桥。卷二世传：虞城、燕山、甲村、荷花桥。卷三家传：传略（第二十一世支祖才逵公，第二十二世重光公、重英公、重勋公，第二十三世国芳公、国华公）、追忆（第二十二世重英公、张桂芳婆、重勳公，第二十三世国芳公、国华公、国斌公、荣华婆）、简介（第二十三世张素珍婆、玉华婆）、自述（第二十三世丽华婆、爱华婆、彩华婆、艳华婆、立新婆，第二十四世卫杰公）。卷四文献：艺文选录（三槐堂铭并序、游鄞、写怀、游金峨寺、松山纪事、凌河道上、鄮东竹枝词选一、怀念王国华老师、七律·游生生果园）、旧谱文选（宗谱序跋、宗谱凡例、续修王氏荷花桥宗祠谱说明）。卷五世居：鄞县荷花桥（建置沿革、文物古迹、村落特色、周边名胜）、锦县明字屯（屯村概述、天一垦务公司、生生果园、耕余学院、王宝山）。卷末：余庆录、亲恩录（李公云书、李公善祥先生、外婆陆杏花）、藏谱知、跋。

该谱内容完全，结构完整，一如宗谱，并尝试以现代书籍仿旧谱印制，让今人阅支谱，明旧谱，对传统谱牒文化不至于茫然无知，又图文并茂，藏携简便，便于传家。体例、内容有诸多别具一格。

一是女性及后人平等入谱。鉴于男女平等时代，该支族人多地生活而音信久隔，且女多男少，是谱修编于传统宗谱有所突破，旨在修成基于血缘为基础、凸显亲情的亲戚谱。女儿及后人自愿入谱，世系、世传延伸至今，但女儿注明性别，其所生育者无论男女，注明姓氏，以示区别。排列顺序，无论男女，根据出生先后，先长后幼。

二是人物事迹详载。该族优秀者和乡贤，系族人楷模，据登记资料之事迹和自愿提供的文稿，共议公允入“家传”卷。支祖金才公起至二十四世20世纪60年代出生房亲，逝者传略，生者简介，凸显敢于开拓创业、务求精诚专业的家风特点和美德。

三是重视引史入谱。该谱有大量追忆、简述、自述以及杂记，篇幅多、分量重，为一般房支谱所罕见。其中，锦州重英公女儿们饱受“文革”失父、失学之苦，有的仅小学文化，也毅然提笔，纷纷写下自己的个人史和家史。主修王卫杰则亲笔撰文介绍爷爷、父亲、外婆、母亲的事迹和自己曲折坎坷的创业经历等。从晚清、民国至中华人民共和国成立、当代改革开放，中国经历前所未有的大变局，该支族人们的起伏命运，堪称专业史、地方史和民族史缩影，该谱也将成为客观记录社会时代变迁的历史文本。

四是卷目与时俱进。该支后人流动，迁居频繁，散居各地，但鄞南荷花桥系原乡，锦州系祁氏所出者之故乡，故设“世居”卷，记叙两地地理交通、建置沿革、村落特色和相关文物史迹等，以载乡愁、地脉。房支的兴旺发达，往往屡有贵人、师长、亲友等提携、扶持，此等大恩诚不可相忘，该谱卷末设“亲恩录”。此外家谱乃传家之宝，须自珍藏，故有“藏谱知”。按旧例，宗谱小修二三十年，大修五六十年，其间有族人生育、嫁娶、卒葬、学习、就业诸新生事项，为及时记录设“余庆录”。

五是女性为主修谱。该谱不仅女性入谱，记载女性懿德，而且女性是参与修谱主力军。除主修王卫杰等3人外，修谱理事方面，如拍板决策的、顾问统筹的、联络采访的、支祖画像的；谱文撰纂方面，如填写信息的、挥笔作序的、回忆自述的、汇集照片的，俱为女性。其中北京的王丽华，在职时为技术专家，虽为他妇，但对本姓支谱新修态度积极，回忆祖父遗像，委托孙媳模拟成金才公肖像，且欣然命笔，作序于谱首，撰文回忆家史，命侄儿回忆亲人，介绍自己人生经历。外嫁女如此主动全面预谱，为古今谱事所罕见。锦州的王艳华，千方百计牵头联络，征集各地相关信息资料，使为数众多的锦州族人纷纷联动，自己提笔撰文，并发动同胞姐妹回忆亲人、回忆人生。

六是现代家谱功能突出。传统家谱仅载子嗣，该支后人男丁寥寥，仍创修支谱，旨在既记血缘关系，传承家风美德，凝聚血缘亲情，重在记录以父系血缘为基础和纽带的家族历史文化。该房支谱生物基因与人文基因并重，血缘谱系与文化谱系并重，详记家族历史人文精神，将成为该家族对血缘关系家庭及社会的文化贡献和精神遗产。

这些特点的思路一经产生，本人就与卫杰兄及其两位顾问屡屡商议，及时吸收他们的观点。该房支谱成书后，受到卫杰兄和各地房亲们的肯定。赠予天一阁博物馆和思绥草堂珍藏后，受到著名家谱收藏家、学者、小说家励双杰和天一阁研究员应芳舟好评。本人专门总结，撰写一文《鄞南甲村荷花桥王氏及金才公支谱修编略述》，但也想到一个问题：卫杰兄父亲这样隐姓埋名的优秀科学家逝世后，各级各类史志该如何著述呢？

第二节　董伟龙：敬重传统的家谱主修

南宋淳熙年间，董氏兄弟俩从奉化金溪迁居镇海，谱载所建宅第被敕封为董氏大通宣庆府。镇海董氏宗谱，首名《陇西董氏宗谱》，肇始自宋端平及嘉熙年间。清同治年间，旅沪经商的董诗墅讳振玉，于咸丰四年（1854）发起五修，病殁后，其子世耀、世芳、世莲三兄弟接力，延请同邑孝廉陈骏孙编竣，光绪二年（1876）闰五月完毕。《镇海大通宣庆府董氏宗谱》凡四集（四卷），现仅有宁波天一阁博物馆收藏。而镇海大通宣庆府早已焚毁无存，仅蛟川街道迎周村丁董有三房祖吉公支祠。吉公派下声字辈一支，百余年间已有镇海、舟山（金塘）、上海和武汉、天津等分支。2007 年 3 月，上海的董元龙和镇海的董伟龙、董海龙等隆字辈本房支兄弟合议修谱。先访谱于上海图书馆，后请到宗谱复印本于宁波天一阁博物馆。而后多次隆重召开修谱会议，明确责任分工，各司其职，推进修谱。主笔董元龙，奔走于沪甬两地，研究宗谱，梳理史料，征集信息，罔顾病多体衰，前后长达十年，即使肾脏衰弱透析治疗，犹瞒着同宗兄弟，抱

◎董伟龙像

病修谱，笔耕不止，临终托付堂弟伟龙完成修谱大业。其间，参与修纂的董海龙、元龙也不幸相继去世。

董伟龙作为双主修之一，乃独自担起修谱重任，继续未尽事宜。他聘请镇海中学朱道初先生梳理、译注宗谱，请好友、《镇海年鉴》副主编王宝康具体编纂，请外孙女孙爱珍汇编世系、世传。亲自远赴天津、上海、武汉等地，向族人采访个人信息，对有疑虑的耐心动员说服；多次实地祭拜宁波海曙董孝子祠（庙），踏勘大通宣庆府旧址；请“插兄”朋友、杭州古建筑设计师赵荣昇，根据府邸赐建的宋代建筑风格和家谱考迹相关描述，绘制出大通宣庆府祖基方位图和平面、立面示意图，详细注明格局；多次至支祖吉公发祥地迎周村丁董支祠认祖祭祖；走访与本支先世直接相关的北仑瑞岩寺、鄞东阿育王寺。董氏隆字辈等俱为青少年，传统文化底子薄，通读旧谱也有难度，家谱修编章法不甚了了，就凭着尊祖崇本、敦亲睦族之心，不厌其烦地自行摸索。至2020年2月，终于形成《重修董氏家谱》稿本，即将付印。

2020年底，经宁波市文物保护管理所所长、内家拳师兄徐炯明兄推荐，董伟龙率王宝康、孙爱珍到访，请本人为其家谱付印前把下关。本人恭听介绍，拜读稿本，随后结合家谱通识，与他们深入交流，即达成共识：该稿本按家谱修编规范和现代家谱理念重新整理编纂，继续充实完善；家谱分为两种：一是重印原宗谱，留存旧谱记忆，但全谱标点，夹附朱道初先生语体选译；二是新修支谱，凝聚族人亲情。家谱重新整理、规范编纂工作，继续由董伟龙统筹，本人主编并负责具体编纂，孙爱珍全力协编，充分吸收王宝康、朱道初两先生前期工作成果。

修谱以敬祖为首要，尊祖以祭祖为定礼，故宗族谱须详明始迁祖，房派谱则须详明房派祖，但修编者研读宗谱，遍访采撷，终不获二十五世房祖、曾祖父名讳。董伟龙百般思量，乃委托外孙女孙爱珍以生卒年月、婚姻、生育等排除法考辨，初定本房祖出自声曜、声龙两公之间。董伟龙笃信佛教，在厂内设有佛堂，乃向观音菩萨虔诚祈祷，摇签后确定为声曜公，但内心终究诚惶诚恐。据宗谱扉页和序，董氏宗谱末次续谱终于清同治十三年甲戌（1874），刊印于清光绪二年丙子闰五月（1876），此后未曾续修。本人接手后检索宗谱四大房派第二十六世至第二十八世，入谱年龄最小者俱为他人。三房吉公派下世孙、沪上董世康妻及长子、次子，曾相继笔录整理振镛公下家人姓名、生卒，其他信息全无，其大姐、长兄、二兄生卒失记。后来发现宗谱错舛、失记甚多，修谱延时过久有疏漏，才明白该房支振字辈未及时进谱，以致董氏声字辈房祖公信息不明，让后人尊先敬祖深以为憾。但他们考辨房祖，殚精竭虑，精诚已至，其敬宗尊祖之心足以让先祖在天之灵欣慰不已。倘若冒认房祖，错祭先祖，也是大不敬，故本人建议据实以"声□"待考名讳，特为之撰《声字辈本房祖考辨记》。

家谱之首要是敬祖，以不忘所自。董氏该房除第二十六世董振镛伉俪外，第二十五世房祖公和其他振字辈诸公像全无遗存。家谱卷首拟印上第二十六、二十七世即振、世字辈及配偶遗像，但后人翻拍提供的大多数遗照像素太低，印制效果会很差。本人得知北京有位超写实绘画师居旭东，能以 TR 美术修复原图，黑白照 300 元 / 张，彩色 500 元 / 张，就建议尝试一下。董伟龙毫不犹豫，出资 2 万多元，把几十张照片全部修复。后人们看到这些长辈肖像栩栩如生，啧啧称赞，参与支持修谱的态度也更进了一步。

旧宗谱系文言文，为便于今人阅读，董伟龙恳请镇海中学正教授级中学高级教师、省语文特级教师朱道初先生整理旧谱，对宗谱文章全部句读，后来全面标点，除人名地名外使用简化字，把文章由文言文翻译为白话文，并对宗谱主要内容进行梳理综述，写成万字长文。康乾时期镇海董氏族人董尔昌（释宗辉），著有诗集《芝峰集稿》，系木刻孤本残稿，有诗一百几十首，朱道初先生搜集后作了简明笺注。董伟龙得知他有正式出版想法，全力支持，后线装印制近百册，放入谱箱，作为家族文献珍藏传世，并赠予释宗辉住持过的瑞岩寺、阿育王寺藏阅。

董氏家谱系房支谱，原计划编为内亲外戚并列的亲戚谱，董氏后人无论男女，自愿提供信息后收录其中。2022 年 3 月，董伟龙上午注射新冠疫苗后下午突发血液病，严重到血色素只有 5 克 / 分升，而正常值为 120—160 克 / 分升，生命垂危。经紧急救治，方保全性命。本来联系好上海瑞金医院住院，下午即将动身，突闻上海因疫情封城，不得已紧急联系去了北京某医院。经名医们精心治疗，半年后其血色素升至 50 多克 / 分升，大病初愈，11 月暂回家休养。我们再见时，他有两个感慨：一是大难不死，纯靠菩萨保佑，祖宗显灵。倘若上海不封城，甬沪医院把其白血病低危误诊为高危，决定骨髓移植，如此，则后半生生活质量可想而知。倘若住院后封城，上海血源很快也会枯竭，而他需要五天一输，就将面临无血可输的状况。命不该绝，大概自己心中有佛，也可能因为家谱尚未修好。二是原计划骨髓移植，年轻近亲们抽血显示，几位董氏侄子侄女可以配型，而外戚的则不相匹配，他深切体会到血亲之可贵，古人修谱以父系血缘为根本有生物学的科学依据。北京住院期间，他抱病与我们互动，回来后即召集开会，加快家谱编印进度。从天一阁购来电子版，保持宗谱传统旧貌扫描重印，强调董氏宗谱译注本按照原貌结构编印，宗谱勘误说明和内容单独成册，支持印发《芝峰集稿笺注》，同时适当调整创修家谱的结构，把系图和世传一分为二，对本房外戚单列外编。原计划续修家谱，至今已扩大为家谱文化系列工程，确定谱箱珍藏凡四种：一是吉公派声□公支创修家谱；二是清末修编《镇海大通宣庆府董氏宗谱》重印本；三是《镇海大通宣庆府董氏宗谱》译注梳理和宗谱勘误一册；四是族人董尔昌（释宗辉）著、朱道初先生笺注《芝峰集稿笺注》。

孙爱珍，董伟龙姐姐长女，今年67岁，宁波动力机厂退休职工，初中学历。虽然是普通工人，文化不高，对家谱完全陌生，但董伟龙知道她做事仔细认真，让人放心。2016年秋起，就请她协编房谱，协助搜集各房各户每个人信息，负责采集、汇录系图、世传和家传。清末所编宗谱，因当时条件限制等因素，有不少错舛之处。孙爱珍在校对世系图和行第（世次传）时发现宗谱错舛甚多，她认为：修编家谱，固然要守本。为让今人尽可能了解传统宗谱及历史文化，对于已经发现的差错，也不可盲从而姑且仍之。今日修谱既要遵循“尊重历史，敬重祖先”之原则，又要完成一百五十年前世耀公们对宗谱“以俟异日修葺再加斟酌”的夙愿，即全数予以勘误，并对各种问题予以归类，特作勘误说明。朱道初先生的宗谱译注，她认真通读对照，也发现几处误译，获朱先生致谢。本人要求尽可能多地提供族人事迹和先世照片，她积极配合，收集资料和各种照片，整理成人物家传初稿。有人对修谱不以为意，也有的觉得自己已属外姓，不愿意配合受访，甚至担心泄露个人隐私，不愿提供信息，她就绞尽脑汁说服引导大家。新谱编校，反复多次，她不厌其烦，耐心细致校对。根据本人的要求，她突破原有文化水平，握笔写下宗谱勘误说明、母亲家传、本人事略和家谱编后记等系列文章，直至董氏家谱修编系列工作全部完成。本人觉得她完全是称职的家谱编辑。董伟龙看到这位外甥女，视董氏修谱为己任，值得董氏后人敬重，就把她的事迹列入“事状志一”附录，以示褒扬。

21世纪以来至今，本人编纂各地氏族宗谱、房支谱若干，参与研讨、完善宁波各地家族修谱不下几十种。现今各族修谱、圆谱整个时长，通常短则年余，长则四五年，但镇海董氏大通宣庆府吉公派下、第二十八世隆字辈修编家谱，尽管董伟龙全资捐助，众亲襄助，从发心筹备至今，竟历时十五年。其间两位骨干编纂相继病逝，而后主修亲自出马襄编，外甥女接手协编。反复考辨名讳失记的房祖，虔诚拜佛以求确认，其法虽不可取，但敬祖崇本之心可嘉。拟付印时，为守本合规果断完整重印、译注梳理宗谱，新编本支家谱，出版族人诗集等。如此丰富感人的修谱情状和编纂逸事，恐为当今宁波各地家族所罕见。

其好友，曾任镇海区体改办副主任、《镇海年鉴》副主编的王宝康，根据自己了解，结合自述编写其事略，可让人了解董伟龙对谱事态度和作为的缘由：

伟龙先生，名隆毅，世万公幼子。1958 年 8 月 26 日（农历七月廿八）出生于镇海城关镇后大街柴家河头 1 号，镇海中学 1970 届二连八排初中毕业学生。自幼兴趣广泛、喜好鸽子等动物，常起早贪黑，海涂“弄潮”，抓鱼捉蟹拾蛤，换钱补贴家用。1970 年初中毕业，分配至浙江生产建设兵团二师五团（杭州红垦农场）工作，16 岁即离开父母，开始独立生活。“兵团”十一年，从事过通信员、事务长、统计员、机电负责人等多个岗位，曾历经钱塘江大潮毁堤后夜以继日抢险工程的艰辛，也躲避过命悬一线的两次生死危情：一是歇工时的河中潜泳，忽遇机动船从身上驶过，凭耳朵辨清螺旋桨方位，硬是屏住气息，奋力划离船底，成功逃生；二是区域性停电间隙高空作业，突遇全线通电，面对“一触即亡”的危情，小心翼翼地从纵横交错的带电裸线缝隙间顺杆而下，“电”口脱险。经历十一年的磨砺和两次死里逃生，使其悟出“吃苦耐劳”“处乱不惊”乃人生奋斗之道。1980 年，随知青返城大潮，回原籍镇海，进宁波玩具厂工作，从电工、调度员、科长，一直干到副厂长、厂长。

1992 年，先生响应政府招商引资的号召，引进、促成香港天美实业与宁波玩具厂合资，并在宁波经济技术开发区注册成立首家中外合资企业宁波天宝锌合金制品有限公司，任法定代表人和总经理。经营十一年，视企业为家，与员工同甘共苦，不仅还清企业初创时所有银行贷款，还以丰厚利润回报双方股东。2004 年，公司合营期满，举债买下“天宝”，自主创办民营企业，主营建筑五金、卫浴配件、汽车装饰件等锌铝合金制品，与美、德、英等发达国家著名公司建立供需合作关系。2007 年，基于公司持续发展需要，在镇海澥浦镇宁波石油化工开发区置地 22 亩，兴建厂房两万五千平方米，更名为宁波添宝五金有限公司，后迅速发展壮大，注册商标“TBh”成为宁波市知名商标。

1998年，先生加入中国民主同盟，曾任民盟宁波市科技经济委员会主任，并任镇海区第八届至第十一届人大代表和第八届政协委员。二十余年参政议政，提出事关家乡建设发展的议案、建议、提案等二十余篇，见解独特，建议富于建设性。笃信佛教，崇尚“儒释道”文化，费心耗资从美国“请”来诸佛、菩萨塑像60余尊，在公司设立佛堂，虔诚膜拜；常至寺院静心养性，与信众论经悟道。崇尚国学，知行合一，在厂内设道德讲堂，请老师传授儒学精华，以弘扬“内圣外王”之修身之道；引导员工做人处世常怀敬畏、感恩之心。信奉“行善积善，才可得善遇善”，怀乐善好施之心、解急纾困之德，曾携盟友捐助丽水贫困地区小学电脑数十台，独自领养一名父母双亡、与祖父相依为命的女孩，供其从初中到大学毕业的一切费用。

1984年，娶宁波市北仑区郧隘乡王公幺女杏凤为妻，育有一子，视“几百年人家无非积德，头一等好事只是读书”为至理名言，把育儿成才作为重要大事。儿甫读镇海中学高中，即征询其意向，遂谋定远赴英国求学，并以“不忘中国人，不忘董氏后裔，不忘走自己的路”为根本教诲之。儿不负父望，就读两年英国高中后，即以优异成绩考取剑桥大学。学成归国后，谨记“以真诚对待天、地、人”的父训，在继承父业、运筹公司事务上发挥德能才智。

先生生性豪放，有大丈夫之威；抱负深远，具鸿鹄之志。秉持“多大气量做多大事”信念，在人生舞台上开创一席天地，获堂兄元龙之妻万秋华“长董族之志，振董门雄风”之评价。视修谱为“扬祖德，承祖训，联族人，续后裔”之第一要务。2007年，与同宗兄弟共议同决，续修董氏家谱。主笔元龙先生病逝后，接力谱事，耗时十五载，拜师求贤，访亲问友，不辞辛劳，不吝钱财，精益求精。先生以精彩人生、宏大事业为董族光宗耀祖，而重印《董氏宗谱》《芝峰集稿》，创修本房家谱，外编本房亲戚谱，延名师朱道初先生梳理解读并译注旧谱，又支持他笺注族人诗集等，为董氏及外戚敬祖睦亲、携手共进厘清血缘根基，奠定文化基础，功莫大矣，其事迹将令后世千秋永志。

董伟龙所写房支谱序二中的最后一节，则对自己修谱的动机和认识有一番总结和体会：

董氏家族重视家谱修编，并作为家训之一。这是我们祖辈的高明之处。因为它能让我们明白我是谁？我从哪里来？我要怎样做人、做事、做学问？明辨源流世系，才能承前启后。有了家谱，就能够追根溯源。“雁过留声，人过留名。”没有家谱，普通百姓人生一世，几代以后甚至连名字都未留世上，子孙后代不知道先祖是谁，岂不是很遗憾？家谱就是“根”的代名词，是一种证明自己血缘关系、家族归属的身份证。修谱编谱，也是强化血亲凝聚力的最有效途径和方法。只有心系血缘，尊宗敬祖，才会孝敬父母，尊敬长辈，才会敦亲睦族，凝聚血亲。这些年在修撰家谱过程中，我们反复登门拜访互访，相互了解情况，加强了董氏族人和血缘家庭间的交流沟通，增进了彼此了解和信任，凝聚了人心。我觉得有了家谱，哪怕你走到天涯海角，也可能连接到那份血肉亲情，并且更温暖、更深厚。家谱中包含的家训家规和先世家传，往往能使我们获得上进的力量，有益于教化子孙，有助于齐家治国，都是对族人和后代进行人生教育的生动教材。家谱既记录家族的历史，也是民族历史、国家历史的微观记录。现今国运昌盛，人民安居乐业，我们镇海大通宣庆府吉公派本房家谱的创修、宗谱重印等，将为我们族人提供强大的精神力量。

董氏新修家谱，为弘扬家风美德，特设“事状志”，以表彰族之贤俊者，令后世可颂可传：一为德行卓著，于家族有较大功德者；二为德行俱佳，社会声望较高者。董伟龙无疑属于第一类。本人对该条目做了修改，补充其修谱事项。“事状志”条目名称，应该为个人生平事略做客观准确定性。本人反复斟酌后，把董伟龙定位为“实业家、家谱主修、传统道德践行者”。

第三节 康海明：四明谱局经理、高级修谱师

康海明，谱名家进，以字行，奉化区大堰镇社家畈村人，1975年9月生，高中毕业，鄞州区居民，宁波宁东图腾印务社（又称宁波图腾家谱印务公司）经理。浙江百姓家谱文化研究会修谱指导委员会（今改称修谱师工作委员会）委员、高级修谱师。

曾参军入伍，任职连部、营部文书，团宣传股放映员。退役后，为谋生发展，康海明于2000年独自到宁波海曙区开办印务工作室，从事商务印刷品设计策划

编排，代理印刷业务。2003 年，因熟悉印刷工艺流程，首次承接印制家谱——家乡邻村《嵩溪单氏宗谱》下的谢界山派支谱。面对宗谱开本大、印刷数量少、宣纸印刷，不同于一般印刷品，经自行摸索，次年春完成仿古籍线装本家谱，虽然只有几部，但也很欣慰。

◎ 康海明像

同年，自己奉化的家族发起《连山康氏宗谱》续谱，他对彩色激光印品进行刮擦、曝晒、水浸泡等实验，通过比对，确认媲美胶印甚至更为牢靠，遂采用彩色激光机印制。康氏宗谱按老谱欧式繁体竖排，保留九世宝塔图，体例格式一如旧谱，用市面上最好的金旗舰纸印制，字迹、红线油光发亮，装帧用传统龙纹装帧布精装，二十年后翻阅，纸张、字迹仍完好如新。

该年，他又接手家乡邻村《雪溪董氏宗谱》续谱工作，此后又有当地谱师找其排版印刷。家谱排印逐渐成了他的主要业务，并乐此不疲。

宣纸家谱是当代家族对传统谱书特质的执念。2006 年，因客户要求，康海明尝试解决宣纸印刷问题。宣纸薄而绵软，印刷有难度。康海明摸索各种工艺，咨询多位资深印刷人，跑富阳、台州、安徽、山东等地考察了解，与厂家沟通改进机器结构，购置机器后做宣纸线装书家谱。仿古籍宣纸家谱，采用明线装订，牢固美观、传统典雅、保存久远，翻阅时张合自如，刻本字大如钱，不损目力，适合老年群体，受大多数家族喜爱。

家族修谱需求各异，但宣纸线装家谱逐渐成为主流。至 2024 年 7 月底统计，公司共承制家谱 200 余部，范围遍及宁波各区、县、市，省内绍兴市、舟山市、台州市，省外包括上海市、陕西省、河南省、云南省、贵州省、安徽省、河北省、甘肃省、江西省等地，具有良好口碑。他承制的家谱有双胶纸、铜版纸、道林纸印刷的精装和平装本，有宣纸仿古的线装本；以姓氏范围分为通谱、宗谱、房谱、小家谱，父系亲戚谱、姓氏联合村谱等；格式上有欧苏体例及衍生出的横版、竖版，左起、右起，文字、表格等。为使家谱形象、直观与阅读便捷，他时常与家族理事代表或编纂者共同尝试新的形式，有些为系传里当代人员贴照片，以红蓝线区分家族血缘身份，增加页码、索引等。

他一直在学习、探索家谱编印的专业化技能，改进编排与采访资料的衔接，选用适用的排版软件，完善印刷后装帧工艺技术，尽可能满足不同家族个性化需求。

家谱排版印制，需要与众多修谱师、修谱家族随时、全面、深入交流和互动。因此，康海明的业务技能，不仅以排版印制见长，也逐渐掌握了家谱修编体例和技术。每次接受业务，就能全程参与家族修谱的各个环节，包括对家族修谱理事会成员进行指导、培训，规划、完善家谱编纂体例、结构，帮助拟定家谱纲目，识别打印旧谱，协助家族完善版式，修改、校对谱文，推介谱箱，最终符合家族预期，印制成纸质与电子家谱，且指导举行圆谱庆典等。

仅 2023 年，他的公司就制作印刷家谱 20 余部，全套册数较多的如余姚徐泉华主修的《姚江竹桥黄氏宗谱》上下部 25 册，台州《洋屿罗氏宗谱》63 卷 25 册，奉化《董村竺氏宗谱》15 册，鄞州《陡门杨氏宗谱》21 卷 9 册、《鄞南钱岙钱氏宗谱》5 卷 6 册等；另有各种房支谱，包括本人编纂的《镇海大通宣庆府董氏吉公派声□公家谱》、余姚《景嘉桥鲁氏宗谱》等。

《镇海大通宣庆府董氏吉公派声□公家谱》，从一部房谱最后形成系列，有原谱扫描版、原谱新排注译版、旧谱勘误表、房谱和族人诗集五种文本组合。理事长敬重传统，屡有高见新见；协编者一丝不苟，有时也很固执。他们仅见一族旧谱，对当代修谱当然陌生，多次要求推倒重来。康海明态度谦和，不厌其烦，始终耐心解释，根据要求改进重排。理事长曾要求谱系保持家谱同宗、同姓的传统，内外有别，把外戚家庭与本姓内亲家庭相区分，从并列连排，改为先内后外。他和本人即当场共同商定，“内纪”世系、世传，按旧谱传统至于女儿，外戚家庭及以下，另设“外编”，自成体系，也可让家谱形式、姓氏、血缘不致混杂。这让本人感受到其服务意识之到位，业务水平之娴熟，创新能力之强。

该家族协编理事屡屡要参照安徽某家谱公司计价，在本人看来要求不尽合理。因为家谱排版需要经常改动、随时校对，外地公司通常需要集中一定时间上门沟通、排版，印制的直接费用少，但间接成本也多，何况两地物价水平有差异。但他笃信和气生财，一退再退，终遂其意，费用让步不少。本人信任他的人品、能力，是他的长期客户，也推介一些修谱家族前来参观、下单，他们因参与过现代书籍编印出版几十种，认为其家谱计价并无暴利，比较公道，从来不曾讨价还价，其他家族也未曾质疑价格，故这次让步倒让本人有些耿耿于怀了。

他的家谱印务公司为作坊式，贤内助负责打字录入，有时请丈母娘协助宣纸装订。因为名声逐渐在外，事业不断扩大，公司地址也随之四迁：始自海曙区白云街道南雅新村，再至鄞州区中河街道永达西路（桃源街），又至海曙区古林镇礼嘉桥工业区，如今则在宁波地铁3号线琎琳站附近，购置了临街多层商铺——江口街道保利·未来风景里33号，一楼印制，二楼接待、生活，商住两用，也方便客户往来。

康海明善于接受新生事物，曾在网上推介自己公司印谱业务，本人也借助搜索网页而结识。2015年8月，他开设“宁波家谱”公众号，迄今发了20多篇文章及家谱有关新闻、知识信息。

他应邀参加浙江百姓家谱文化研究会历届会议，多次在宁波修谱师、浙江修谱师论坛上作专题发言，许多观点、意见和建议来自实践，非常中肯，也有系统性、操作性。他认为民间协会的作用是行业内部宣传、规范、规划，共享信息资源，纯公益性，是内行人管内行事的机构，而政府牵头的协会，往往有名无实，有的仅开个年会，授个牌匾，偶然处理纠纷，主持一下公道。百姓家谱文化研究会，不必拘泥于公益性，不要过多干预，以自己影响力搞好各种规范和评比、培训等工作，修好内功，做好网站，推介软件，提供众多服务资讯。当服务到位、物有所值时，自然会有修谱师或家谱编写者请求指导、帮助，参加培训，就可以实现公益性与营利性并举发展，良性运转。

他也很有忧患意识，认为目前族谱网等修谱平台，有电子家谱数据库，传统家谱资源海量，也有强大的资金实力支持网站、修谱软件开发和应用。这些平台目前还停留在吸引公众、增加流量的阶段。一旦修谱软件多样化，能满足个性化需求，线上线下经常互动，就控制了渠道，能签约线下各修谱公司全权委托修谱，平台就能从中赚取利润，或直接签约修谱家族。这类大型平台做得好，对线下家谱从业人员、小公司不一定是好事，因为没有话语权，只会更卷。

家谱平台以及公司，为更快更多赚取利润，一般修的是合格家谱，这种趋势确实要引起警觉。不过本人认为平台淘汰的是因循守旧的普通修谱师，要大批量修编出各种优质、特色家谱，还得需要优秀家谱师们的创造性劳动。

钱茂伟教授欣赏他的水平和能力，设立百姓家谱文化研究会修谱指导委员会时，就提名他为秘书长、委员。同时因其修编的家谱数量多，质量较高，能写总结体会文章，我们这些浙江百姓家谱文化研究会评审组成员一致提名他为浙江首批高级修谱师。

本人与他因家谱修编交往十余年，则成了惺惺相惜的谱友。近来他居然动笔写出《修谱路上续谱人——记鄞州区政府地方志编纂办公室原主任杜锺文先生》，回忆我俩初识——本人编的第一部房谱《管江杜氏支谱》（忠房）的排版印制，以及后来陆续与家谱相关的共同往事和友谊。他印象中本人的学究、严谨带点执着的作风，对家谱始终充满探索的热情，其中也记载了我俩为家谱修编、排版、印制等观点、技术方面有过的激烈争论和共识。这些争论让我俩从中获益不少。近年来本人对于家谱修编理论和实践的系列思考，特别是家谱版式设计的尊崇性特点等方面，就受其引发或启发。

他为人处世实在、低调，似乎一直安心家谱编排、印制，本人有时称其为“康师傅”，但以其实际成果和影响力，衡量其水平和技能，他不仅是一位优秀修谱师，还可努力成为家谱修编领域的专家。于是不断动员、鼓励其结合自身修谱阅历和成果，勤动笔，记谱事，写心得。

近两年，他虽然业务缠身，但撰写了《我的家谱从业回顾和体会》《奉化〈栖凤沈氏宗谱〉续谱随记》等若干文章，发表在宁波大学“公众史学”公众号，点击量最多近3000人次，并曾被《公众史学评论》网刊录用。他发表的家谱修编中的一些观点，曾被钱茂伟教授主持的国家社科基金课题《当代家谱编修理论和技术研究》所引用。

本人建议其编纂《四明谱局编印家谱目录提要》，并附录自己所写的修谱纪事、心得的文章。对此，他表示会考虑、接受本人的建议，决心“努力在读谱、编谱中提高文字写作能力，向有品行能力优秀的修谱师学习，见贤思齐，保持专业学习的热情，做出更多符合时代、受家族欢迎的家谱”。

康海明的公司，又称宁波图腾家谱社、宁波图腾家谱印务公司，或雅称四明谱局。本人认为“四明谱局”虽非法定名称，但传统家谱文化的特质明显，与其家谱编印成果和影响、辐射面相适应，家谱界、家族交流时还是雅称更为相宜。

第四节　邵鹏：史志专家、高级修谱师

◎ 邵鹏像

邵鹏，象山县新桥镇黄公岙村人，1963 年 4 月生，舟山师专、宁波教育学院（本科）中文专业毕业，曾任高中语文教师，后调至象山县方志办（党史研究室）工作，任编撰科科长、方志科科长，一级主任科员，《象山县志（2008）》副主编、《象山年鉴》副主编，曾被评为宁波市地方志工作先进个人、浙江省地方志系统先进工作者，浙江省百姓家谱文化研究会修谱指导委员会委员、高级修谱师。

（一）

1966 年，邵鹏才 3 周岁，至今记得有一大群学生来他家道地督促烧旧书的情景：隔壁堂叔是大队会计，当众爬上堂前灵位棚，取下塑像和香炉盏，在堂前石板地上全部摔碎。不过，那位堂叔却把送到大队会计室准备烧毁的本房家谱偷偷带回家，藏了下来。

小学三四年级时，风头渐过，其婶突然捧着一本厚厚的大书，交给邵鹏父亲。这是邵鹏第一次看到家谱，感觉家谱书真大真厚，有四五斤重，纸张白、软、细腻（后来知道这是上等宣纸），没写字的空白多（吊线式，空白特别多）。

邵鹏父亲看到家谱很激动，颤抖着手翻看，指着红吊线说，这是血线，这好像是床头谱（房头谱），并找到他大伯以上的世系，告诉他房派内部亲疏关系。他父亲生于 1923 年，未入谱，感叹当时修谱很难，每个人入谱都得交上 1 斗米；有些在外的，也要把生辰八字问来，上宁波要几天才能来回，就要自己带冷饭包在路上吃。当时他们对家谱并不重视，白纸一部分被他母亲剪了鞋花，其余被他当作草稿纸（那时纸张奇缺，一学期只有十几页的语文、算术作业本 2 本）。

2000 年前后，邵鹏调任到位于石浦的象山二中教书。曾与一个昌国卫籍门卫闲谈，才知道象山昌国邵氏有两支：榜眼邵（明万历榜眼邵景尧）、前街邵。

（二）

2005年起，邵鹏参与编写《象山县志（2008）》，直到2019年出版，其间费时15年，成书620万字。他负责编写地质、地貌、山脉、河流、海洋等的自然环境，城乡建设，重写旅游编，补写“非遗”文化部分，补充文献与图片，负责彩页地图等。家族部分，由一位外聘老师编写，但没有象山存世家谱情况。当时象山尚无现成家谱目录，必须重新登记造册，但全面调查无法做到，就重点调查象山县档案局、象山县图书馆馆藏存谱。因为与家谱有过一段接触，被同仁们当作熟悉家谱的人，邵鹏就承担了家谱部分的编写任务。

象山县档案馆和象山图书馆所藏家谱上百种。2008年，邵鹏用半年多时间逐本翻阅象山档案馆的家谱，都是原版家谱，大部分是“文革”时从各家族上交的质量较好、家族较大的家谱。当时被当作阶级教育展览馆要展出的“四旧”物品，没有被烧掉，后来被县文管会当作文物保存下来。象山县图书馆也有部分家谱，大都是复印本。这些家谱目录都收录于《象山县志（2008）》。

2015年12月22日，《今日象山》通版登载邵鹏撰写的文章——《象山的姓氏与馆藏家谱通览》，介绍本次调查初步成果。馆藏的家谱，经过整理统计后共有谱姓氏78个，家谱254部。其中收藏于象山县档案局111部、象山县文管会128部，国内外其他地区15部。中华人民共和国成立后30年间，象山无公开修谱之举，入馆下限时间2014年9月。他发现，清代家谱多为手写，民国家谱刻印增多，中华人民共和国成立后家谱多为铅印或电脑排印。20世纪90年代后家谱绝大多数为仿古宣纸线装式，亦有少数用胶印纸、横排、精装本等新样式，受技术进步影响，照片入谱成为明显特征。所见馆藏宗谱，除三五部稍异外，皆以欧苏法式为典范，在遵循“五世后转”法则下有所变化，以吊线式最普遍，人口多家族偶有采用欧式，或前世系、后世略的方式。清代家谱讲究规范，民国家谱大部分依旧保持清时格式，少数家谱很有创新而不脱传统，有些改进明显。

作为史志工作者，邵鹏重视家谱，把它当作历史文献，目的是写史编志需要查找历史资料。由于了解相对广泛、接触过各种宗谱，知道古今所修的家谱各有长短，也知道有些家谱记录的历史信息可能是胡编，有些载录的历史细节鲜活生动，真实可信。因此，邵鹏对家谱和古人不迷信、不偏信、不否定，不墨守成规。

（三）

2009 年，象山县东乡雅林溪童氏准备修谱，县志办聘请的一位退休教师，知道邵鹏调查过家谱，就推荐他编。邵鹏是在编干部，不好公开接受，就由退休教师挂名主编，自己实际执行编谱。参与修谱的动机，是认为自己必须修出家谱，以后才能有底气谈家谱，所以接受下来，试试水。

邵鹏善于学习新生事物，早在 1993 年就接触电脑，觉得当今修家谱，不能再走古人手写尺画的老路，必须利用电脑。是否有方便、专业的修谱软件？邵鹏上网搜索，发现这类软件已经很多，在试用了几款软件后，终于发现一款合适的修谱软件。虽入门有些难，但后来发现这个软件有很多智能化的功能，如能做索引目录，能迅速改变宗谱式样，能自动画线，能自动进行各种纪年的换算与表达，能父子转接，自动标出页码，还能确保转接时同一个谱主的名字不异写，能校对出父子关系颠倒等错误。这个软件设计，省却了表格式输入的填写麻烦，采用文字关键词设置文段录入的方式。

2011 年，邵鹏把《雅林溪童氏宗谱》编纂成册。这个家族只有几百人，很适合初次修谱，也很适合这个软件的修谱限制使用——只能用于一个家族、使用一次，价钱只有 350 元。

邵鹏所修的第二部宗谱，是象山丹城胡家碶的《虞氏宗谱》。这个家族也不大，双方在档案馆查家谱时结识，就请他担纲主编。邵鹏觉得该家族人口不多，旧谱还在，修谱还是方便的。家族修谱领头人是县农业局副局长，中专毕业，在家族中很有影响力，为人也谦虚，对修谱建议也能很快接受、认可。邵鹏就依照使用过的家谱软件，重新编写采访册，不用表格式填写，也不需要重新逐格剪切、粘贴，直接采用一页纸填充，按软件要求，做成可以自动对接上下代的模式。该家族很快就把采访手册填好。文字稿送来后，按照修谱软件规范模式整理后，几天就把初稿做出来。然后用三四种谱式让他们选择，最后编成吊线式。

该家族从宁波迁居象山后，400 年间没有与祖源地联系过，因此也不知道具体在哪里。邵鹏通过家谱里的一些信息，查阅民国《鄞县通志》，帮助他们找到祖源地。两地宗亲，现在一直在正常来往。

《岑晁王氏宗谱》是邵鹏所修的第三部家谱。该家族人数相对多些，修谱负责人，是个信教的王先生，中华人民共和国成立前为高中生，非常有文化和历史责任感，不像其他信徒一样拒绝修谱，而是全身心投入。该家族有几个建筑大老板，经费没问题。因此邵鹏以修谱名义，用8000元买下无限制的专业版修谱软件。

这个家族用八年时间才编成家谱，全靠王先生的毅力和热情。邵鹏一直有引志入谱的想法，于是提示王先生写了世居村庄的许多往事，历史信息比一般旧谱丰富许多。

邵鹏所修的第四部家谱，是自己家族的。邵氏家族，乾隆年间从石浦镇昌国卫迁徙到本村。虽然中华人民共和国成立后很少来往，但一经联络，两地宗亲便认得、亲近起来。邵鹏想详细了解本家族历史，但本村房头谱已毁，有些后悔。偶然有昌国的学生介绍，她家隔壁的一位老人藏有宗谱，就请她陪同前去。老人应该是族长辈宗亲，确认他是本宗裔孙后，让他洗手，点香，先敬拜再看谱。

邵鹏匆匆拍下全部家谱，才说起本村原有家谱之事。老人说其只是自己一房的房谱，这里所藏的才是完整的总谱。上代人传下的规矩是各房仅发本房的房谱，这不是为省钱，而是房谱不完整，以后修谱时，必须到祖源地看宗谱。这样，分散的各地宗亲特别是外迁的房族，才会保持长久不断的联系。

几年后，祖源地昌国邵氏发起修宗谱，一段时间后才告知要报送邵鹏所在村邵氏入谱材料，当然要收取丁费。但他们做得太简单，只是一张张表格，仅有世系。邵鹏觉得本家族修宗谱得有质量，自己义不容辞，挺身而出，提出他来策划，族人按要求填写，他负责完成编纂。但昌国邵氏主事者最后没有答应，于是邵鹏自己独立修房谱。

主持修房谱的，就是当年既敲菩萨又偷藏家谱的堂叔，支持邵鹏把凡在本村的各房都联修在一起。隔壁村庄一房，拿到昌国已修好的家谱，不够满意，也加入该村房谱联修，所以谱名《丹山邵氏宗谱（黄公岙、高湾支）》。

邵鹏为丹山邵氏合编房谱，做了一些梳理、研究和探索。第一，旧宗谱只说迁自余姚，但无其他信息，经他检索，与余姚姚江邵氏家谱接上，并如实说明：余姚谱找不到迁昌国始迁祖的名讳，所以与余姚邵氏世系无法无缝对接。第二，按照宗亲需求，画出多种直观的世系图。第三，房系人数少，只有300来人，世系单薄，就增录村落大事记等，打破传统家谱只有家族成员世系、生平的局限。第四，充分利用现代记录工具，家谱载入几百张村落照片，成为象山照片最多的家谱，房谱做成四册共770页。这个做法可能有人反对，但邵鹏以为图像入谱一定会有用。事实也是如此。象山影视城就建在本来属于他们村的土地上，所以本村民宿特别发达，被誉为“宁波影视第一村”。家谱照片里的村景村貌，现在基本已经找不到了。

该谱还做了一个探索，就是对旧谱的重要文章，采用旧谱扫描影印页面与现代文字处理（重新录入、增加标点）相对照的方法。这对小宗谱非常适合，因为不需要花费太多时间校对录入文字，一般人如随便翻翻，那就可看加了标点的文字；如果搞研究，对标点文字有怀疑，就去仔细对照扫描原稿，这样两不耽误。邵鹏以为，每一次修谱，对旧文都是一次伤害，因为重新写入都会出些差错，现代扫描技术，能完美解决这个问题。

第五部参与编纂的是《杨氏宗谱》，这是一部大宗谱。邵鹏有同事是位文史爱好者，动员其杨姓朋友修谱，以赢得村民口碑，争取连任村干部。但同事未修过谱，杨氏信息材料收齐，文字也打印了，却无从下手。邵鹏帮他做出一个初稿。后来，被告知修谱的钱已用到，只剩几千元。邵鹏表示，几千元不能修这样一部大谱。不能总是以个人的义务与奉献去贱同行、贱手艺。“受而劝德，让而止善”，这应该成为规矩，是对修谱行业的保护。

邵鹏主编的第六部是《高湾忙氏宗谱》。忙氏是百家姓没有的姓氏，由蒙古族汉化而来，是民族融合的活化石。邵鹏已基本编纂成稿时，一个老领导意外发现这个家族的历史研究价值，非常感兴趣，在他不知情下就主动揽下编写。他搜集的该家族资料确实非常丰富，一般修谱的达不到，但查询方面没有利用专业软件方便。

邵鹏主编宗谱，皆独立完成，从文字修订、版面安排、图片平面美化与处理，直至送印刷出版等，认真参与整个过程。

以后，也有一些家族闻名请他编谱。邵鹏的主业是地方志编修，耽误不得，加上安装宗谱软件的电脑主板坏掉，就一直没有再接过编谱业务。

因为名声在外，邵鹏指导不少家族修成了家谱，如象山县新桥镇关头村《史氏宗谱》、黄公岙村《史氏宗谱》，西周镇箬岭村《俞氏宗谱》，丹东街道西林淡水胡《胡氏宗谱》，定塘镇田洋胡村《田洋胡胡氏宗谱》，大徐镇塔幢村《柴氏宗谱》等。

邵鹏执编的象山《岑晁王氏宗谱》曾获宁波市方志办优秀家谱评比一等奖、“十佳宗谱”第七名，象山胡家碶《虞氏宗谱》获宁波市优秀家谱三等奖。

（四）

邵鹏带着“寻找历史资料”的想法翻看家谱，因为家谱中收录的文献、人物传记、地情、历史事件等，有时会成为地方志的补充，带来意外和惊喜。

张利民、邵鹏合作编著《象山县政协文史资料·名人与象山》，2009 年由浙江科学技术出版社出版。2010 年，邵鹏撰写《象山家谱与家族及村落》，共约 15 万字，这是宁波市第一部家谱、家族研究著作，象山县社科联立项课题（著作类）。该专著内部印发，旨在“在家谱中发现过去”，记述内容有：象山唯一存世明代家谱，46 部象山原版家谱要录，20 世纪 90 年代象山民间散藏存世家谱，象山公共与私人收藏的现存家谱，历史上几次大移民对象山的影响，迁象氏族的来源，象山不同朝代的建村特点，迁居象山的 4 类家族，家族史上 6 个重要的村落，当代象山的姓氏概况和 11 个象山万人大姓、140 个象山小姓历史，以及新修家谱与地方志结合的探讨，附录为民国《象山县志》对象山 143 个姓氏的调查、家谱常见常用文化常识。

2017 年 3 月 21 日，邵鹏在《今日象山》发表《象山的姓氏与家族——写在“浙江省百姓家谱文化研究会”在象山成立之际》，介绍了象山姓氏与家族的五个特点、五个姓氏、五个祖源地和五个家族故事。同年 12 月，他参加宁波—泉州海上丝路研讨会，作《象山族群构成中的象山移民家族》发言。

家谱为邵鹏的文史研究提供了宝贵的历史资料。2020 年 11 月，应象山县宣传部特邀编写《象山乡贤与乡贤文化资源》，指出，象山乡贤群体庞大，乡贤文化有一些基于本地环境与历史传承形成的自身特色。象山至今仍有六类传统（古代）乡贤文化资源，提出要丰富工作载体，把新时代乡贤文化与各类有效工作载体结合起来。2021 年，邵鹏撰写了象山县文化基因解码报告——《象山“百家姓”》。

同时，邵鹏边认真完成岗位工作，边潜心研究、撰述地方史志作品，乐此不疲。《以精微而致博大——从民国〈象山县志〉看陈汉章的方志学思想》一文获 2017 年“湘志杯”全国地方志理论研究征文二等奖；主编《半岛古韵——古道、古桥、古亭、古渡》（象山政协文史资料丛书 2020 年印发）、《玉泉盐场记忆——象山玉泉盐场 800 年史》（象山政协文史资料丛书 2021 年印发），合编《花岙岛海防文化探究》（张利民、邵鹏、郑松才），目前正在主编《三门湾掠影》《新桥镇志》《泗洲头镇志》等。

编写、研究史志谱，重在应用与转化，发挥社会效益。邵鹏曾任教过的象山二中，校训为“立三”（立德、立功、立言）。学校要开展《挖掘象山历史人物人格魅力 培养学生“立三”精神》课题研究，并借此开展学风教育。邵鹏老师对此表示出极大的兴趣，并全力支持，将《名人与象山》等有关书籍奉献出来，俨然成了学校课题的“资料库”。知无不言，言无不尽，特别嘱咐一定要从历史人物的细节入手，才能贴近学生，引起学生思想的共鸣。经过邵鹏指导，师生共同讨论，最终选定18位象山优秀古今人物作为培育“立三”之花的养分。

邵鹏还主动为家谱、史志作者服务，出手相助。宁波家谱文化专家张则火，2018年完成《象山百家姓》撰著，邵鹏为他作序“痴深者功竟成，爱厚者美则至”，予以积极评价。2007年至2024年，邵鹏用时18年，协助他高中的地理老师夏烈先生编写《西周镇村落通志稿》，完成全书统稿任务。为帮老师节省费用，他专门学习了CDR、ID等专业的排版工具。该书5册420万字，有地图274幅、照片1127张、人物678人，在资料保存方面做足功夫。

象山高级修谱师周开水，是邵鹏的学生，利用电脑、无人机等高科技手段编修宗谱，更有心得与成绩。他自编高效的编修工具，熟悉排版与平面处理。师生俩充分合作、互相提高。

（五）

邵鹏是个善于学习、勤于总结思考的修谱专家。对20世纪90年代开始的象山家谱热，他曾做过综合分析，认为：20世纪90年代，家谱修编先从农村复苏，当时修谱人才青黄不接，基本动力还是传统的尊祖、睦族、传后等文化意识，主要发起人是族中长辈、老人，动手编修者，以退休教师（很多是代课转正）、老干部、村老会计、原生产队记账员等居多。他们初通文墨，有的照着旧谱亦步亦趋，有的很随意，比较“离谱”，甚至闻不出“谱味”，所修家谱质量高低悬殊，差得较多。邵鹏形容这种情形为“循旧者或不达，标新者常失格”。经过30多年时间，邵鹏认为随着修谱知识积累，参与者文化层次提高，专门编修团队出现，以及编修工具变化、技术进步，编修指导思想的推陈出新，现阶段的家谱质量比过去明显要好得多。

2020年7月，邵鹏应宁波大学钱茂伟教授所约，撰述《当代家谱编修五原则》。

2024年8月，又在《我与宗谱》等文章中细化。邵鹏的修谱心得体会如下。

1.家谱的谱系清晰、准确，永远是修谱者的第一追求。这是家谱的核心，是本质的东西，其他都是增光添彩的。

2.谱主信息，尽可能写得详细些，如写上村名等，方便后人采用。

3.修谱者要尊重传统，立足当下，着眼未来。对家谱明显不确定或者模糊的远祖，可看作文化世祖，不必太花功夫去争曲直是非，一般尊重老谱。始迁祖以下尽量梳理、考证清楚。当代新增的几代入谱则绝对要求严谨。

4.引志入谱，引史入谱，让新修的家谱不仅是血缘联系的实录，更是地方历史记录，使家谱具有更丰富的史料价值。扩大视野，跳出家族局限，在世系之外也多花些精力，尽可能为后人留下当代的一些真实的历史。谱志融合是方向，谱志同修、谱志一体，增加家谱的史学价值。

5.评判家谱质量高低、作用大小，更多看家谱的溢出价值，就是指除谱系外的诸多文献、人物传记、地情、历史事件等。

6.家谱是一种很成熟的文体，不必过于标新立异，要立足于“大继承小创新”，追求渐变而非突变的效果；要遵循“纸质为本，网络为辅”的原则；继承“有增不减”“前文不弃”“通而不断”等传统；新旧谱必须同修，不提倡为省时省钱而简单地以新本接旧本，人为制造断代谱（指年代久远后，可能出现新本在而旧本损毁情况，造成旧谱信息的消失）。

7.家谱修编不要拒绝采用新工具、新技术，如修谱专用软件，能大大提高排版效率，方便使用图片、照片入谱。

8.有些传统做法也不必过于拘泥，如现在修谱成本降低了，何妨一家一套；现在信息通畅，没有必要再用分总谱、房谱分别收藏，都用总谱信息更完整。

9.没有旧谱，也可修谱。今日新谱，就是未来旧谱、祖谱。

10.按照传统，家谱是“传家之宝”，秘不示人，这种神秘和垄断的手段，一旦碰到意外情况，容易毁失，就再无面世希望。最好不要吝啬，预先多准备几套送图书馆或者档案部门。

这些经验之谈，表达了邵鹏对当今修谱“守本应时”的系统观点和明确态度：尊重传统，实事求是，借鉴史志，利用软件，适当改良，有所创新。这些观念，让史、志、谱与现代技术融会贯通，邵鹏的确是知识、技能复合型的地方文史专家。

2017年3月25日，邵鹏参加在象山举行的浙江省百姓家谱文化研究会第一届一次代表大会，从此加入了谱友群，经常参加家谱修编论坛，有些思想观点，作为口述实录，被钱茂伟教授的国家社科基金重大项目《当代中国家谱编修理论与技术研究》分类载录。

邵鹏先后应邀参加宁波、浙江若干微信修谱师群、家谱论坛朋友圈，在谱友圈很活跃，常常发表一些高见，分类节录于《浙江修谱师们说家谱编修》（1—4）。他两次参加宁波大学公众史学研究中心举办的宁波公众历史作家作品研讨会，并积极发言。他曾参与《浙江省家谱纂修与制作标准》修订讨论，有些观点被采纳。

2023 年 12 月 23 日，邵鹏参加第二届宁波新家谱编修研讨会，作为浙江省百姓家谱文化研究会修谱指导委员会委员，与其他专家一起，对各家族优秀家谱予以质量点评，并提出当今改进家谱修编技术的观点。

2024 年 3 月 26 日，邵鹏参加浙江省百姓家谱文化研究会第三届一次代表大会。6 月底，邵鹏因编谱数量符合要求，对家谱修编有思考总结，家谱研究与史志编写结合等多方面成绩，被浙江省百姓家谱文化研究会评审组评为高级修谱师，一致评价为“跨界编谱，素质全面，成果累累，实至名归”。

第五节　钱茂伟：当代家谱学家

◎ 钱茂伟像

钱茂伟教授，杭州市余杭区（今属临平区）人，1962 年生，1980 年考入杭州大学历史系，1987 年杭州大学历史学硕士毕业，师从仓修良先生。1997 年到华东师范大学读博士，2000 年起在复旦大学做博士后两年。作为宁波大学历史系教授，长期从事史学理论及史学史、浙东学术史、明清史的教学和研究，以长于明代史学研究蜚声史学界，后来由史学史转向史学理论研究。1998 年起，从事公众史学研究，承担首个公众史学类国家社科基金重大项目——《当代中国公众历史记录理论与实践研究》，成为国内著名的公众史学家。

我俩初识于宁波桃源书院文化建设研讨会，后应邀多次参加钱教授组织的中国公众历史研究研讨会，就家谱修编、家族史写作做专题发言。我的一些家谱序跋和公众历史作家传，刊发于他主编的公众史学公众号及其网刊，让我的一些观点和体会有了发表的平台。这些年，坚持深入阅读公众史学研究相关理论成果，接受了钱教授公众历史写作和家谱修编的许多学术观点。应他诚邀，我曾受聘任宁波大学公众史学研究中心特约研究员。

他的家乡在很少有祠堂和宗谱的杭嘉湖平原，从小不知宗谱为何物。其硕士研究生导师、浙江大学教授仓修良先生也是谱牒学家，所著《谱牒学通论》建构、梳理了传统中国家谱编修史，他因此初识家谱。与王东合著《民族精神的华章——史学与传统文化》（北京图书馆出版社 2004 年版），承写"敬宗睦族的教科书：中国的家谱"一章。他一进入谱牒研究领域，就表现出创新意识。1998 年 12 月，曾发表《我对家谱新修的设想》于《社会科学报》和《文摘报》，主张改革传统家谱，编新式家谱，在国内较早思考当代家谱编修创新问题。此后将家谱编修纳入公众史学，完成《走入寻常百姓家的小历史》及《新修小家谱的意义及体例》，形成"大家谱"与"小家谱"二分概念。2007 年以来，在大学生中推动"小历史书写"实践工作，汇编成《公众历史书写》（初名《小历史书写》）88 辑，完成 700 万字小家谱、自传编修，其中 20 辑小家谱共 408 部。经过文献研究和广泛调查，他又申报《当代中国家谱编修理论与技术研究》，成为 2017 年国家社科重点项目，由此当代家谱修编研究进入了主流史学界。

这一当代家谱修编学课题持续研究三年多。2022 年，《当代中国家谱编修理论与技术研究》16 章，加导论，凡 80 余万字，已提交社会科学出版社出版。重点研究家谱修编理论与实践，主要分为四大部分：当代中国社会变迁与新谱修编历史研究，当代中国家谱修编实践和类型研究，当代中国家谱修编队伍建设及家谱质量管理研究，当代中国家谱修编的行业化、组织化与信息化管理研究。这些研究成果，建立在多层面、立体化文献资料收集和大量典型的民间家谱修编个案调查整理的基础上，研究史料和对象纵横交织，点面结合，视野开阔独特，个例丰富深入。这一课题研究，厘清了独立的当代家谱修编史和家谱行业发展史，深化了当代公众家族史编修分支的建设，提升了当代新编家谱的理论与技术研究水平，建构了现代家谱修编学的理论体系，具有较高的学术研究价值；同时有别于传统史学研究，将家谱修编当作一个文化生产行业来观察思考，指明了当代家谱改革的公众历史取向，为当代家谱修编提供了系统有效的理论与技术指导，必将极大促进中国当代家谱修编整体水平的提高。这一课题研究有许多可圈可点的原创观点和判断，新颖观点迭出，如“家谱的本质仍是生命之链的文本化接续”，当代“续修族谱，虽仍是主流，但显然属形态上的复辟与延续而已，仅是文本形态的宗族群体建构而已，不再有实质意义”，“修谱是公民修史权的回归。到了公民社会，公民成为国家的主人，当然有资格书写自己的小历史，写自己家族的历史，这是历史书写权的回归”，“互联网修家谱，实际上是互联网时代史学从庙堂之学走向公众史学的一个缩影”。

钱茂伟教授致力于建设公众视野下的家谱学，为家谱的生产提供学科与专业的支撑，从而改变家谱这种边缘化的地位，促进当代家谱的生产。一旦公众直接参与当下历史记忆生产，家谱就成为全新的实践学科，就会产生旺盛的生命力。

他的家谱修编研究发挥了自身的学术专长，可以看出研究视角和路径的四个方面：一是兼重社会史、家谱史与家谱理论研究，使家谱修编学进入主流学术领域。二是注重从公众史学、网络史学入手改造传统家谱性质，革新谱学观念，使当代家谱修编实现现代转型。三是重视研究家谱文本、家谱修编文献与修编主体经验相结合，积累丰富个案，从实践中发现问题，从历史上寻找解决措施。家谱修编是一项实践活动，钱教授善于从家谱修编实践中提炼学术观点，从实践的前沿走到学术的前沿，让读者对当代，特别是当今40多年中国家谱修编史会有全面、直接的深刻理解。正如他所说：“家谱本身就是民间的，研究人员的眼睛自然应向下。修谱实践生活远比家谱文本丰富，只要不断到民间调查，就可搜集到丰富的修谱实践资料。修谱一线人员需要高校专家的支撑以增加思考的力量，而高校专家也需要他们的经验与探索。这是一种互利互惠的双赢合作模式。”四是重视全面搜集原创的家谱修编类网络文献资源，坚决抛弃一定要坚持引用公开的纸质文献的陈腐学术观念，把网络资料作为与家谱文本、口述调查并重的当代中国家谱修编实证研究三大主要资料来源之一。所以该专著的注释格式和参考文献也明确网络来源，突破了当下某些正规历史类学术著述引用参考的底线，这种尝试适应了网络时代学术方式、方法转型的特征和公众史学的学术研究特点。

钱茂伟教授的学术研究有自己独特的风格和学术情怀。他曾自言："在近30年的史学研究中，我擅长整体规划与专题研究相结合的思考，即先划定一个圈，作宏观与整体思考。在此基础上做专题研究，最后整合成一本书。明代史学、浙东学术、明代科举、国家理论、王应麟、公众史学等专题研究均有这个特点。"本人与钱教授交往这些年，特别是通过研读《当代中国家谱编修理论与技术研究》课题成果，对他善于理论构建、学术创新的治学风格深有体会。

而且，他时常走出象牙塔，学术研究与实践创新并举，融文献研究与调查研究于一体。他曾尝试编过两部家谱，包括自己家谱、房谱，共4部。为更广泛深入地掌握当代家谱修编的复杂状况，曾两次参加河南家谱学会主办的中华家谱展评大会，担任点评专家，也结交各地修谱主编，了解到家谱界面上最新动态。

2014年，我曾介绍支持他为宁波市鄞州区下应街道江六村和史家码村编著村史，这两部村史充分利用家谱文献，运用了口述史写法，编成了公众社区史，著述方法有学术上独创之处。《史家码村史》（浙江大学出版社2017年版）、《江六村史》（国家图书馆出版社2017年版），核心是用家谱精神改造村史，使之成为公众社区史，依据史、陆两姓宗谱，加以口述史编修而成，也是一个家族家谱编修史考察。

他在主持这两个村史项目编修过程中，参与续修家谱活动，因为一个村多姓势力角逐，他引导村主修创编出《史家码村谱》，此后极力宣传"村谱"的编修。因为钱教授身体力行主持鄞州区史志工作，所以我在2016年主持编写《鄞州史志人风采录》时，把以《钱茂伟：用公众历史的眼光打量史志家谱》为题记录他事迹的文章也收录其中。古林镇拟在全镇推动村史编修。2018年，他又亲自带领研究生、本科生组成的团队，展开了为期近半年的近百位村民口述史采访活动。暑假中编定《藕池村民口述史》，完成《藕池村百姓联谱》编纂工作。

很长一段时间，我局限于传统宗谱思维，对其村谱修编的倡议并不以为意，觉得是否有点异想天开，毕竟家谱是家族文化，且有隐私保护问题。近年来，才认识到村谱作为行政村（自然村）父系姓氏谱，当今社会宗族涣散、宗法治理已经消亡，随着自上而下的行政权和村级集体经济的力量，以及集体主义思想长期浸淫，确实可以逐渐取代宗谱，为此呼应他的观点，专门撰文《当今社会，村谱可以逐渐取代宗谱》，详加论述。钱教授则又连续撰写《村谱修编，宜由地方志办承担管理之责》等文章，深入阐述村谱修编的必要性、现实条件和领导管理等观点。

钱教授建立浙江修谱师论坛等多个谱友微信群，多的群友达百余人，并有意识互动，引导交流，把阶段性的精辟内容以公众口述史方式分专题汇编成文，曾连续编发 4 篇《浙江家谱师们说家谱编修》。2024 年 8 月 4 日修谱师微信群和“公众史学”公众号发表了笔者的《未来之势，村谱终将取代宗谱——关于行政村联姓通谱修编的思考》（原题即《当今社会，村谱可以逐渐取代宗谱》），在浙江修谱师论坛群引起热烈讨论，他即稍加改动整理成口述短文《村谱未来会成为主流形态吗？》后，继续发布在“公众史学”公众号。修谱师罗建卫谦虚地说：“我没进群时，只能说自己是修谱行业的一个小学生。进了群，常常看老师们分析与讨论，算是进入了小升初的加强班，真的感到获益匪浅。”浙江修谱师论坛每天夙夜热闹非凡，成了永远在线的家谱学术论坛，大家交流信息，各抒己见，取长补短，实现了真正的家谱学术交流。杭州富阳修谱世家六代传人倪毓佩先生，修谱数量多、阅历丰富，有许多经验、心得和感受。他是有心人，随时随手记录，成《修谱见闻》系列短文几十则，钱教授看到后连续发布于“公众史学”公众号，并曾邀请他为修谱师们上课。

浙江的家谱编修现状，以杭州城为界，杭州城以南，家谱编修发达；而杭州城以北及湖州、嘉兴地区，是家谱编修薄弱地区。钱教授还尝试推动湖州地区的家谱编修，通过上海大学朱教授，联系上李慧民、许明华等一批热心人士，成立浙江省百姓家谱文化研究会南浔联络站。考虑到杭嘉湖地区没有一姓宗谱编修传统，他提出要寻找新的家谱编修形态，在一姓宗谱基础上，修编一村百姓联合家谱，并在微信群内深入讨论“杭嘉湖地区为什么普遍没有祠堂，没有宗谱？”此问题一度成了修谱师们的热门话题。

近期，他尝试寻找更强的传播平台，通过宁波日报报业集团的甬派 APP 发布家谱学小论文；也鼓励我开辟新的新媒体渠道，通过浙江家谱文化、中央人民广播电台的国际在线和《人民日报》的人民号等，发布家谱系列小论文。有的阅读点击量惊人，甚至数以几十万计，读者评论、转载、点赞不少，令我俩不胜感叹。

钱教授在浙江百姓家谱文化研究会同时担任多项职务，有常务副会长，及三个二级机构——公众历史专业委员会、专家学术委员会、修谱指导委员会（修谱师工作委员会）主任。有些会员看到后颇有意见，以为其图名贪婪了。其实这些委员会由他主持的，他也是唯一合适主持人选。因为我所了解的会员、理事中，只有他的研究领域和学术水平才能承担领导研究家谱文化的职能，况且他的态度非常主动积极，工作非常负责勤奋。

这几年，钱教授既要上课教学，指导硕士生，又要完成两个国家级社科课题，其中要完成的课题成果为著作 10 种，学术研究繁忙，但还是挤出业余时间，发挥优势、专长，在浙江百姓家谱文化研究会义务兼职，主要工作侧重于以下两个方面。

一是组织开展家谱文化研究方面。据我所知，除了完成国家社科基金的家谱课题，2020 年，他起草《浙江省家谱编修与制作标准》，并多次组织研讨会、论证会，形成第一个省级家谱修编、制作规范（试行），公开发布；同时撰写《家国同构、家谱编修与中华文明发展》等多篇家谱修编研究论文和若干推动村谱修编、加强修谱师队伍建设的决策建议。利用宁波大学公众史学中心的多种载体，发表各种家谱修编观点或案例，以及谱人谱事的文章，鼓励和支持了一批家谱文化的研究者。2024 年 8 月，“公众史学”公众号连续发表本人的《当代修谱，女儿或女性如何入谱》等三篇短论文，获较多点击量。此前，我的文章也以家谱修编学居多，有的被公众史学网刊所收录，有的被其他家谱研究课题、当代家谱修编和制作标准及公众史学著作所列举、引用。

二是统筹开展修谱师队伍建设活动。多次联合组织举办各类培训班、研讨会，都由他主持和总结。仅我参加的就有：2017 年 11 月 18 日，宁波大学史学史研究所（公众史学研究中心）在宁波大学举办的“新时代史学的新思考”——2017 年度中国公众史学研讨会，围绕公众口述史学、公众家族史编修、公众影像史学进行研讨；2020 年 12 月 5 日，宁波大学公众史学研究中心在线上主办的第七届中国公众史学研讨会；2022 年 10 月 14 日，浙江省百姓家谱文化研究会与宁波大学公众史学研究中心在宁波大学共同举办的浙江省第四届百姓家谱编修研讨会；2023 年 12 月 24 日，在天一阁博物院召开的第二届宁波新家谱编修研讨会，会议由浙江省百姓家谱文化研究会修谱指导委员会、公众历史委员会与宁波大学公众史学研究中心共同举办。

2024 年孟夏，钱教授与我一起负责浙江修谱师首批评审活动。他起草通知文件，负责宁波、舟山地区外各地修谱师联系登记，担任评审领导小组副组长和评审组组长之一，事后鼓励修谱师们回顾总结，写成谱人谱事，予以发表；主动整理汇总《浙江修谱师简况》。他创新性地提出建议开展修谱师资格认证工作，后视省主管部门态度变更为修谱师职业技能培训工作，经与百姓家谱文化研究会执行会长周全行深入沟通，确定开展修谱师专业技能鉴定工作。他起草了有关工作建议，谦逊地请长于公文写作的我全面修改，交付他修订定稿，送省人力资源和社会保障厅，再上报国家有关部门。倘若成功，将让修谱师这一古老职业获得新的生机和活力，也将大大促进家谱文化事业发展。他又撰写、发表《浙江修谱师队伍建设刍议》，介绍为何举办修谱师评审，如何通过构建一个权责对等的管理体系，防止修谱师评审可能带来的后遗症。又提出要促使评审体系更加成熟，培养评审者拥有更广阔的视野，肩负起更多的公益使命，要实施分区域培训策略，系统征集修谱信息，加强宗谱编修研究，培养基层文化消费习惯，编辑《浙江省谱人谱事》等。目前正呼应马正方先生之建议，筹划建立浙江家谱文化节。他是一位勤勉而又有真知灼见的家谱学者，想法很多，理论系统性很强，观点和建议也富有前瞻性。

第六节 杜建海：我的谱事编年

（1988—2024.10）

◎杜建海像

杜建海，谱名锺文，又钟文，号梅熟堂主，宁波市鄞东管江人，1962年5月生，1978年10月入读宁波师范专科学校中文科，1987年浙江师范学院政教系在职本科毕业，先后从业中学语文教师、公务员。曾任职鄞县县委宣传部，主持县委政研室，镇党委、政府和区委党校等工作，鄞州区委党史研究室（区人民政府史志编研室）主任、一级调研员退休。业余先后从事普教、社科和史、志、谱等写作和研究，发表论文百余篇，独立或合作编著、主编出版《热血无价：宁波红色力量献血队采访录》《宁波文化名石梅园石》《鄞州慈善志》《鄞州人文读本》《横溪文化大观》《灵秀福地：横溪》《堇山塘溪》《天宫庄园湾底村志》及《共建共享　共生共荣：鄞州新居民与地方政府管理创新》《镇乡（街道）领导干部工作读本》《行政村干部工作规范化读本》等，编印乡贤桑文磁、王兴邦、沈友梅和志士忻元华纪念集、作品集；编著出版《鄞邑现存家谱总目提要》，主编或合作编纂各类家谱7部，指导修谱几十种。前宁波市鄞州区地方史志研究会会长、浙江省方志学会理事，曾受聘为宁波大学公众史学研究中心特约研究员，浙江省百姓家谱文化研究会公众历史专业委员会副主任、修谱指导委员会委员，鄞州区地方文献整理委员会《鄞州文史》（半年刊）主编。

1988年

任教于家乡中学，受鄞县大松区管江乡管江村村委会委托，编印《管江村简志》，第一次接触传统家谱——《鄞邑管江杜氏宗谱》（共18册，存7册）。本人从事地方历史文化写作由此肇始。

2003年

时主持鄞州区横溪镇党委工作，阅读横溪镇河头村的《陆氏宗谱》，撰文史散文《横溪河头的名人缘》，介绍河头陆氏与著名诗人陆游、南宋史氏家族，明代两位南京兵部尚书等的关系，入选年度宁波新闻奖副刊奖。

2004年

《横溪文化大观》编就（丛书，3卷，编著者另有横溪镇中学姚定达、正始中学张全民老师、宁波民间文艺家协会副主席应长裕等），曾在中国首届非遗文化展（北京）上展出。为编好该丛书之《千年横溪》卷，借阅吴家山吴氏、清塘杨氏、上街王氏、大岙任氏等所藏宗谱，请各村及村史作者注意搜集引用横溪现存家谱。此后，曾为志谱合一的《钱家山志》撰序，支持河头村陆良华续编《陆氏宗谱》。

经朋友牵线，与五乡中学原同事、《鄞州日报》摄影记者吴挺等至天一阁博物馆，翻拍《鄞邑管江杜氏宗谱》（1913年版）。

2011年

主持鄞州区委党校工作。受塘溪镇党委、政府委托，主编地情著作《堇山塘溪》，搜集、附录塘溪镇域现存家谱目录。

该年起，编纂《管江杜氏忠房谱》。

同年，购置《中国家谱总目》（王鹤鸣主编，上海古籍出版社2009年版，10册），发现鄞县旧谱众多，摘录鄞邑现存家谱条目。

2012年

网上购得《浙江家谱总目提要》（浙江人民出版社2005年版），辑录鄞县现存家谱所有条目资料。

2013年

孟春，获知天一阁另藏《鄞邑管江杜氏宗谱》（1931年版），托人无果，委托管江杜氏裔孙之女婿、区委党校工程师李永飞下载家谱，制作成电子光盘版。

同月，撰《我与天一阁藏〈鄞邑管江宗谱〉记事》；16日，通过邮箱发送给刚上任的天一阁博物馆馆长庄立臻，即获回复，实录如下："杜校长：你好！看了你的来信（记事文章），心情很沉重。对你在我馆遭遇的不快深表歉意，同时更谢谢你对我、对天一阁工作的关心和帮助，有这个心才会有这篇文。我想开放、共享、服务应该是我们的目标和职责。当然，推进的范围和速度也许受诸多因素的制约，就如同样是家谱，国家图书馆、上海图书馆及其他机构的开放收费程度都不一样。从我短时间的了解来看，这背后的原因和无奈多种多样，如果有机会可以详聊。当然，这些终不能成为封闭的借口。很巧，我昨天下午还刚刚跟典藏研究部的同志说起，下一步要好好理一理我馆的资源，对开放服务作一个推进规划。在具体的计划没出来之前，我也不习惯许诺什么，但我们一定会朝这个方向努力，也期望能继续得到你的鼓励、支持、理解、宽容。再次致谢！祝春好！"我谢谢回复，"我们以天一阁为荣，也会尽自己微薄的力量支持贵馆的，相信天一阁发展需要大树，也要小草。祝馆长开局顺利，有便再聊。"

该年，受戴松岳先生之约，辑录的《中国家谱总目》鄞县氏族家谱，并《浙江家谱总目提要》的鄞县家谱条目，连续两期刊发于《鄞州文史》（半年刊）。获鄞州区档案馆馆长李明阳支持，向各镇（乡、街道）发文，通过档案员普查全区民间旧藏或续修、新修家谱，并摘录馆藏20多种家谱孤本，编纂《鄞邑现存家谱总目提要》。

同年，《鄞邑管江杜氏忠房谱》编成，系房祖（爷爷）房系谱，第一次尝试编谱，叔伯兄弟杜建春、杜建定、杜建法参与其事。管江杜氏当代字辈"积

善恒培本 钟英大启祥”，当代吾辈“锺”字辈起，都有个人简历；姑辈起女儿有区别入谱；房谱有大事记、世居地、文献资料索引等。实践钱茂伟教授“编纂小家谱”的倡议，获宁波文史学者戴松岳君充分肯定。为印制家谱，经网络检索，与宁波唯一印制线装本家谱的专业机构——宁波图腾印务公司经理康海明初次交往。

2014 年

7 月，通过党校张姓门卫，借阅《鄞南桃江张氏宗谱》，且查阅《鄞邑管江杜氏宗谱》，并经《宁波市教育志》主编胡审严先生和杜芬莲侄孙杜松林的信息支持，撰就文章《著名幼儿教育家张雪门家世及原配杜氏述略》，发于博客。

同月，《现代金报》通讯员石婉羚、记者叶佳前来区委党校采访，笔者介绍了当代宁波修谱的现状：“修纂家谱的人越来越多。鄞地民间纂修家谱的风气日盛，光在原有家谱的基础上进行修纂并即将完成的家谱就有近 10 种，如天童上三塘陈氏、鄞西高桥章氏、鄞江建溪唐氏、东钱湖殷湾郑氏、横街林村汪氏、塘溪梅溪周氏等。宁波还出现了专业家谱作坊（宁波图腾印务公司）。”也介绍了本人对当代家谱编纂的一些观念，认为：“一本能成为传家之宝的当代家谱，一定要呈现‘三脉一风’，且图文并茂。三脉一风即以世系、世传而明血脉；以地理、乡情而示地脉；以艺文、学历而传文脉；以家训、传略而弘家风。”分析现在的人热衷修家谱，是因为“每个家庭都有自己的故事，每个家族都有自己的历史，每个人都有责任把家庭史记录下来。修家谱既能传承家族文化，增强家族之间的凝聚力，也是游子维系家乡感情的文本，能促进奋斗在外的人寻根认祖。而且，家谱是承载地方文化的重要文献资料，有学术价值”。16 日，网易新闻转发《现代金报》报道：“宁波家谱热：修的都是一脉情深。”

秋，应管江前溪头杜寅年、坊前杜宏成之请，委托宁波图腾印务公司原版重印《鄞邑管江杜氏宗谱》（合 18 册为 4 册）20 套，分藏管江杜氏相关的前溪头村、管江村及坊前、东岙自然村，以及一些族人，撰“重印前言”。

10 月，浙江古籍出版社出版笔者编著的《鄞邑现存家谱总目提要》，收录鄞地家谱 700 多种，其中同姓不同始迁祖或支派的家谱有 500 多种，合计姓氏 119 个，附录《鄞氏族谱》、鄞邑家谱、家族论文选目，鄞邑家谱、家族相关主要著作和家谱数字资源，成为鄞州区乃至宁波城区历史文化研究的家谱工具书。

12 月，《鄞东三塘陈氏宗谱（雨钞堂）》圆谱。鄞州区卫生局干部陈国新主持其事，经常来毗邻的区委党校，出示旧谱房系遗存本或谱文，解答其所咨询的有关家谱修编的业务问题。

2015 年

5 月，《鄞邑现存家谱总目提要》在宁波高教园区图书馆（鄞州区图书馆）鄞地名人家谱展上展出。

夏，《鄞邑现存家谱总目提要》责任编辑、出版社编辑室主任来电，希望本人为该出版社年度“三农”选题编写家谱修编技术的工具书，因公务繁忙，婉言谢绝。

10 月，鄞州区档案局编的《鄞州家风家训故事》，浙江古籍出版社出版，收录 21 个家族的故事，本人撰写《既忠且善的管江杜氏》。同月 5 日，屠呦呦获诺贝尔奖消息公布，我判断她属于甬上屠氏一族。

11 月，本人通过宁波电视大学教师、作家赵淑萍（其得自屠呦呦亲属、甬上书法家毛燕萍）获悉屠呦呦的父亲名叫濂规，至天一阁阅览室查阅，被告知该谱下架。即通过上海图书馆，获《甬上屠氏家谱》。撰《屠呦呦家谱寻访记》，考证出：屠呦呦祖上为鄞县望族屠氏，并完整梳理了屠呦呦的直系谱系。30 日，甬派客户端记者沈莉萍就此事采访我并发文。

12 月 10 日，天一阁博物馆典藏部发布消息：屠呦呦家谱亮相。此后，本人根据《鄞县姚氏宗谱》，撰写发表《屠呦呦舅舅家的那些往事》；制作《甬上屠氏家谱》光盘，由中国中医科学院转赠予屠呦呦；出席宁波图书馆举办的屠呦呦家世与宁波学习生涯的嘉宾分享会。

2016 年

秋，经项咏康网上检索，杜建法牵线，宁海前县委书记、曾任浙江旅游集团公司董事长项建中先生屈尊到鄞州区委党校，邀请本人编谱。此后获项咏康襄助，项志卫律师垂教，逾四年，除一房外，初稿编就，宁波图腾印务公司排版，项咏康完成一校。撰文《续谱新编——让旧谱新生于当代的尝试》。

11 月，《宁波市鄞州区志》出版，“地方文献编”摘编收录《鄞邑现存家谱总目提要》所载录各家谱主要信息和少量新增家谱信息。

12 月底，调任、主持鄞州区委党史办公室（区政府地方志办公室）工作，提出要重视家谱对地方史志编写的文献价值。

2017 年

11 月 18 日，宁波大学公众史学研究中心在宁波大学安中大楼举办“新时代史学的新思考”——2017 年度中国公众史学研讨会，近 20 位专家、学者参会，围绕公众口述史学、公众家族史编修、公众影像史学进行研讨。本人提出：现在家谱编修中存在几个问题。一是编修者非专业化，修纂热情不够高；二是家谱要坚持的传统，需要创新的方面，没有标准；三是一些编修者修纂家谱观念与社会变迁脱节；四是家谱不能评比，可介绍好的家谱编修经验，推广好的模式，但每个家族有自身的特点，且涉及隐私保护问题。随着时代的发展，当代家谱的功能也在不断变化。过去家谱强调血缘性，继子等家庭成员都不能记录在内；还强调以男方为主，女方的亲属信息不见其中，这些都需要改变。主张拥抱家谱数字化，提倡家族成员利用互联网快捷、有效地进行编修。公众史学很有社会基础，所以公众史学研究者在关注学科建设的同时也要关注史志工作者的培训，同时借助政府机关的资源，让公众史学走向社会。

该年起，结识祖籍鄞县塘溪镇洪岙村、上海谱友林鸥（忻林），受赠鄞县家谱电子版 100 多部，此后有求必助。林鸥，乃中华忻氏历史文化研究第一人，专注于鄞县家谱研究，为鄞州区图书馆筹建家谱数据库，为本人借助家谱文献研究地方文史贡献良多。

同年，获象山谱友姜剑赠予象山氏族家谱电子版近百部。

是年，主编《鄞州史志》（季刊），设“家族家谱”等栏目，发表相关文史论文。

2018 年

3 月，为东钱湖管委会起草东钱湖文化研究工程文件，应邀担任《东钱湖文丛》业务主编，邀请宁波历史地理研究专家水银（楼稼平笔名）为执行编辑，设“钱湖人杰”等相关栏目，提供有关资料，请宁波图书馆陈英浩整理《现见东钱湖家谱简目》。

9 月，搜索文献时偶见《浙江通志》第 78 卷哲学社会科学志第八章历史学研究专节介绍家谱学，列举一些当代家谱研究者，本人名在其中，未免抬爱、溢美了。

12 月 7 日，《三江仲夏李氏宗谱》圆谱。该谱修编理事长、编纂李华章，曾任鄞江镇党委书记，品行优良，本人因其屡次垂询解答，受赠宗谱 1 套。

2019 年

4月18日下午，福建宁波商会文化研究办公室邀请周静书、黄浙苏、沈建国、孙善根、毛海莹等宁波文化专家学者到商会，与商会顾问陈继武、翁国良、施养辉、林水泊、黄港洲，商会会长蔡双其、秘书长董星火座谈闽人在甬历史。本人根据家谱文献和地理交通，介绍福建人在宁波的历史，指出唐宋以降从事沿海贸易的众多闽商陆续定居宁波，是宁波商帮形成的主要来源之一。

11月，《鄞南横溪王氏江房谱》编就。主编王渭源（鄞县中学退休教师）、责任编辑王无锋（北仑中学原校长、北仑区教育局局长）。该谱系亲戚谱，本人忝名顾问，针对初稿，提出符合家谱编纂规范的修改意见；应邀作序，指出当代社会巨变，江房后人别具一格编纂亲戚谱，顺应时代变化和亲情需求。

该年冬，《鄞东亭溪岭下杨氏宗谱》（上、中、下3册，线装本）编纂完成。理事长杨龙君，副理事长杨汉忠、杨志宏、杨德成，本人和张善华编纂。该谱设卷首、源流述、世系图、世次传、人物录、文献选、世居说、卷末。该家族重视子女教育培训，重视婚配家庭的家风，印象深刻。

2020 年

5月，陶公山籍革命烈士忻元华舍生就义50周年，本人编就《忻元华烈士舍生就义50周年纪念集稿》，其中通过陶公山忻氏、大堰戴氏两种家谱，梳理忻元华烈士世系和其父亲原配、继娶两位戴氏世系，厘清烈士善良、聪明、好学又能干的遗传基因。同月，研读《管江杜氏宗谱》，撰《管江杜氏官房四先贤墓修葺记》：管江杜氏有俗称官房者，盖明季世祖多官宦也。坊西南之青龙山，世为杜氏所属，山阳有官房明四先贤墓园焉。己亥夏，余往视之，则原墓已残，有碑者仅二：一为明嘉靖进士邦平公，一为其从孙、管江反清复明三烈士之一英侯公。而进士之父廷用公、其叔廷秀公之坟茔，仅剩古时崇封之土矣。廷用、廷秀两公，善治家业，大启后昆，各受敕封、恩授。邦平公，府县志所载良吏也，邑民立祠以祀之。英侯公，明末秀才，殉难义士也。史学大柱全祖望为之志，英名入祀旌忠祠；民国时邑人曾修其墓，清末进士、书法家高振霄书碑。墓园迄今垂四百八十余年，然墓圮碑弃，几成废墟，其世远代遥，后世竟疏于祭奠，抑遭鼎革后红羊之劫乎？呜呼哀哉！己亥春，余倡议修葺官房墓园于旧址，村主事者欣然统筹，官房裔孙钟谋兄等称善襄助。余即牵线区文管会，获文保专项官帑，邀易旸古建构画，仿明制。庚子春，疫情稍缓，则移异坟，斫竹木，筑行道，围之以砌石。余则稽考宗谱，查阅文献，辨明墓主，撰之以传状。然后竖旧碑，髹碑名，崇之以黄土。阅五月告成，修旧如旧，面貌焕然矣。夫今之修先世墓也，崇封其墓茔，以尊祖敬宗，不忘本源，诸族一也。余究宗谱，进士公无裔孙，虽继嗣有几，惜无嗣孙，而秀才公亦无裔孙也，尝引以为憾矣。然其为官循良，为国忠义，历久而弥新，今合力修墓，乃唯忠良是崇也。古以为不孝有三，无后为大，窃以为凡有后者则称孝，非也！若养而不教致子孙作奸犯科者，可谓孝乎？忠良者，生而为民为公为国，则谓大孝，世孙祀之，里人仰之，有司敬之，史志传之矣，其虽无后亦远胜于有后者也。

庚子仲夏　族世孙锺文敬记于梅熟堂

6月，《嵩江虾爬袋朱氏松房谱》（1册，线装本）编印。顾问朱达（宁波市教育局局长、宁波大学党委书记），理事长朱秀龙，本人和胡纪祥主编，朱秀达协编。该族滨海创业、发展艰难而有成效，参与修谱的房人团结、积极。房谱考辨村名，帮助该房系厘清迁徙过程，找到根脉，存录族史，敦睦族亲。为突出教化功能，该谱重视人物生平事迹。该谱收录朱达所撰“致儿书”，堪为家训。

7月11日上午，北仑区柴桥街道沙溪村举行《芦江钟氏宗谱》（七修，1函4册）发谱大典。该谱系著名植物学家钟观光主修的《钟氏宗谱》（民国七年）续修，钟序元的主编。北仑洋沙溪村钟氏修谱理事会10余人，曾来鄞州区委党史办会议室，听取本人关于家谱续修观点和技术的具体介绍。

12月5日，宁波大学公众史学研究中心主办的第七届中国公众史学研讨会在线上顺利召开。会议邀请40余位专家、教授就中国公众史学各领域交流讨论。第四场会议以家族史为主题，由本人主持，并作“现代房谱的编纂”发言，介绍若干观点：随着现代社会形态的转变，未来家谱功能凸显文化性，帮助族人了解家族历史，传承家风。家谱修编将呈现宗谱减少、房谱崛起、家庭谱出现的趋势。修房谱基本原则是自愿进谱，男女平等，守本循规，顺世应时，凸显特色。修谱要坚持“三公”（公开、公平、公正）原则、依法修谱。

年底，经内家拳拳友、宁波市文物管理研究所原所长徐炯明推介，接手创编《镇海大通宣庆府董氏吉公派声□公家谱》，两年完成文本编纂。

2021年

夏，《万事须是有精神才做的——王公兴邦先生诞辰120周年纪念集》印发。我与俞光透、王佐伟编纂，横溪镇王氏风房出品。王兴邦系鄞县第一所农村初级中学——正始中学创始人之一，20世纪50年代初逝世。该纪念集编辑，主要引用该校载于《正始通讯》的师生回忆校史的书信，参考《横溪王氏宗谱》（珠树堂民国十九年编修）；第五辑“春风化雨”，附录本人重新编纂的横溪王氏江房下祥潞公支世系简图（第十一世至第十六世）、横溪王氏江房下祥潞支风房世传（第十一世至第十四世）。

8月，《咸祥球东朱氏书道房谱》（1册，线装本）编印。顾问朱文浩、朱文伟（女），主修朱雪松，本人主编，胡纪祥老师编纂，协编朱晓茸（女）。该谱系房派亲戚谱，姑辈及后人自愿入谱，有主修者所有父姑辈的家传或简介、祖父自传等文献，为大嵩地区办学、办医、革命斗争等留存了史料。原宁波市旅游局副局长、宁波均胜电子股份有限公司副董事长和均胜集团有限公司总裁、房谱主修朱雪松，了解自己家族成员不断转型、创业的历史后感慨不已，专门请本人牵线，由青年作家徐海蛟撰写家族历史散文，自己请宁波画家绘制家族历史连环画，计划以后拍摄家族微电影。

10月，宁波市地方志编纂委员会编纂的《宁波市志》（全8册），由商务印书馆出版。其中第七册总77卷，“人物世家”中载录近40个宁波望族，“管江杜氏”列入其中。其文献资料摘自《鄞州家风家训故事》之“既忠且善的管江杜氏”文。管江杜氏虽系望族，但载入《宁波市志》，似乎有点提格。

12月，《宁波市鄞州区荷花桥王氏金才公支谱》（1册，印刷本）编印。修谱顾问王丽华（女）、王艳华（女），主修王卫杰，本人主编。该支谱由王金才公下鄞州、锦州、北京、天津等地裔孙采集合编，青年企业家王卫杰亲自撰文多篇。该谱修编者以女性为主，采访收集入谱信息、资料，并有较多自述、回忆文章，记录各自及家庭、长辈跌宕起伏的人生，具有公众历史作品的特质。

2022年

初夏，参加在台州市临海市举行的《浙江杜氏通谱》编写工作会议，本人围绕《浙江杜氏通谱》编写，就该通谱修编的体例、结构和内容以及工作步骤、成果及建议等方面作专题发言。

8月10日，中央广电总台国际在线浙江报道发表吕金楚署名文章《我的人生因文化而滋润丰盈》，介绍宁波地方史志、家谱文化和公众历史写作专家——杜锺文。在修谱实践中，不断思考探索，提出了现代家谱修编的诸多理念：现代修谱要兼顾两个“基因”、两种“谱系”，既客观梳理载录家族生物基因、血缘谱系，又要从各个层面记录个人“嘉言懿行、片长小善”和有功家族事项，引史入谱，融社会史于个人史、家族史之中，竭力赓续宗族、房支、家庭的人文基因、精神谱系等。

9月17日，《浙江省家谱编修与制作标准》研讨会在宁波天一阁举办，浙江百姓家谱文化研究会主办，同时成立修谱指导委员会，被聘请为委员，本人提出6条建议，如当代家谱修编品质“三分法”：合格家谱、优质家谱、特色家谱。“世传”（行传）信息要素的征集与载录也应遵循“三分法”：基本要素、拓展要素、特殊要素。多被采纳。

10月14日，应邀参加浙江省百姓家谱文化研究会与宁波大学公众史学研究中心，在宁波大学人文与传媒学院共同举办的浙江省第四届百姓家谱编修研讨会，做专题讲座“房谱修编的社会学思考和公众史学尝试”。“公众史学”公众号简讯介绍钱茂伟教授的点评：“省百姓家谱文化研究会修谱指导委员杜建海作《房谱编修的社会思考和公众史学尝试》，提出一个全新的观点，要用公众史学精神，改造当代家谱编修。他尤其反对传统编修的精英化倾向，动辄将诏敕放在卷首的做法，这有违民主时代的风格。房谱的编修，更加灵活，充实人事，要增加个人、家庭历史文化的拓展信息和特色信息，可以分类入卷。他近几年主编了7部房谱，在这个领域做出了独特的探索，创修了不少标杆性的房谱作品，值得他人学习。”

12月，钱茂伟教授发来《当代中国家谱编修理论与技术研究》课题书稿，上下两册，80多万字，研读后，深有启发，尤其是以公众史学精神改造传统家谱的观点，振聋发聩，令人耳目一新，即撰《当代中国家谱修编学研究的开拓创新之作——〈当代中国家谱编修理论与技术研究〉浅评》。随后，续撰《我所熟悉的公众史学家钱茂伟教授》，于次年1月8日发于“公众史学”公众号。

该年起，受时任区政协党组副书记、副主席沈剑波推荐，担任《鄞州文史》（半年刊）主编，负责人为区政协教科卫体文化文史和学习委员会主任高煜武，编辑为陈武耀、王晓峰，继续设“鄞州人物”“甬上家族”等栏目，发表利用家谱文献研究鄞地乡贤、家族的原创性文章。

2023年

4月5日，陕西姓氏文化研究会杜氏专业委员会成立暨第一次会员代表大会在延安市召开。第一届理事会理事长杜海江，副理事长杜崇满等 9 人，秘书长杜成贵。经常务副会长、台州市临海市杜崇满推荐，本人与杜修鸿等 13 人被聘为特邀研究员。《中华杜氏通谱》主编杜建廷、《中华杜氏名人传》主编杜承九。

夏秋，通过网上检索、文献查阅和实地走访、电话联系，进行调查，撰成《宁波市境杜氏宗族调查概述》一文，并借此帮助台州市玉环区杜水宝找到两代人苦寻不着的祖籍地——慈溪市杜家桥西杜。

12 月 24 日，第二届宁波新家谱编修研讨会在天一阁博物院召开。会议由浙江省百姓家谱文化研究会修谱指导委员会、公众历史委员会与宁波大学公众史学研究中心共同举办。宁波大学教授兼公众史学研究中心主任、浙江省百姓家谱文化研究会常务副会长钱茂伟主持，20 多位修谱师、专家学者参会，旨在促进宁波地区家谱编修，凝聚共识，交流各家族修谱的成功做法。余姚市的何叶凉、何仰仲；鄞州区的童士春、童中高；慈溪市的励渭春、励冠军；海曙区的光溪鲍祥华、鲍东涌等家谱主修人分享家谱编修经历和心得。杜建海、邵鹏、童银舫、励双杰、康海明、陈联飞、周开水、应芳舟等专家学者点评并提出意见，浙江省百姓家谱文化研究会执行会长周全行讲话，钱茂伟教授最后进行总结。

2024 年

3 月上旬，仔细阅读《管江杜氏宗谱》，完成文稿《鄞东管江经堂寺史话》，为经堂寺正名，提出旧称管江经堂，系民众俗称，古代名“启善堂”，有宗谱文献、采访回忆、故事传说的依据；26 日，应周全行会长之邀，首次参加浙江百姓家谱文化研究会会议。该会系第三届第一次会员代表大会，与会代表 100 多名，选举三生（中国）健康产业公司董事长黄金宝任会长，周全行继续担任执行会长，钱茂伟等继续担任副会长。本人被命名为修谱指导委员会委员，《浙江家谱文化》（季刊）编辑委员会副主任。此后，向周全行会长撰写了两个工作建议，包括建议在全省范围内普查修谱力量，开展修谱师评比工作。

4 月，《镇海大通宣庆府董氏吉公派声□公家谱》在镇海区十七房举行隆重圆谱仪式，来自全国各地的董氏房亲、亲戚与会。本人与钱茂伟教授、应芳舟研究员应邀参加，作为房谱主编讲话，会后整理成文《镇海大通宣庆府董氏家谱文化建设工程评述——兼谈以公众史学理念修编董氏亲戚谱》。该谱属于连根养根的亲戚谱，房祖下，房族众人先男丁系后女丁系，双系并重，在当代还是比较少见。

5 月 21 日，受委托起草的文件《向优秀会员授予家谱文化人才荣誉称号的试行办法》《家谱文化人才荣誉称号审批表》发布，同时我负责联系宁波市、舟山市两地修谱师普查；29 日晚，召开预备会议，通过参评修谱师等级及说明；30 日，首届浙江修谱师评审会暨修谱工作研讨会正式召开，本人简要介绍全省修谱师队伍的调查分析情况，担任宁波市修谱师评审组组长。

7 月 12 日，撰写《从家谱署名权谈修谱师提升自身社会美誉度》；14 日，旧作《当代家谱修编学研究的开拓创新之作——〈当代中国家谱编修理论与技术研究〉浅评》发表于《浙江家谱文化》公众号。此后连续撰写 20 余篇文章，系统阐述自己对家谱修编理论和技术的观点，其中《当代修谱，女儿或女性如何入谱》，发表于宁波大学公众史学研究中心"公众史学"公众号，阅读点击量每天 3000 人次、总人次 5 万余。从留言和浙江修谱师论坛上看，当代修谱绝大多数仍在固守宗谱思维，继而撰《迎接家谱文化百花齐放的春天——当代家谱修编的开放性与文本多元性选择》。该文章观点新颖，分析更全面、清晰、深入，陆续发表于公众号"公众史学"、甬派和中央人民广播电台"国际在线"、《人民日报》人民号等，其中"国际在线"点击量多达 37 万多人次。

该月，起草《关于在全省开展修谱师专业技能鉴定的请示》文稿。

8 月 22 日上午，浙江省文史馆馆员潘捷军、金延锋及处长陈展一行 4 人来甬调研，在宁波市行政中心举行家谱文化工作座谈会，专题调研浙江省百姓家谱文化研究会工作。浙江百姓家谱文化研究会会长黄金宝、执行会长周全行、常务副会长钱茂伟、副会长兼秘书长刘鑫和天一阁博物院研究馆员应芳舟、宁波市党史研究室方志处处长、宁波市民政局社会组织局局长等与会汇报。本人汇报若干宏观工作建议：要端正当代家谱文化思想认识，要逐步推动制定《家谱工作条例》，研究高校谱学学科体系建设和加强家谱文化人才队伍建设，开展修谱师资格培训、认证工作，并提出三个具体建议：基层家谱文化建设可从村谱入手，以此为重点；要共享公共文化机构的家谱数据库；公藏机构要依法保护家谱隐私权问题。

是月，继续修改旧作，撰述系列文稿，部分发表于一些公众号，并分专题归类，形成《现代家谱修编丛谈》书稿，共 8 章，阐述当代新家谱正在向现代性转型，进入后宗谱时代，结合编纂实务，以新理念、新视角全面解析当今社会普遍关心的修谱之间。

9月上旬，《现代家谱修编丛谈》完成统稿、插图。

10月，由浙江省历史学会家谱研究会会长寿勤泽博士推荐，入该会。

附录

我与天一阁藏《鄞邑管江杜氏宗谱》记事

能够看到完整的管江杜氏宗谱，一直是我这个杜氏后人的心愿。

记得1988年春夏，家乡管江村请我写村史，村会计杜仁定提供了7本残存旧谱，由原任过村干部的杜定洋保管，内容为世传部分，且破损，多虫蛀小孔。现在才知道是1932年版本。有了这些，管江杜氏的前世，才有了一点文本依据。

2001年，我到横溪任职镇党委书记，次年倡议并带领挖掘、整理横溪地方文化，让各村送来横溪望族王家、河头村陆氏、梅岭吴家山吴氏、清塘杨氏等宗谱，借此撰写了《横溪河头的名人缘》。发表在《鄞州日报》副刊上的这篇文章，次年得了个宁波新闻奖副刊奖。还了解到"横溪王家屋，管江杜家谷"为何相提并论，原来敦序堂杜氏与门当户对的王家，在民国初还有姻亲关系，前溪头吴氏清时由吴家山迁移过来。这时，我才觉得乡村文化的承载，谱牒是主要的。

2004年，我主编《横溪文化大观》（3卷）告成，余兴犹浓，托人请天一阁博物馆支持，复印一套《管江杜氏宗谱》（1913年本）。其时正是梅雨季节，潮湿天气会影响古籍纸张，未被允许，且提出要戴手套。一日，天气晴好，我特意买了照相机、储存卡等相关设备，带着3人到天一阁，在室外一块水泥石板上拍摄。天一阁长期不对公众开放，也没有可供他人复印、拍摄和抄写的地方。2人拍摄，2人翻页，连接1台手提电脑存录。18册宗谱，耗时整整半天，中午请天一阁的一些领导和工作人员在附近就餐，以示感谢。天一阁诸位大多深居简出，活跃的也少见，以至于现在对当日聚餐也没啥印象。尽管摄影的也是高手，但由于时间紧张，室外光线较差，午后至傍晚还有变化，拍摄支架、家谱摆放在水泥石板上，高低不平，所以我们翻页时偶有漏页，不小心连手指拍进，也就没能制成光盘。即便如此，我还是如获至宝，打印了一份，请人仿线装手工装帧好。这份复制品贡献良多：管江、前溪头、坊前杜氏集中的三地干部、村民时有来电，让我查阅无主墓碑姓名及其后人，请他协助迁坟；有问爷爷的谱名、婚姻情况、出生年月；等等。我弄清了家族情况，编纂起自己爷爷一脉杜氏忠房谱，当然也送给创造条件的天一阁收藏了。

2011年，我借助出版不久的《中国家谱总目》，开始编纂《鄞邑现存家谱总目提要》。一年多来，录入文献，搜访鄞地民间散佚家谱近120个姓氏、近700种家谱，积有13万字，这才了解到《鄞邑管江杜氏宗谱》还有1913年本，在天一阁完整保存，萌发了一睹为快的念头。过去，我对天一阁也有捐书，也经常动员文史作者向它捐献著作。今年初，我派人又送上自己编纂和我校协作的科研成果《九曲河书系》6种，以及鄞城院书系若干本。4月，我致电典籍管理部主任，希望能下载一套天一阁已经数字化的家谱汇编，如果不行，能否下载管江杜氏的家谱。他委婉拒绝，提出他们花了血本，也想向国家图书馆学习，收费下载。当然，可能也担心我转手任意让人下载，他们难以囤货待贾吧。这种心情可以理解。可是直到现在，他们很少研究这几百种家谱，家谱数字化的经费是公共财政拨付的，收费又没有物价局额定的标准或者公示，因而对于这种表态，我有些难以理解。何况天一阁收藏的鄞县家谱，大多是20世纪30年代《鄞县通志》编写时成立的鄞县通志馆向各地大家族征集起来的，其中也包括我们的杜氏宗谱，通志完稿后最终移交给天一阁保管，尽管也有些可能是天一阁在“文革”时从扫“四旧”的废旧仓库等处收购而来。因此，对于向天一阁积极赠送图书的人，尤其是愿意捐赠自己的研究成果者，或借鉴旧谱、新修家谱的捐赠者，他们下载些东西难道还需要收费吗？绍兴市图书馆对于复印家谱者，每页4元，当慈溪市坎墩镇原人大主席阮万国把自己的8本家谱研究成果赠送时，他们就免费了。这种选择和区别，就相当理性和明智。

几年前，我曾经动员横溪河头村陆氏把家谱捐赠给天一阁收藏，这家谱与陆游、史浩、张邦奇等直接有关，且是孤本。村民提出原件保管也好，但能否提供2套装帧完好的复印件。我去电告知这个信息，却一直没有回复。倒是鄞州区图书馆下辖的地方文献馆积极响应，原件收藏，复制了4套，还送了我这个牵线者1套。当然，现在天一阁古籍开放也有进步，设置了专门的查阅、抄写室；有专司誊录的老先生，当然要出点钱，也可以自己上门抄录。收藏的家谱已经全部数字化，有些已在该馆网站上挂着，可以在线浏览。但据一些专家印象，上传的大多是普通家族的家谱，大多没上传挂出；即便挂出的，有的也没有在线浏览权限，且每年挂出若干，似挤牙膏。虽然没有束之高阁，但总是有奇货可居之嫌。请老先生代为抄写，这点钱一般都支付得了，但抄写内容是否有用，抄写是否认真负责，总会有些顾虑。在职专家，或者赋闲民众，上门来抄，终究会有诸多不便。已经数字化了的成果，为啥不能便捷利用呢？利用和捐赠会形成良性互动,也有助于天一阁赢得广泛的社会声誉。新中国成立以来，劫后余生的天一阁剧增的藏书，不是甬地文化人、藏书家无偿捐献，政府支持才得以充实的吗？一个单位在业界的好口碑难道就不如每年这些芝麻小钱？这些未免让人有些困惑和疑虑。

2013 年 4 月初，天一阁原副馆长、时任宁波市文物管理保护所党支部书记、副所长徐炯明来我处，一起庆贺宁波大学张如安教授百万字巨著《宁波南宋文化史》出版。这是一个深明大义的热心人，初次相识，主动提出帮我办成这件事。过几天他回复，天一阁典籍管理部主官说：我这里没问题，只要领导同意就行。馆长初来乍到,还不太清楚这事。对于这个结果,他表示歉意,弄得我也不好意思。

搁了一段时间，我想编纂现存家谱总目和新修房谱需要资料，还得另辟蹊径搞到它。5 月初，就给我熟悉的领导打电话，请他帮助我实现这桩心愿。他认为这是公益好事，痛快地答应了，即联系宁波市文化局副局长、曾任天一阁馆长的孟建耀。我随后即与孟先生通话，告诉他天一阁有两种杜氏宗谱，已经数字化，能否下载下来，我有两个编写用途。他满口答应，就联系该馆一位负责同志。5 月 7 日上午，我与之联系，其问询后转述：本来要 20 元 1 页，领导出面介绍，就 5 元 1 页吧。杜氏宗谱据说共 1800 多页，需要 9000 元，下载些有用的，可省些钱。老实说，听到这个答复，我有些愤懑。因为据我所知，国家图书馆的善本古籍可能是 20 元 1 页，不能全书复印，一般古籍则不可能要这么多钱。我告之不是不愿出钱，而觉得不需要支付这个高价。况且即便要收，也应分类，免费或酌情收取，且要公开公示。有的从 20 元到 5 元，也有免费的，这样是否过于无序。其态度很好，对我的陈述没有辩驳。下班时，我跟人说起此事，方知某区档案馆因编研需要曾联系上海图书馆，数字化的家谱汇编每页 1 元，一共才两三十万元。这样看来，天一阁下载复制家谱的定价机制有些模糊，有些经办者的决定权过于大了些。5 月 8 日上午，我再次联系，其反复问愿意付多少。我想比照上海图书馆，就说愿出 1 元 1 页，感觉其有些犹豫或为难，就说《鄞邑管江杜氏宗谱》1932年本网上在线浏览也行，反正能看了，我跟原有1913年本对照一下，自己补上吧。其搁下电话，又去问询，这次转达挺痛快：等会，杜氏宗谱就上挂本馆数字化古籍。下午，打开网站，真的挂着了。于是我回复联系的这位负责人、孟建耀副局长，诚恳地表示感谢，并就多次麻烦致歉。11日周六，我致电把这个信息告诉给几位热爱家乡的忘年交、儿时同学：现住北京的原驻外大使、翻译家杜钟瀛，现住成都的航天科学家杜钟泽，现住石家庄的军校教授杜仕国，现住嘉兴市的武警浙江总队医院副院长、胸外科主任杜开齐等，他们都表示欣喜和感谢，这背后的曲折故事，当然就省了。第二天，还向他们编发了如何上网查阅的短信。

◎《鄞邑管江杜氏宗谱》电子版

我还致电谢谢徐炯明先生。这期间，他让我下载了宁波全大市第三次文物普查成果，前去复制的我校教研室副主任李永飞，整整花了5个小时，这态度与自己在天一阁遭遇真是大相径庭。这种开放的心态，也和文物的发现、保护和普查，需要民众的广泛支持有关，与徐炯明先生开放协作的文化理念有关。天一阁现在固然是举世闻名的私家藏书楼，宁波文化的象征，但这是天一阁建造者和保护者的荣耀，也是长期以来宁波文化人士捐赠呵护的结果。当年的封闭管理，是动荡年代护书的需要，现在是和平、开放时代，信息化造就了文化保护和交流的便利，天一阁的后继者应该因循守旧、故步自封，还是与时俱进、敞开胸襟、拥抱时代、再续辉煌呢？

天一阁上挂的管江杜氏宗谱，图像、字迹十分清晰，我对照1913年本的目录，想把20年后重修谱中新的内容图像在电脑网页上逐一拍摄下来，然后打印。事情虽然麻烦，但只能是这样，总比看不到强多了。我用手机拍摄，手会抖动，光线也控制不好，于是想请李永飞老师和文印室的张洁帮助拍照。李永飞，宁波大学计算机专业毕业，正在研读硕士课程，这方面很会钻研，他又是管江杜氏迁到东陶岙钟字辈的女婿，对这事很在心。几经琢磨，他居然用高超的技术手段，制作了家谱光盘。这件事情峰回路转，令我大喜过望。5月14日，我拿到了他送来的《鄞邑管江杜氏宗谱》光盘，封面是旧谱中描绘的管江形胜图，封底是旧谱影印插页，内装有一张光盘，效果等同于影印本，装帧可谓素雅庄重。

这桩心愿终于了却了，但我的内心还有点不能平静。信息技术，可以让文献封闭，让人可望而不可即，也可以成为开放、便利的通道，这截然相反的，就是人的观念、心理的差异。今天，单位的同事外出活动，我在办公桌上平静地写下这篇短文，谨以纪念自己与《鄞邑管江杜氏家谱》的一段因缘。我想，这件事终究也会是天一阁博物馆开放进步的一个小小插曲。

注：本文撰于2013年5月15日，稍有删改。

◎鄞州区塘溪镇管江航拍照（局部）

屠呦呦宗谱寻访记

前几年，我搜集整理鄞邑现存家谱，汇编了总目提要，交付浙江古籍出版社出版，也养成了对古今鄞人籍贯、鄞地姓氏追根究底的癖好。

屠氏是有明一代鄞县望族，从明代中期起，至清康熙年间300多年，屡有名臣、硕儒、忠烈、文学等族望。如，明成化年间进士、吏部尚书、太子太傅赠太保屠滽；正德年间进士、南京刑部尚书、太子太保赠少保屠侨；万历年间进士、文学家和戏曲家屠隆（龐）；嘉靖年间进士、兵部右侍郎屠大山，反清复明志士屠献宸；清顺治年间进士、兵部右侍郎追赠兵部尚书屠粹忠；湖广辰州知府、博物学家屠本畯等。

屠氏世祖先居桃花渡（今江北区），后有散居屠园巷（今海曙区）、平湖县（今平湖市）等地，包括我的家乡管江也有北岙屠家。

屠呦呦获诺奖的消息公之于众后，我的第一个反应是，她的原籍应该是鄞县。《鄞州日报》记者和甬派记者先后来电询问，包括余姚有一位屠氏公务员，几年来孜孜不倦地搜集浙江屠氏宗族资料，上门商询。我均回应她家的宗谱应该是《甬上屠氏宗谱》，宁波天一阁博物馆、上海图书馆等完整收藏着。

一天，宁波广播电视大学赵老师向我要一本《鄞州慈善志》，闲聊中讲到，若是知道屠呦呦的父亲和爷爷名字，就可以按照宗谱记载的族次排行，确定屠呦呦的氏族。赵老师很热心，说有一位书法家朋友的弟弟是屠呦呦的亲戚，可以问一下。于是得知一条信息：屠呦呦的父亲名叫濂规。

与此同时，宁波一些报纸对屠呦呦的家族背景报道曰经商，甚或曰业中医，有些纯属臆度。此后又有屠呦呦少时入读学校的报道。

我觉得屠呦呦是宁波的骄傲，作为搜集整理鄞邑家谱的文史工作者，有义务、有责任把屠呦呦的谱系梳理清楚。

数字化时代，查阅《甬上屠氏家谱》，上网最便捷。敲打键盘，进入天一阁博物馆古籍数字资源库，原本在线可以浏览目录的该谱，不见了踪影。于是我驾车去位于海曙区的天一阁，进古籍阅览室。接待的老先生告知我，根据领导要求，《甬上屠氏宗谱》这段时间下线，不让查阅了，待重新上线时即告知我，还热情地留我电话。该决定者是馆级还是古籍部的领导，我也懒得发问，天一阁古籍查阅之难，研究者们多有啧言，也已习以为常了。尽管时代巨变，藏书楼主人已姓公，至少在家谱查阅方面，天一阁宝书秘示之遗风依然。

回来后，我发送邮件给上海图书馆文献部，咨询《甬上屠氏宗谱》电子光盘复制的价格和购置办法，即获详尽迅捷回复，收费1元一页。第二日上午汇款，次日中午光盘快递居然送达，速度之快出乎意料。这次优质服务让我对上海图书馆刮目相看，不禁要为之点赞了。

甬上屠氏不愧为名门望族，宗祠名称“既勤堂”，其宗谱一共递修了七次，最近一次修编是民国八年（1919），宗谱洋洋洒洒，居然有三十六卷，还有首一卷和末一卷。主持修编的族人以屠可全等为首，与修者有几十名之多；领衔纂修、作序的张美翊（1856—1924），是鄞籍清末贡生、著名学者、古文家；封面书名由左孝同题签，他是湖南湘阴人，左宗棠季子、书法家。可见，屠氏对宗谱的编纂多么郑重其事，谅也费了不少银子。

卷首录有序文、旧序、纂修名氏、凡例、目录、图像、宗约、行第；卷一旧章录（姓源考、远系图、迁徙记）、军政册、盛事记附寿考、旧居地；从卷二起至卷六是继绳录，记录世系一至二十三世，附旁支表、别录表，卷七至卷十八则是世略，对一至二十三世写的小传。从篇幅上看，世系世传仅占一半，修纂者们把屠氏的宗族盛事、人物荣光等大书特写了。如卷十九恩荣录、诰敕；卷二十敕书、谕章；卷二十一崇祀、科贡、仕宦；卷二十三世德录、志状；卷二十四至卷二十五列传；卷二十六年谱；卷二十七政略；卷二十八寿言；卷二十九赠言；卷三十挽词、影赞；卷三十一阃行录、贤淑、贞烈、节孝、闺秀；卷三十二艺文录（书目）；卷三十三遗迹录（宗祠、第宅、坊表、坟茔）；卷三十四义举录（义庄、义塾、学校）；卷三十五祀义录（祀典、祀产、会则）；卷三十六存征录（逸事、存疑）；卷末余事录（杂识、议案、函牍、待考、捐款）、跋。屠氏宗谱的这种厚重可观，显然是一般甬上氏族所望尘莫及的。甬上屠氏对从第八世起的命名拟定了辈分排行字，为“大本惟忠孝，行之可继宗，用规恒一德，世嗣永钦崇”，后续增“积善传余庆，贻孙有远谋，文章延祖泽，诗礼焕新猷”，寓意为官尽忠报国，为人尽孝积善，读书传家，浸润了儒家的思想，也弘扬着屠氏世祖的事迹。《鄞邑现存家谱总目提要》编纂时，由于无缘过眼，屠氏的族次排行字居然出错，令人愧疚。

经仔细检索，果然发现屠呦呦父亲世略：濂规，字介澄，号眉寿，又号憨僧，屠氏二十世，鄞县第一高等小学毕业生，效实中学肄业，生光绪二十九年癸卯五月二十五日午时。这位进谱时才十六岁的中学生，后来为女儿取名《诗经》里的"呦呦鹿鸣，食野之蒿"，这对屠呦呦选择中医作为自己的职业并获得伟大发现，似乎多少有些暗示隐喻，不免令人拍案惊奇。

于是顺藤摸瓜，我完整地搞清了屠呦呦的直系谱系：高祖继成，屠氏十七世，诰赠武功将军。曾祖父宗年，字鹤亭，屠氏十八世，花翎二品衔，先补用游击管带湄云兵轮，诰授武功将军，生道光十五年乙未十二月二十三日子时，卒光绪二十年甲午七月十八日卯时，享年六十岁，葬甬北贝家边后坐北向南。祖父用悆，字汾荫，号文英，国学生，屠氏十九世，生光绪七年辛巳五月十七日卯时，娶葛氏，慈溪举人桐庐县教谕葛麟女，生光绪八年壬午二月十五日巳时。屠呦呦的近几代世祖，与清朝南洋水师相关，且有军功，在屠氏宗谱里倒有些非同寻常。

南宋理宗开庆元年（1259），翰林学士权知抚州军事判官屠雷发之曾孙屠季，字邦彦，自江苏常州府无锡县（今无锡市）迁居至甬上，自第七代屠滽起，择居城中鉴桥甘溪畔（俗称甘溪头），至今绵延达700余年，族望辈出。至屠呦呦，已是甬上屠氏二十一世"恒"字辈，修谱时，她尚未出生。屠呦呦直系这支，其二世宗二、三世福三、四世德祥均为元所正千户世袭，德祥擅富饶而积善好施，以曾孙滽贵赠尚书，有传。此后五世子良，家饶而好施，有处士质庵公传；六世玒，濡染家学以能诗，有处士鄞江公传；七世潞；八世伦，持身孝友，处世慈和，精于货殖，业创万金且乐善好施，是郡庠生，延师教子，有处士淡庵公传；九世大纪，郡庠生；十世本蒙；十一世惟屏；十二世弼忠；十三世孝宣；十四世伦行；十五世之才；十六世可用，均耕读传家，或有经商之才，其间的2位郡庠生、1位国学生，未见功名，在记有如此之多显赫人物的甬上屠氏宗谱里，可谓寂然无声，而今天赢得世界声誉的科学家屠呦呦，终于为这个甬上望族也增添了浓彩重墨。

附文：屠呦呦舅舅姚庆三家族旧事

一个人的成长、一个家庭的发展，往往来自父系和母系双方家族的遗传基因和人文基因。撰毕《屠呦呦家谱寻访记》，顿觉意犹未尽，我即又联系上海图书馆文献部，购置《鄞县姚氏宗谱》电子版，梳理成本文后，倍感屠呦呦母系家族对其影响之大之深，也觉得近代家谱文献对历史人物研究之宝贵。

屠呦呦的母亲姚仲千，舅舅姚庆三，外公姚传驹，外婆周氏。据《鄞县姚氏宗谱》记载，外公姚传驹有兄弟3个，大哥姚传骏，邑庠生，曾任奉天营口缉私分局局长、吉林永衡官银号上海分号经理；姚传驹是老二；老三姚传骥，国学生，曾任木兰榷运分局局长。

姚传驹，字咏白，邑优行庠生，日本高等商业学校毕业，先后担任过财政部佥事，代理泉币司司长、赋税司司长，实授泉币司司长、财政部秘书、币制局处长和东三省中国银行行长，获得过北洋政府的二等嘉禾章。他生于光绪八年（1882）三月初八日，原配陈氏，系陈虞芗长女，光绪六年（1880）十月二十六日生，嫁入姚家几年后去世，享年23岁；继配周氏，光绪六年（1880）九月二十四日生；侧室钱氏，光绪十七年（1891）七月二十五日生；次妾朱氏。姚传驹育有6子，周氏生育了姚家长子积坤，长女未字，次女后来嫁给屠濂规，是为屠呦呦母亲，还有年纪尚幼的三女和四女；次子积镛，为钱氏生育。从姚氏宗谱看，历史上姚氏与屠氏有3次联姻，屠呦呦父母的结合，两个家族的秦晋之好，也是有些姻缘的。

屠呦呦外婆周氏，是鄞人周咏春的第五女。周咏春兄弟3个，白手起家，从宁波赴沪淘金开始，由于善于经营，逐渐发达成为商界名流，成为近现代甬商的杰出代表。周咏春由上海闯荡而后在汉口发迹，曾为汉口德商瑞臣洋行的买办，被推举为汉口商会会长、汉口宁波同乡会会长。其大弟周文涛，上海实业家，在黄浦区开店30多家。小弟周子莲，沪上著名建筑业营造商，即后来成为沪上房地产巨商、著名收藏家周湘云之父。周氏与姚氏的联姻属于门当户对，顺理成章。

鄞县姚氏系儒商世家。一世祖姚毅，祖籍徽州，元代人，是一名徽商，相传明朝初年，从商来甬，喜欢鄞地乡风民俗淳朴，就定居下来。二世祖姚祥，也是以贸易起家，开始在宁波定居。以后姚氏后裔习儒、业商并重，世代相袭。清初，十五世祖姚继禄，号省斋，乾隆三十九年（1774）生，他曾编写了《商业十要》。他的孙子、族人称为蕊园公，也撰写了《初学经营宝训》，这些载录在宗谱的“祖训录”，成为甬商姚氏家族传承的经营理念。这种全面系统地整理经商之道，且敢于录入宗谱，成为祖训，蔚成重商家风，在宁波帮家族里也不多见。

屠呦呦外公直系的第十六、十七世祖，义利并重，父子俩先后成为姚氏明清之际儒商事业的高峰。十六世姚世寅，乾隆五十四年（1789）生，国学生，“贾于甬肆，操建帮业，朴诚勤谨，有古君子风”，从商来甬福建商人都喜欢与之结交，由是家业日起，但他自己生活极其俭约而性喜施与，被时人称为厚德儒商。十七世姚永烈，字启人，号溪莼，国学生，道光二年（1822）六月十六日生，光绪十三年（1887）66岁时逝世，配世卿第屠氏，继配李氏，育有2子4女。他继承光大父亲世业，为八闽在甬商人所敬信，遇事疏财仗义，与从弟修缮宗祠，出资独多且负责主持施工。其孙子姚传驹及其曾孙姚积坤，接受过日本、法国现代经济学教育，在财政货币学、宏观经济学、金融学等方面有极高的学术造诣，且付诸实践，成为工商实业界、金融界名人。

姚积坤，字庆三，是屠呦呦母亲的同胞兄弟，嫡亲的娘舅“大石头”。他出生于清宣统三年（1911）二月十二日，1929年毕业于复旦大学，随后留学，毕业于法国巴黎大学研究政治经济系，归国后就投身于中国货币研究。1932年起担任上海法学院、复旦大学、大夏大学教授，其间还兼任上海农村复兴委员会社会经济调查所专员，著有《财政学原论》《现代货币思潮及世界货币制造趋势》等。1935年任南京资源委员会国民经济研究所专员。1937年至1943年在上海金城银行总管理处任科长、副处长、分行副经理等职务。1946年至1953年先后在上海协进企业公司、广州民生实业公司、香港太平洋轮船公司任协理、副经理、经理等职务。1953年任新华银行香港分行副经理并被任为该银行董事。如此才有充裕的条件，欢迎外甥女屠呦呦长住他家。1979年调任中国建设财务有限公司经理（香港），后改称总经理。1984年3月退休，被续聘为该公司经理。1985年任中国水泥公司总经理。他热爱家乡，曾担任甬港联谊会会长。1989年11月逝世，是我国著名的金融家、经济学家。

鄞县姚氏一直重视族人受科举教育，虽然没有进士及第，但为宗族儒商辈出打下了文化基础。况且也有2位族人中举：十世祖姚孙楠，万历三十七年（1609）乙酉科举人，曾任山东高塘洲训导；姚家镛，光绪乙丑恩科举人，湖州德清县教谕。另有族人姚传法，毕业于鄞县高等小学、宁波斐迪中学，上海沪江大学得文学学士，赴美留学，进丹尼森大学得科学硕士，进耶鲁大学得林学硕士，回国后，在各地高校担任教授，是我国著名林学家、林业教育家，中国林业事业的先驱者之一，中华林学会的创办者之一。

《鄞县姚氏宗谱》多次递修，最后一次由姚家镛纂修，1921 年敦本堂木活字本，止于二十一世“德”字辈，上海图书馆收藏，详细记录了屠呦呦外公谱系的信息。该谱共六册，十二卷，首一卷、末一卷，谱载序、凡例、排行、世系图、世系纪、世传、内则传、祠祀规则、世槻录、行次表、支祀考、科名录、朱卷、爵秩录、诰敕、祖训录、艺文录、赠言录等。鄞县姚氏的族次排行字有“江祥为国守，孙思循政学，继世永家传，积德惟从厚”等。屠呦呦的舅舅即为“积”字辈。

鄞县姚氏宗祠在小梁街，宗谱有记，旧址在现在的天一广场。屠呦呦舅舅姚庆三直系世祖的宅居，曾有过几次迁址。二世祖姚毅，首先定居宁波城小梁街；十一世祖姚思舜，移居宁波城新街；十五世祖姚继祺，移居宁波城旧名石柱桥。十七世祖姚永烈，最终定居于小沙泥街三角地，原开明街 508 号，现在为 26 号。据建屋的姚永烈生卒年推测，该屋距今约 170 年，现在修缮完好，旁有我国著名幼稚教育家张雪门支族的祠堂和邮票设计家孙传哲故居。

屠呦呦从抗战开始时就一直居住在舅舅家，从 11 岁到 21 岁，在这里度过了她小学、中学的岁月。这 10 年对屠呦呦的成长产生了巨大的影响。舅舅家的雄厚实力，使得屠呦呦在家庭发生经济变故后，能从鄞县私立效实中学转入宁波中学，继续顺利完成高中学业。同时，姚氏传承的诚信务实、进取肯干、坚韧不拔和互助团结的儒商家风，熏陶着屠呦呦的为人和学风。她以后深造药学，毕生致力于青蒿素研究所需要的科研精神与之一脉相承。

当代中国家谱修编学开拓创新之作

——钱茂伟著《当代中国家谱编修理论与技术研究》浅评

家谱与方志、国史，从微观、中观和宏观三个层面建构了我国悠久而丰富的文本历史。家谱修编作为我国文化传统，曾经深刻影响着个人、家庭和社会，其技艺堪称国家乃至世界非物质文化遗产。由于我国当代社会两次经历千年未有之大变局，家谱文化也随之存亡兴衰。改革开放前，三十年传统文化断裂，二十年城乡经济、文化二元割裂，十年基础教育的荒芜，致使当今绝大多数人对家谱茫然无知，也难以卒读旧谱。改革开放以来，市场经济发展，人、财、物诸要素频繁流动，因封闭、聚居形成的宗族文化迅速崩溃。社会保障、商业保险、社区居家养老等已经或正在取代宗族的互助保护功能和子孙赡养传统，以家谱作为收族载体的宗族物质保障因素丧失。当今社会实用主义、物质主义价值观超越了文化、精神价值追求；生活、社交方式多元化，家庭结构原子化，婚姻关系复杂化，甚至出现较多的单身、丁克、同性恋、双性恋和跨性别者。特别是当代行政、依法管理取代宗法自治管理，相对稳定的传统文化不断受到时尚文化、迅速发展的科学技术冲击。当代家谱修编面临着前所未有的诸多复杂的新情况、新问题。所以许多人怀疑家谱在当今时代是否有必要，以后是否还会存续下去。家谱的前途究竟在哪里?

改革开放前，家谱虽然曾作为封建传统的“四旧”被大量焚毁或化作纸浆，但民间还是偷偷保存。据研究表明，即使是“文革”时期，家谱修编行为还是如缕未绝。扎根于民间家族的家谱，民众基础之厚实、生命力之顽强亦由此可见。因此，改革开放后，特别是随着20世纪80年代中期开始的第一轮修志，秘藏已久的传统家谱大量现身，家谱修编如星星之火复燃，虽然地区、城乡、民族之间极不平衡，但发展可谓蓬勃。进入21世纪以来，家谱修编以宗谱为主体，类型上、形式上各有拓展和创新，特别是随着互联网的发展，家谱修编更是百花齐放。家谱修编队伍，主力是有文化、有家族情结的老年人，并出现职业修谱师和专业修谱公司，组成家谱文化研究社团。家谱作为文化传统和文化产业进入了复兴期，其学术价值、应用价值、经济价值和社会意义得到充分体现。从学术研究上，家谱除了补国史、方志之不足外，对基层修志写史特别是乡村志编写起到了接续历史、拾遗补阙的作用，特别是近代以来至民国时期这段被遮蔽的史实。从乡村建设上，家谱对各地乡村文化建设、乡风文明塑造，如浙江省村社区文化礼堂建设作用巨大；通过家谱寻根，也促进了地方招商引资、经济发展和文化产业，促进了自20世纪80年代初起港澳侨台胞支持祖国、家乡教育、文化、卫生和基础设施建设。从家族家庭层面上，家谱所记载的祖宗、乡贤、慈善公益和家族文学等，对家族、家庭及个人的影响也是显而易见的。

当代家谱修编复兴的主阵地在乡村，主力在民间、老年人，他们多是“文革”时期上过中小学，热情有余而文化不足，对当今社会各种剧烈变化往往难以适应，对传统家谱往往只知其一（本族家谱）而又难以阅读，而一些职业修谱师、家谱专业公司因为利润导向而漠视家谱质量，所以当代家谱大多良莠不齐。家谱修编行业化、专业化、职业化发展严重滞后于实践，家谱修编理论和技术的研究更加落后，高屋建瓴的综合性系统研究几近空白，导致当代家谱修编有的盲目因循守旧或胡乱创新，编纂过程乱象丛生，致使当代家谱总体上质量较差，家谱的学术地位和价值功能与传统家谱尚且难以相提并论。正如钱茂伟教授的研究结论：“新谱生产是一个野蛮的自由生长的领域。”

钱茂伟教授素以史学理论及史学史、学术史见长，作为历史学家，他曾将家谱文献研究成果发表学术论文，进行学术著述；他又是国内著名公众史学家。家族史研究是公众史学研究的重要门类，家谱是重要文献载体，当代家谱修编是公众历史产生的重要途径。因此，经过文献研究和广泛调查，他申报的“当代中国家谱编修理论与技术研究”成为国家社科项目，由此，当代家谱编修研究进入了主流史学界。

这一当代家谱修编学课题持续研究三年多，初步成果汇编成同名专著，正交付社会科学出版社出版。该著述共16章，加导论，凡80余万字，重点研究家谱修编理论与实践，主要分为以下四大部分。

第一部分是当代中国社会变迁与新谱修编历史研究，结合前三十年和当今四十年的时代变迁和科技进步，谈家谱学及家谱修编学，全面系统梳理家谱修编发展史，包括网络家谱修编史、家谱修编理论研究史，对当代家谱修编作分时分区研究，重在叙述修谱者、修谱观念、修谱体例、编谱技术等的发展、差异和变化。第二部分是当代中国家谱修编实践和类型研究，重在研究修编方式、流程等实务和互联网等新技术、新趋势，详细介绍新编家谱的各种类型，以及从公众史学角度出发改造家谱，从家谱的百姓致用功能思考家谱的现代转型问题。建设公众视野下的家谱学，将为家谱的生产提供学科与专业的支撑，从而改变家谱这种边缘化的地位，促进当代家谱的生产，当公众直接参与当下历史记忆生产，家谱就成为全新的实践学科，就会产生旺盛的生命力。第三部分是当代中国家谱修编队伍建设及家谱质量管理研究，将民间的修谱经验与案例搜集起来，然后放在学术层面，深入研究家谱修编的长效机制，包括修编队伍建设，专题探讨家谱修编质量保障和标准研究。第四部分是当代中国家谱修编的行业化、组织化与信息化管理研究，企图解决政府、学界与民间修谱关系问题，全景式介绍以国内为主的各级各类家谱社团和家谱收藏、研究机构，以及当代中国新谱总目信息管理和当今家谱文化推广路径与策略。

这些研究成果，建立在多层面、立体化文献资料收集基础上，研究史料和对象纵横交织，点面结合，视野开阔独特，个例丰富深入。

这一课题研究，厘清了独立的当代家谱修编史和家谱行业发展史，深化了当代公众家族史编修分支的建设，提升了当代新编家谱的理论与技术研究水平，建构了现代家谱修编学的理论体系，具有较高的学术研究价值。同时有别于传统史学研究，课题将家谱修编当作一个文化生产行业来观察思考，指明了当代家谱改革的公众历史取向，为当代家谱修编提供了系统有效的理论与技术指导，将极大促进中国当代家谱修编整体水平的提高。

此外，这一课题研究有许多可圈可点的原创结果和判断，新颖观点迭出，如“家谱的本质仍是生命之链的文本化接续”“宗谱性质经历了政治档案、宗族档案与历史记录三大阶段的嬗变，当代中国家谱的创新是建立在家谱历史化基础上的。一旦家谱的性质转型为历史记录，则它的体裁可以更为灵活多样化”；当代“续修族谱，虽仍是主流，但显然属形态上的复辟与延续而已，仅是文本形态的宗族群体建构而已，不再有实质意义”。“修谱是公民修史权的回归。到了公民社会，公民成为国家的主人，当然有资格书写自己的小历史，写自己家族的历史，这是历史书写权的回归。”“互联网修谱，既满足了大众对家谱的个体表达和多元记录形态的追求，又给了大众写小家谱的机会。同时以互联网互动的形式给当代公众带去了一定的归属感和认同感。因而互联网修家谱实际上是互联网时代史学从庙堂之学走向公众史学的一个缩影。家谱网站和家谱APP的存在，给更广大公众带来自己修家谱的契机。修谱方式、内容和传播的变化,是时间流变中人们所做出的选择。互联网修谱对当代的影响是独一无二的,这亦是时代科技的发展对人类编撰历史方式的更新。”等等。

作者挖掘整理了大量典型的民间家谱修编个案，如成都市阎晋修发明的填写式新家谱（1993），2001年用“现代家庭档案”方式申报选题正式出版《现代家庭档案——填写式新式家谱》。梳理总结了当代家谱发展史上的重要创新成果，如第一个研究当代中国家谱编纂理论与技术专家、云南姚建康出版的《家谱编纂指南》（2006）成为当代中国家谱编纂学建构之作；第一部真正意义上的家谱编纂实务之作，长丰县林家俊编著的《家谱编纂实务》《续修家谱琐言》（2009）；国内首部以家谱为研究对象的通俗类家谱理论专著，中共济南市委宣传部干部杨宗佑研究出版的《中华家谱学》（2009）；河北沧州安如华以自己家族为参照标点，完成家谱史上开创性的《齐北燕南滨海安氏如华一脉母系型家谱》（2018）；国家版权局认可的全新家谱体例——韩氏家谱体例等。深入梳理了网络家谱修编史，如中国第一家家谱网站，广东徐闻县人吴卫东创办的“华夏吴氏网”（1997）；金华人江源及其团队，在国内最早探索将传统家谱和互联网信息技术相结合，发明线上自修家谱方式，家谱文化推广的系列重大活动和研究成果影响较大，最终因金华市政府和公司经营、项目投入等原因，“中国家谱网”倒闭，准备将姓氏文化产业做大的金华市失去了曾经的“谱都”位置，等等。

钱茂伟教授认为:“当代中国家谱编修研究，应是家谱编修全程活动的研究，或文本，或活动，且应有大量深度案例作基础。一旦引入具体的家谱名，家谱研究就会实证化。当代中国家谱研究，一是根据家谱文本做出判断；二是根据家谱编修活动做出全程判断。同时作为理论思考，又得有直悟的功夫。既面向生活世界思考，又面向文本世界思考。通过大脑的高度提炼，形成自己独到的思想。”确实，他的家谱修编研究发挥了自身的学术专长，可以看出研究视角和路径的四个方面。

一是兼重社会史、家谱史与家谱理论研究，力图解决新谱修编面临的诸多理论与技术难题，以研究新谱的高度、广度和深度，使家谱修编学进入主流学术领域。二是注重从公众史学、网络史学入手改造传统家谱性质，革新谱学观念，使当代家谱修编实现现代转型，通过理论与技术创新，推动现代家谱修编工作的新跨越。三是重视研究家谱文本、家谱修编文献与修编主体经验相结合。家谱修编学是实践性很强的应用性研究，因此作者特别重视搜集民间文献、网络文献和实证调查，积累丰富个案，并参与家谱社团活动，亲临家谱公司考察交流，组织家谱论坛，经常与职业修谱师和家谱修编方面有专长者深入研讨，了解他们的经验与感悟，而且自己尝试修谱，并完成《走入寻常百姓家的小历史》及《新修小家谱的意义及体例》。在任教高校让大学生修编小家谱，十多年来成绩显著，主编《小历史书写》电子刊物48辑，其中20辑是小家谱，共408部，约400万字。这一课题研究从实践中发现问题，从历史上寻找解决措施，寻找学理思考材料，引证的资料丰富，引用分析了许多家谱修编者观点和口述采访录，梳理各地各种家谱文献和修编技术的个例，把众多鲜活、典型的个案整理作为全部研究的基础，用公众历史记录的方法，广泛总结，比较第一手实践经验，通过解剖各个麻雀，从特色家谱中发现、提炼家谱的创新。从实践的前沿走到学术的前沿，让读者对当代，特别是四十多年来中国家谱修编史有全面、直接的深刻理解。四是重视全面搜集原创的家谱修编网络文献资源。研究者充分注意到在数字网络时代，大量家谱修编文献资料，尤其是民间个案记录文章，往往通过网络方式发表，所以坚决抛弃一定要引用公开出版的纸质文献的陈腐学术观念，把网络资料作为与家谱文本、口述调查并重的当代中国家谱修编实证研究三大主要资料来源之一。所以该专著注释格式和参考文献也明确网络来源，这种尝试适应了网络时代学术方式、方法转型的趋势和公众史学的学术研究特点。

传统儒家思想是家谱修编的思想基石，当代中国家谱修编面临着现代文明思想的挑战。所以该课题的一些研究观点，如作者对当代民众是否参与家谱修编的多元自主选择可以抱以更多宽容。基于当代社会微观主体自由化发展、人生选择多元化趋势，家谱修编工作把握的总体原则应是“鼓励引导，尊重选择，依法修谱，保护隐私”。当代村级社区管理，自上而下的行政权和自下而上的自治权并行，家谱修编作为大众性基层文化建设活动，需要党政倡导推动，史志、档案等部门帮助指导。但家谱及其修编具有民间性、自主性和档案性、隐私性等特点，决定了其不可能全面开花，难以实现村村、家家有谱，人人留史，更不适宜纳入公安系统户籍管理数据库。

这一课题研究提出，家谱作为历史记录形式的一种独立体裁，面对新时代需要通过公众史学改造创新，改变其功能属性，由家族、家庭历史档案或“身份证”，成为以血缘为基础，以谱牒为基本的家族、家庭历史文化记录册，这无疑是现代家谱改革的趋势，是现代谱牒学思想的重大创新。但创新不是凭空的，家谱不等于家族史，首先要“守本”，其次才是“应时”，当代家谱修编的复兴兼有转型的时代特征，肩负让今人了解旧谱又认同新谱的双重使命，家谱修编想要坚持家谱的根本，恪守基本规范，就需要深入研究传统家谱，以更好地扬弃。如传统家谱版式尊崇性礼制问题和避讳文化，卷首图像选择、诰敕文献的妥善处理等，本课题对这方面的研究似乎还可以深化。

家谱修编理论和实践涉及多种学科，除历史学、档案学、方志学外，还涉及古代汉语、写作学、社会学、中西哲学、管理学、心理学、民俗学、慈善学、产业经济学和相关法律等，也需要作中外、地域性、类型学等方面的比较研究，本课题对相关学科与家谱修编的关系研究还可以充分阐述。

同时，作为应用性研究，可以充实各类图像，如不同类型家谱版式、装帧设计等形式，让研究对象更加形象、直观。

正如钱教授所言，“史学理论对应史学实践，理论研究服务于当下生产实践。要让历史编纂学成为当下实践指南性的理论学科”，所以该课题名称中，当代家谱“编修”的用词，值得斟酌商榷。作者弃用传统“编纂”是准确的，因为历史编纂学是研究历史编纂的理论、体例与方法，对象是传统文本家谱，一般不研究家谱具体生产过程和技术。对于家谱生产实践而言，“编”和“修”既是同义词，又有差别。“修谱”指称家谱文本编纂者行为时，与“编谱”同义，“修编”两字属于同义复用。传统家谱生产责任主体有“主修”和“编纂”等名目，当代一般称“理事会”和“主编”之类，所以“修谱”兼指主持统筹家谱编纂的组织管理者行为，而“修编”概念的外延更广，涵盖家谱生产全过程，也包括了“编修”成谱这一主要环节。当代家谱修编学，研究的是当代家谱修编理论与技术，涵盖当代家谱生产各个环节、各种技术路径及其各类产品，因此有必要调整前后词序，冠以“修编”为宜。

参考引用文献资料

徐少锦、陈延斌：《中国家训史》，人民出版社 2011 年 8 月版。

王鹤鸣：《中国家谱通论》，上海古籍出版社 2011 年 11 月版。

周秋芳、王宏整理：《中国家谱资料选编》（族规乡约卷上、下），上海古籍出版社 2013 年 11 月版。

钱茂伟：《中国公众史学通论》，中国社会科学出版社 2015 年版。

钱茂伟：《当代中国家谱编修理论与技术研究》，2023 年稿本。

《中华人民共和国民法典（便携版）》，法律出版社 2023 年版。

王玮：《权利让渡原则与社会稳定》，《甘肃行政学院学报》2000 年第 2 期。

仇家京：《家谱“攀附”“杜撰”现象探析与辨伪》，国家图书馆《第二届地方文献国际学术研讨会论文集》2007 年 10 月。

俞可平：《官本主义是现实，民本主义是理想》，《学术前沿》2013 年第 9 期。

新“通谱”讨论，主持宛福成，群主蔡允中，知乎 2022 年 9 月 22 日发布。

《志书写作规范》，百度文库 2022 年 8 月 13 日发布。

后记

20世纪80年代中期第一轮修志时，我初次接触本家族宗谱残卷，借此编写村简志。近40年来，我利用家谱文献撰写过近百篇文史文章，编著过若干部个人史、家族史、乡村志、专门志、社团史等公众历史著作。2011年起，业余编成房支谱、宗族谱、亲戚谱等若干部，也指导过宁波市境内几十种家谱修编，同时普查、编著出版过《鄞邑现存家谱总目家谱提要》，积累了家谱修编的一些经验。按照相关家族理事会意愿，把《嵩江虾爬袋朱氏松房谱》编成父系姓氏谱；与理事会沟通并获得支持，根据家族房系亲疏、近远关系，尝试新的谱式，把《鄞南荷花桥王氏金才公支谱》和《镇海大通宣庆府董氏吉公派声□公家谱》《鄞东球山朱氏书道房谱》编成亲戚谱。同时旧谱新编，让旧谱新生于时代，续修《余姚三七市项氏宗谱》，主持重修《鄞东亭溪岭下杨氏宗谱》，我对当今修谱有了更多的感性、理性认识，也进行了一些尝试。

去年3月下旬，我应邀参加浙江百姓家谱文化研究会第三届第一次会员代表大会，此后帮助完成浙江修谱师荣誉首批评审活动。浙江修谱师建了微信群，经常有各种家谱成果介绍、家谱经验分享，也有不少思想火花碰撞。我虽极少发声，但每天必看，收获体会不少，也促进思考。于是在7—8月份，冒着酷暑，连续撰写30余篇文章，并修改相关旧文。原无结集计划，只是想法渐多，一发不可收，精神又很亢奋，要表述的愿望很强烈，随着思考深入、系统，自然集成书稿。8月下旬至9月上旬，在英国、爱尔兰旅游期间修改、统稿时，我对现代家谱修编的基本理论观点更加明晰起来——后宗谱时代家谱的现代性转型，尽管这种划时代的转型在现阶段还不够成熟、完善。

本书从多角度具体阐述本人对现代家谱修编的长期思考，也可以说是自己的谱学观，尽管也不成熟，但有比较系统的学理性，有实证分析和研究，也有以自己编纂家谱为个案进行总结或反思，及对他人修编家谱的评论，并记录若于碎片化的谱话。本书按观点体系分章，各章先提出问题，予以总述或引言，后分篇阐述。有的内容，因多角度细化阐释而有些重复。笔者以前所修的家谱或序跋，与近期比较成熟的理念也有不相吻合之处。这些客观反映了本人修谱观点逐渐形成、发展的轨迹。各章正文或附录，适量插入相关家谱图示和照片，以作为例证，也增强直观性。鉴于家谱记录隐私，当代新谱世系和世录页面，只是少量节录，未做完整图示。为使正文观点、内容得以补充、拓展和深化，或为了直观展示重点，指引修谱实务，而不影响流畅阅读，各章都有较为相应的附文和附表。

这些文章以阐述观点为主，未做广征博引的论证，并适应新（自）媒体读者特点，多分段落，主要基于如下考虑：一是写成学术论文、论著，需要文献综述，批量案例分析，数据统计，综合运用各种研究方法论证，需要投入大量精力，但本人退休两年有余，长期用眼过度，视力不良，不能过于劳心伤目。二是作为现代家谱修编的普及读物，主要读者对象，应该是重视家谱文化的公众及修谱师们，一般缺乏阅读学术性文章的足够兴趣。三是尝试新（自）媒体的大众传播，符合我的朋友、宁波报业集团“甬派”编辑室主任梅子满关于学术性文章在新媒体里需要“业内人士不觉浅，门外张望不觉深”的要求。这些文章部分陆续公开发表在《人民日报》的人民号、中央广播电台国际在线、《宁波日报》的甬派APP和宁波大学公众史学研究中心的“公众史学”、“浙江家谱文化”等公众号。新媒体的强大传播力和如此多读者的强烈反响，让我这个传统作者不胜感慨。

工作着是美丽的，思考着是美好的。思想来自交流、碰撞，任何作品都是因缘际会、和合而生。因此，我要衷心感谢与本书稿形成密切相关的许多人士。

著名公众史学家、家谱学家、宁波大学教授钱茂伟先生，提倡以公众史学精神改造家谱的观点让我获益匪浅，并拨冗为本书稿写序。中国地方志工作办公室研究员，中国社会科学院大学教授、博士生导师，中华文化促进会姓氏文化委员会主任张英聘女士，系出版社委托的审稿专家，对该书稿不吝溢美，并答应我的不情之请欣然写序。浙江省历史学会家谱研究会会长、浙江古籍出版社原社长、总编辑寿勤泽博士，系知名学者、书法家，推荐介绍我加入研究会，并不吝赐墨，题写书名。感谢前中共鄞县县委常委、宣传部部长，鄞州区人大常委会主任徐祖良，宁波广播电视大学鄞州学院原党组织书记、高级讲师、《鄞州区志》副主编卢世开，浙江省百姓家谱文化研究会执行会长周全行，陕西姓氏文化研究会杜氏专业委员会副理事长杜崇满，浙东舟山家谱文化研究中心副主任翁源昌、杨先烘等先生的热情关心、鼓励和肯定。感谢让我对当今修谱视野拓宽、深受启发的杭州市富阳倪毓佩，象山邵鹏、周开水、张则火和奉化康海明、慈溪陈联飞等优秀修谱师们，合作编谱的咸祥胡纪祥、梅墟张善华谱友，让我有幸参与编谱的各家族修谱理事会代表。感谢在互联网和腾讯公众号上发表高质量家谱论文和经验总结，让我得以参考或引用的一些专家、学者或平台。感谢中央广播电视总台国际在线浙江频道执行总编辑吕金楚、“甬派”梅子满、《浙江家谱文化》主编刘鑫和《鄞州史志》执行编辑戴勤锋先生的热心传播。也感谢张如安、戴松岳、项志卫、孙善根、林鸥、童银舫、励双杰、楼稼平、应芳舟、张全民等文友长期以来在地方文史、方志、家谱等方面的讨论和帮助。感谢鄞州区委党校前同事李锋、郑炀和、干戈、李永飞等先生在社科学习、研究上长期指导和支持，尤其是调任浙江省社会主义学院的李锋博士，建议调整本书稿目录，以突出研究的体系性，颇有教益。热心传播现代文明观念的罗晓明、梁一群、李洋江等志友们，让我对当今家谱修编观点有了现代性的更多思考。“非遗”内家拳掌门夏宝峰及拳友们、电吹管演奏家马心善及管友们，和宁波横溪金峨禅寺住持慧明法师、宁波中医院名中医卓立甬医生等，让我退休前后的身体得以保持健康，写作时心情愉悦。特别要感谢TING/MEI/CHRIS等家人们、亲友们在精神、生活上始终不渝地默默陪伴、关心和付出。同时衷心感谢支持本书编辑、出版的应佩祎、张爱妮、卓挺亚等女士。

本书稿中的系列观点和实务性建议，倘能在当代家谱文化的江河里泛起一些涟漪，都有诸师友、良友、谱友和家人、亲友们的贡献。

2025年1月3日

于梅熟堂